2023年版

春季労使交渉・労使協議の手引き

経団連事務局編

はしがき

　経団連は、春季労使交渉・協議における経営側のスタンスや、雇用・人事労務管理に関する諸課題への見解を明らかにするため、毎年、「経営労働政策特別委員会報告」（以下、「経労委報告」）を公表している。

　本書は、「経労委報告」をより深く理解いただくための実務書として、雇用・労働法制の改正動向や人事労務管理のトレンドを踏まえた企業事例、労働関係の統計資料など、人事・労務担当者はじめ、日本の雇用・労働市場の現状を把握し、今後を展望したい方々にとって、参考となる情報を幅広く盛り込んでいる。

　「企業を取り巻く経営環境」では、日本経済や労働市場、企業収益などの状況について各種統計データを踏まえて解説している。

　第Ⅰ部以降は、「経労委報告」に準じた構成としており、第Ⅰ部「雇用・人事労務管理に関する諸課題」では、エンゲージメントと労働生産性の向上に資する働き方改革に加えて、DE＆I（Diversity, Equity ＆ Inclusion）の浸透、円滑な労働移動等について解説するとともに、様々な企業事例を紹介している。

　第Ⅱ部「2023年春季労使交渉・協議に向けた経営側の基本スタンス」では、賃金や社会保険料の動向、また、連合と主要産業別労働組合の春季労使交渉に向けた方針を記載している。

　その他、巻末では、労使交渉・協議で必要となる統計データや、旧労働契約法20条をめぐる判例の解説等を収載している。

　本書を、今次の労使交渉・協議や人事諸制度の検討・見直しの際の参考資料としてご活用いただければ幸いである。

2023年1月

経団連事務局

春季労使交渉・労使協議の手引き　目次

はしがき

第Ⅱ部　2023年春季労使交渉・協議における経営側の基本スタンス

統計資料

参考資料

表紙デザイン──須藤 博行

企業を取り巻く経営環境

❶人口減少・少子高齢化の進行

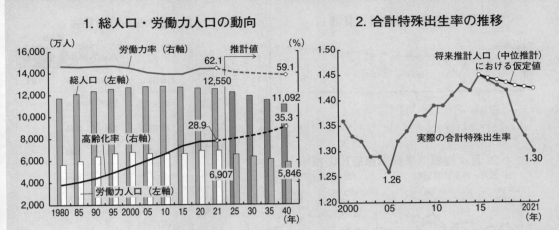

1. 総人口・労働力人口の動向　　2. 合計特殊出生率の推移

注：1. 総人口と高齢化率は、各年10月1日現在であり、2020年までは「国勢調査」、2021年は「人口推計」による実績値、2025年以降は「日本の将来推計人口（平成29年推計）」の出生中位・死亡中位推計。労働力人口と労働力率は、2021年までは「労働力調査」による実績値、2025年以降は労働政策研究・研修機構による推計値（ベースライン・労働参加漸進シナリオ）
出典：1. 総務省「国勢調査」、同「人口推計」、同「労働力調査」、国立社会保障・人口問題研究所「日本の将来推計人口（平成29年推計）」、（独）労働政策研究・研修機構「労働力需給の推計─労働力需給モデル（2018年度版）による将来推計─」
　　　2. 厚生労働省「人口動態統計」、国立社会保障・人口問題研究所「日本の将来推計人口（平成29年推計）」

◆総人口・労働力人口の現状

　わが国の総人口は、2008年の1億2,808万人をピークに減少傾向に転じ、2021年は1億2,550万人となった。少子高齢化が進行し、65歳以上の割合（高齢化率）は28.9％に高まっている。

　合計特殊出生率（1人の女性が一生の間に産む子どもの数に相当）は2005年の1.26を底に、回復傾向にあったが、2016年以降は6年連続で低下し、2021年は1.30となった。出生数は2021年に81.2万人となり、過去最少を更新し続けている。

　労働力人口（15歳以上の就業者と完全失業者の合計）は、2000年代は減少傾向にあったが、2013年からは女性や高齢者の労働参加の進展などにより増加した。2020年はコロナ禍を背景に減少したものの、2021年はやや持ち直し、前年比5万人増の6,907万人となった。2013年から上昇していた労働力率（15歳以上人口に占める労働力人口の割合）も、2020年は低下したが、2021年は前年に比べ0.1ポイント上昇し、62.1％となった。

◆今後の見通し

　国立社会保障・人口問題研究所の2017年時点の推計によると、総人口は2040年には1億1,092万人に減少する見通しである。ただし、実際の出生率が推計の仮定を下回って推移していることから、さらに速いペースで人口減少が進む可能性が懸念される。また、労働政策研究・研修機構の2019年時点の推計では、経済成長と女性、高齢者等の労働参加が一定程度進む場合でも、労働力人口は2040年には5,846万人に減少すると見込まれる。人口が減少する中、子育て支援の充実や、多様な人材の労働参加の一層の促進、働き方改革を通じた労働生産性の向上などが喫緊の課題となっている。

❷日本経済の動向

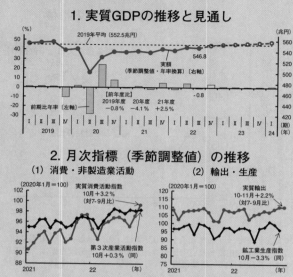

1. 実質GDPの推移と見通し

2019年平均（552.5兆円）
実額（季節調整値・年率換算）〔右軸〕
546.8
前期比年率〔左軸〕
-0.8

【前年度比】
2019年度 20年度 21年度
-0.8% -4.1% +2.5%

2. 月次指標（季節調整値）の推移

(1) 消費・非製造業活動

（2020年1月=100）
実質消費活動指数 10月+3.2%（対7-9月比）
第3次産業活動指数 10月＋0.3%（同）

(2) 輸出・生産

（2020年1月=100）
実質輸出 10-11月+2.2%（対7-9月比）
鉱工業生産指数 10月－3.3%（同）

3. GDP成長率の見通し

（前年度比、%）

		2022年度	2023年度	2024年度
ESPフォーキャスト調査〔民間エコノミスト〕	実質GDP	1.65	1.07	0.99
	個人消費	2.69	1.26	—
	設備投資	3.40	2.45	—
	輸出	4.59	0.89	—
	名目GDP	1.96	2.68	—
政府	実質GDP	1.7	1.5	
	名目GDP	1.8	2.1	
日本銀行	実質GDP	2.0	1.9	1.5

注：1. 2022年10-12月期以降は民間エコノミストの予測の平均
出典：1. 内閣府「四半期別GDP速報（2022年7-9月期2次速報）」、日本経済研究センター「ESPフォーキャスト調査」（2022年12月）
　　　2. 日本銀行「実質輸出入の動向」、同「消費活動指数」、経済産業省「鉱工業指数」、同「第3次産業活動指数」
　　　3. 日本経済研究センター「ESPフォーキャスト調査」（2022年12月）、内閣府「令和5年度の経済見通しと経済財政運営の基本的態度」（2022年12月閣議了解）、日本銀行「経済・物価情勢の展望」（2022年10月）

◆景気の現状

　新型コロナウイルス感染症対策と社会経済活動の両立が進む中で、日本経済は持ち直しの動きがみられる。2022年7-9月期の実質GDP成長率は前期比年率－0.8%（前期比－0.2%）と、マイナス成長になったものの、サービス輸入の一時的な大幅増加が主因であり、国内需要はプラスとなっている。主要需要項目をみると、個人消費は夏場の感染拡大を受け、伸びが鈍化したものの、前期比＋0.1%とプラスを維持した。設備投資は好調な企業収益などを背景に、同＋1.5%と増加した。輸出は中国・上海の都市封鎖（3～5月）が解除されたことに伴い、同＋2.1%の増加となった。

　10月以降の月次指標の動きをみると、個人消費が回復しつつある中、非製造業の活動水準は持ち直し傾向にある。輸出は、欧米向けを中心に底堅く推移している。生産は、コロナ禍でのIT関連需要が一巡したことなどを背景に、持ち直しの動きに足踏みがみられる。

◆先行きの見通し

　先行きも社会経済活動の正常化が進む中で、各種政策の効果にも支えられ、国内需要やインバウンド需要の回復により、景気は持ち直しの動きが続くとみられる。一方、世界経済の減速による輸出への下押し圧力が懸念されるほか、感染症の動向や、物価上昇が消費者マインド・企業収益に与える影響などに留意が必要である。

　民間エコノミストの平均的な見通しでは、実質GDP成長率は2022年度が＋1.65%、2023年度が＋1.07%と予測される。2023年度は、個人消費、設備投資が引き続き底堅く推移する一方、輸出が減速することで、回復のペースは鈍化すると見込まれる。

❸ 労働市場の動向

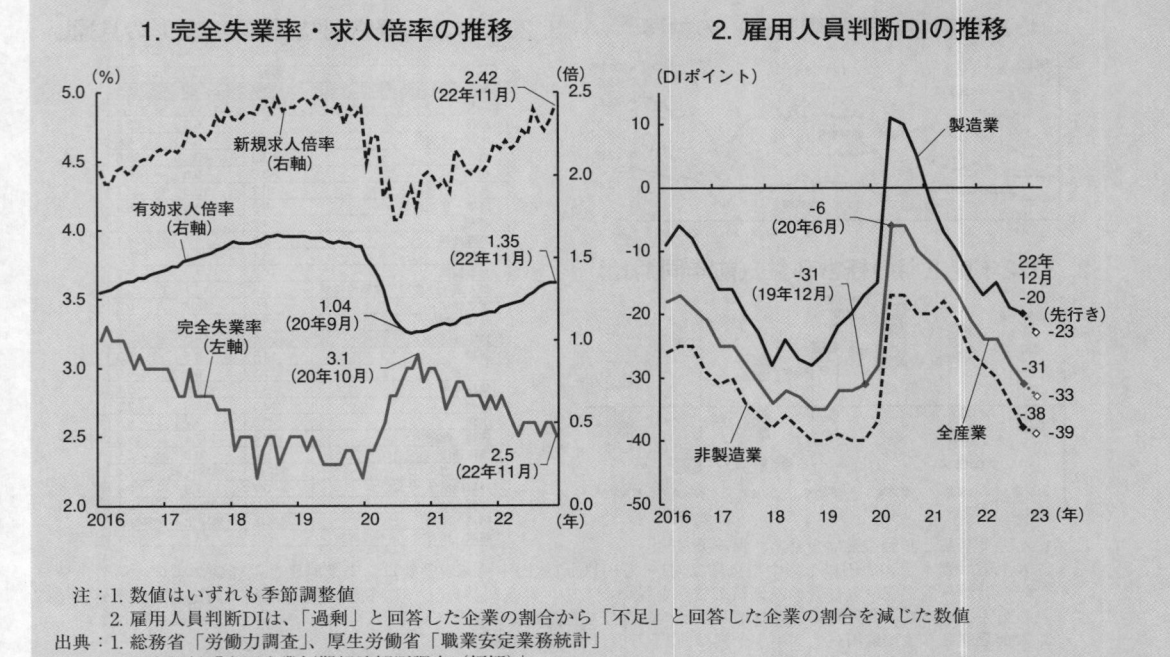

1. 完全失業率・求人倍率の推移

2. 雇用人員判断DIの推移

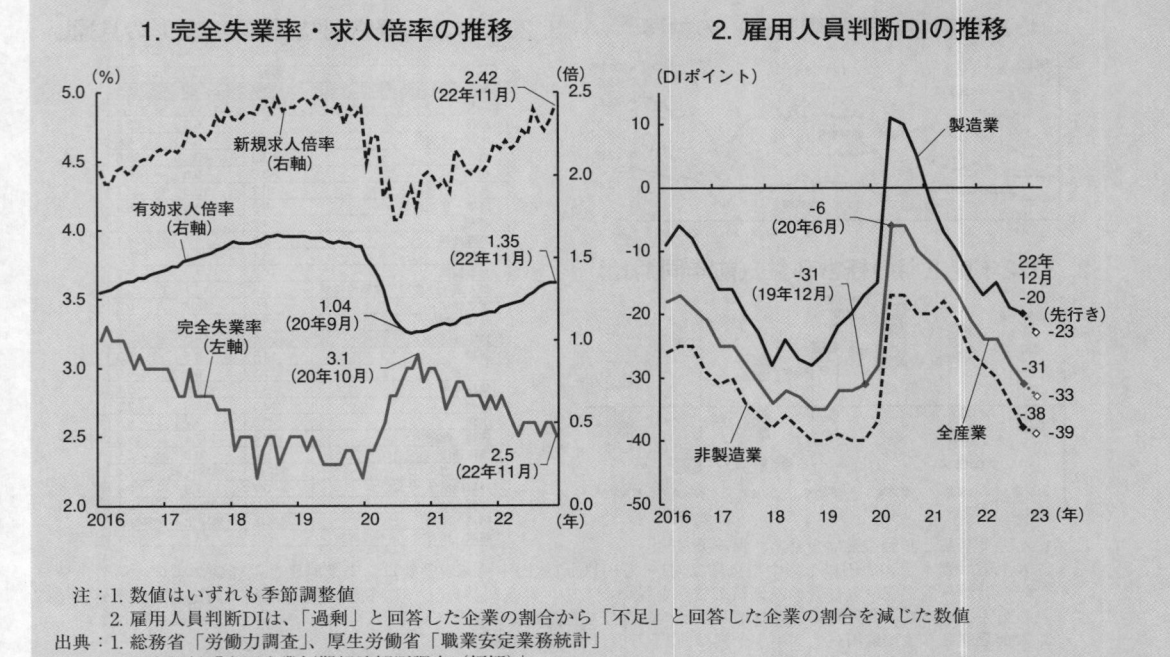

注：1. 数値はいずれも季節調整値
　　2. 雇用人員判断DIは、「過剰」と回答した企業の割合から「不足」と回答した企業の割合を減じた数値
出典：1. 総務省「労働力調査」、厚生労働省「職業安定業務統計」
　　　2. 日本銀行「全国企業短期経済観測調査（短観）」

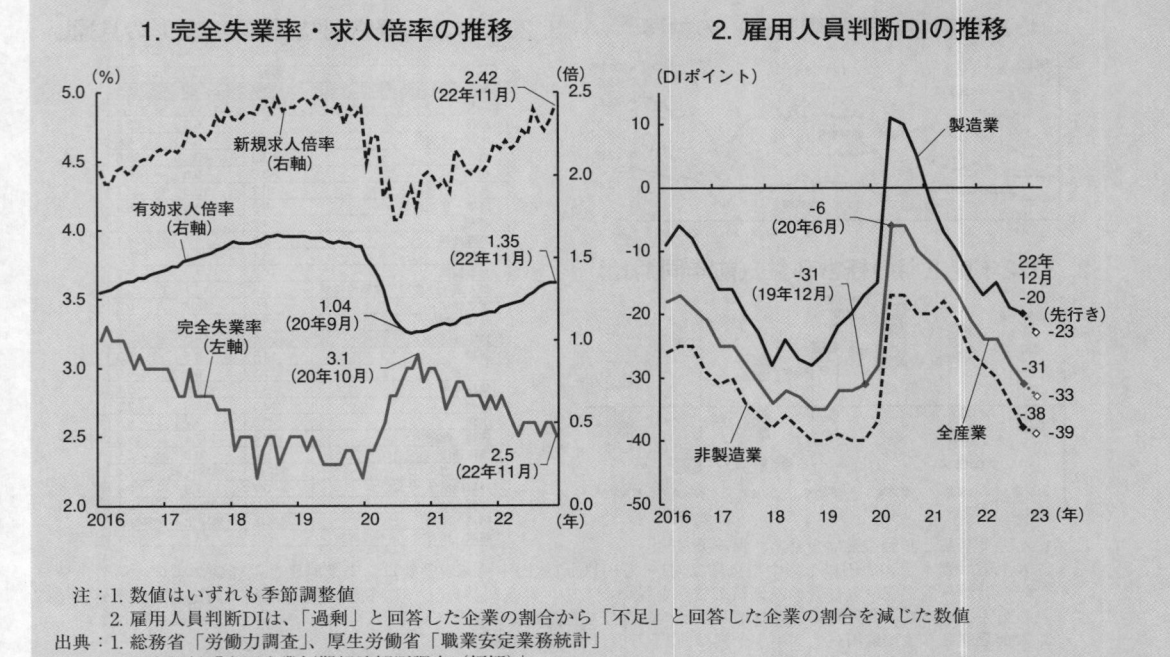
企業を取り巻く経営環境

◆雇用の現状

　新型コロナウイルス感染症の影響が緩和する中で、雇用情勢は持ち直している。

　完全失業率は2020年10月に3.1％まで上昇したが、その後は緩やかな低下傾向が続き、2022年11月は2.5％となった。2022年11月の就業者数は前年同月に比べ28万人増加した。産業別にみると、サービス消費の持ち直しを受けた「宿泊業、飲食サービス業」（前年同月差＋19万人）のほか、「製造業」（＋16万人）などの増加幅が大きい。雇用者数（役員を除く）は前年同月差＋40万人となり、雇用形態別では「正規の職員・従業員」（＋10万人）、「非正規の職員・従業員」（＋30万人）のいずれも増加している。

　有効求人倍率は2020年9月に1.04倍まで低下した後、緩やかな上昇傾向にあり、2022年11月は1.35倍となった。2022年11月の新規求人倍率は2.42倍となり、コロナ前の水準まで回復した。新規求人数は前年同月比＋8.7％と増加し、産業別では、個人消費の持ち直しを背景に「宿泊業、飲食サービス業」（＋21.2％）、「卸売業、小売業」（＋13.0％）などで高い伸びとなった。

◆企業における雇用の過不足感

　需要の持ち直しなどを受け、人手不足感が高まっている。日銀短観の雇用人員判断DI（全産業）は2020年6月に－6まで上昇した後、再び低下し、2022年12月はコロナ前の2019年12月と同水準の－31となった。すべての産業でマイナス（「不足」超）となり、特に「宿泊・飲食サービス」（－63）、「建設」（－52）などで不足感が強い。先行き（2023年3月）も低下が見込まれ、社会経済活動の正常化が進む中で、人手不足感がさらに高まると予想されている。

❹ 企業収益の動向

1. 経常利益（季節調整値）の推移

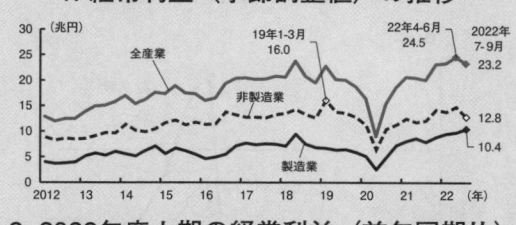

2. 2022年度上期の経常利益（前年同期比）

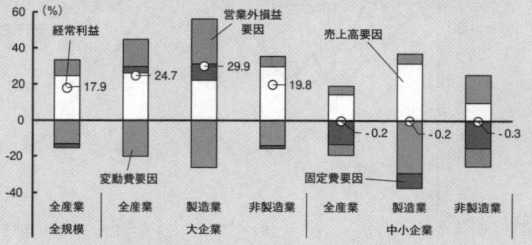

3. 2022年度の経常利益（前年度比）の見通し

(%)

	全規模	大企業	中小企業
全産業	7.5	11.7	-5.1
製造業	5.2	8.2	-11.6
繊維	6.1	5.9	23.5
木材・木製品	6.3	5.1	4.9
紙・パルプ	-53.3	-63.3	-59.6
化学	-0.5	-0.6	-16.5
石油・石炭製品	10.2	10.9	-32.7
窯業・土石製品	-8.9	-5.3	-25.4
鉄鋼	14.7	12.9	-12.0
非鉄金属	-9.3	-4.7	-34.1
食料品	-3.1	-8.1	20.7
金属製品	-11.7	-1.9	-9.8
はん用・生産用・業務用機械	7.8	13.7	-19.2
電気機械	12.2	18.7	-10.2
輸送用機械	13.8	15.1	-24.7
非製造業	9.8	16.3	-2.6
建設	-14.3	-6.5	-22.3
不動産	-1.5	0.3	-5.0
物品賃貸	19.1	23.4	13.1
卸売	12.3	20.5	2.3
小売	6.0	2.7	9.2
運輸・郵便	177.4	287.4	15.8
情報通信	6.0	10.5	-22.5
電気・ガス	赤字化	赤字化	-7.4
対事業所サービス	0.7	2.9	2.4
対個人サービス	55.7	285.5	12.4
宿泊・飲食サービス	黒字化	黒字化	赤字縮小
鉱業・採石業・砂利採取業	22.3	43.1	-0.1

注：1. 2. 3. 全産業と非製造業は金融業、保険業を除く
　　2. 大企業は資本金10億円以上、中小企業は同1千万円以上1億円未満。変動費は、売上原価と販売費および一般管理費の合計から固定費（人件費、減価償却費）を除いたもの。経常利益＝（1－変動費率）×売上高－固定費＋営業外損益の関係を用いて、変動費率の経常増減益率への寄与を変動費要因としている
　　3. 大企業は資本金10億円以上、中小企業は同2千万円以上1億円未満
出典：1. 2. 財務省「法人企業統計」　3. 日本銀行「全国企業短期経済観測調査（短観）」（2022年12月）

◆2022年度上期の収益状況

　財務省「法人企業統計」によると、全産業の経常利益（季節調整値）は2022年4-6月期に過去最高の24.5兆円となり、7-9月期も23.2兆円と高水準で推移している。製造業は7-9月期も過去最高を更新した一方、非製造業はコロナ前のピーク（2019年1-3月期）の約8割の水準にある。

　上期（4-9月）の経常利益は、原材料価格上昇に伴う変動費要因による下押しを受けつつも、感染症の影響緩和などを受けた売上増のプラス寄与が上回り、全体では前年同期比＋17.9%の増益となった。規模別にみると、大企業は、円安に伴う営業外収益（海外子会社からの配当金等）の増加もあり、同＋24.7%の増益となった。一方、中小企業は、製造業における原材料高の影響や、非製造業における売上回復の弱さ、人件費等の固定費の増加などにより、全体では同－0.2%の減益となった。

◆2022年度通期の見通し

　日銀短観によると、2022年度の全産業の経常利益は＋7.5%と増益が見込まれる。製造業では、原材料高などを背景に、「紙・パルプ」「金属製品」などが減益を見込む一方、円安の効果などに支えられ、「鉄鋼」「輸送用機械」などが増益を見込み、全体では＋5.2%の増益見通しである。非製造業では、資材価格の上昇により「建設」「不動産」が減益、燃料費の上昇により「電気・ガス」が赤字化の見通しである一方、コロナ禍からの回復を受け「運輸・郵便」「対個人サービス」は大幅増益、「宿泊・飲食サービス」は黒字化が見込まれ、全体では＋9.8%の増益見通しである。

　規模別にみると、大企業で＋11.7%の増益が見込まれる一方、中小企業は製造業、非製造業いずれも減益が見込まれ、全体で－5.1%の減益見通しとなり、厳しい状況が続いている。

❺株価・為替レート、原油価格の動向

1. 株価・為替レートの推移

2. WTI原油先物価格の推移

出典：1. 日本経済新聞、日本銀行　　2. 日経NEEDS

◆**株価・為替レート**

　2022年の対ドル円レートは115円台でスタートした後、3月に米国連邦準備制度理事会（FRB）がインフレ抑制のため、政策金利の引上げを開始すると、円安方向に推移し、5月上旬に130円台となった。その後もFRBが継続的に利上げを実施したことから、円安が進行し、9月には140円台となり、政府・日本銀行は24年ぶりに円買い・ドル売りの為替介入を実施した。10月下旬に1990年以来、32年ぶりの150円台を記録した後は、米国の物価上昇がピークアウトする中で、利上げのペースが鈍化するとの見方が強まり、円安の進行は一服した。12月には日銀が金融緩和政策を一部見直したことを受け、円高方向に動き、年末は130円台前半で推移した。

　2022年の日経平均株価は29,000円台で始まった後、2月末のロシアによるウクライナ侵攻開始などを受け、低下傾向で推移し、3月上旬に24,000円台まで下落した。その後も、各国の利上げを受けた世界経済の減速懸念などを背景に、上値の重い展開が続き、概ね26,000～28,000円台で推移した。年末にかけては、日銀の金融緩和一部見直しを受けて低下傾向となり、26,000円台で推移した。

◆**原油価格**

　2022年のWTI原油先物価格は70ドル台後半でスタートした後、ロシアのウクライナ侵攻を受け、急速に上昇し、3月上旬に120ドル台に達した。欧米諸国によるロシア産原油の禁輸措置等が実施される中、4～5月も概ね100ドルを超える高値が続いた。しかし、6月以降は、世界経済の減速懸念が強まる中、低下傾向で推移した。OPECとロシアなど非加盟産油国からなるOPECプラスは10月から減産を開始したものの、低下傾向が続き、年末は70ドル台後半で推移した。

❻ 世界経済の動向

1. 実質GDP成長率の見通し

(1) OECDの予測
(%)

	2021年 （実績）	2022年	2023年	2024年
世界全体	5.9	3.1	2.2	2.7
米国	5.9	1.8	0.5	1.0
ユーロ圏	5.3	3.3	0.5	1.4
ドイツ	2.6	1.8	-0.3	1.5
フランス	6.8	2.6	0.6	1.2
英国	7.5	4.4	-0.4	0.2
日本	1.6	1.6	1.8	0.9
中国	8.1	3.3	4.6	4.1
インド	8.7	6.6	5.7	6.9

(2) アジア開発銀行の予測
(%)

	2021年 （実績）	2022年	2023年
韓国	4.1	2.6	1.5
台湾	6.6	3.4	3.0
東南アジア	3.3	5.5	4.7
インドネシア	3.7	5.4	4.8
タイ	1.5	3.2	4.0

2. 欧米のGDP・物価の推移

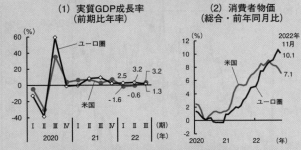

(1) 実質GDP成長率（前期比年率）　　(2) 消費者物価（総合・前年同月比）

3. アジア地域の実質GDP成長率（前年同期比）の推移

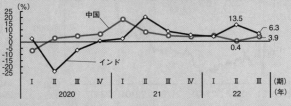

出典：1. OECD「Economic Outlook No.112」（2022年11月）、アジア開発銀行「Asian Development Outlook」（2022年12月）
　　　2. 米国商務省、米国労働省、EU統計局、中国国家統計局、インド統計及び事業実施省

◆世界経済の現状と見通し

　新型コロナウイルス感染症の影響が和らぐ中で、世界経済は持ち直しているものの、供給制約の高まりや、ロシアによるウクライナ侵攻、エネルギー・原材料価格の高騰、世界的な金融引締めの影響などにより、成長ペースは鈍化している。OECDによると、2022年の世界全体の実質成長率は＋3.1％と、前年（＋5.9％）から低下し、さらに2023年は＋2.2％に減速すると予測される。

　国・地域別にみると、米国では、急速な物価上昇を受け、連邦準備制度理事会（FRB）は2022年3月から継続的な利上げを実施している。こうした中、個人消費の伸びの鈍化や住宅投資の減少などから、実質GDP成長率は2022年前半に2期連続のマイナスとなった。7-9月期は前期比年率＋3.2％と底堅く推移したものの、先行きは金利の上昇が個人消費、住宅投資、設備投資を下押しし、景気の減速が見込まれている。

　ユーロ圏では、エネルギーの供給不安などを背景に、物価が急速に上昇し、欧州中央銀行（ECB）は2022年7月から継続的な利上げを実施している。7-9月期の実質GDP成長率は前期比年率＋1.3％と、前期（＋3.2％）から低下した。先行きもエネルギー価格の高止まりが懸念され、個人消費や設備投資の伸びの鈍化により、景気は減速すると見込まれる。

　中国の実質GDP成長率は、2022年4-6月期に前年同期比＋0.4％と大幅に減速した後、7-9月期は同＋3.9％と持ち直した。先行きはインフラ投資による下支えもあり4％台の成長を見込むものの、不動産投資の低迷などを背景に力強さを欠くとみられ、さらに足元での感染急拡大の影響が懸念される。インド、韓国、台湾、東南アジアは、感染症の影響が緩和する中、足元堅調に推移しているものの、2023年は世界経済の減速に伴う輸出の伸び悩みなどにより、成長率の鈍化が予測される。

第 I 部
雇用・人事労務管理に関する諸課題

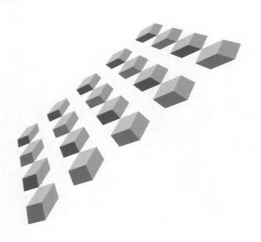

1

エンゲージメントと
労働生産性の向上に資する
働き方改革

1 ①エンゲージメント

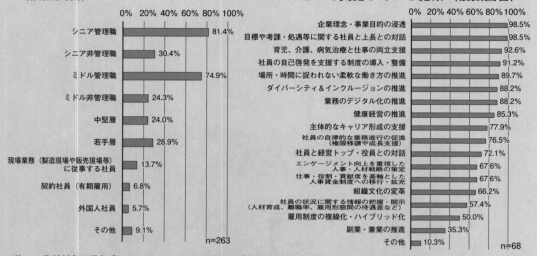

1. 働き手のエンゲージメントが高い層（複数回答）

シニア管理職	81.4%
シニア非管理職	30.4%
ミドル管理職	74.9%
ミドル非管理職	24.3%
中堅層	24.0%
若手層	28.9%
現場業務（製造現場や販売現場等）に従事する社員	13.7%
契約社員（有期雇用）	6.8%
外国人社員	5.7%
その他	9.1%

n=263

2. 働き手のエンゲージメントが高い企業において実施している施策（複数回答）

企業理念・事業目的の浸透	98.5%
目標や考課・処遇等に関する社員と上長との対話	98.5%
育児、介護、病気治療と仕事の両立支援	92.6%
社員の自己啓発を支援する制度の導入・整備	91.2%
場所・時間に捉われない柔軟な働き方の推進	89.7%
ダイバーシティ＆インクルージョンの推進	88.2%
業務のデジタル化の推進	88.2%
健康経営の推進	85.3%
主体的なキャリア形成の支援	77.9%
社員の自律的な業務遂行の促進（権限移譲や成長支援）	76.5%
社員と経営トップ・役員との対話	72.1%
エンゲージメント向上を重視した人事・人材戦略の策定	67.6%
仕事・役割・貢献度を基軸とした人事賃金制度への移行・拡充	67.6%
組織文化の変革	66.2%
社員の状況に関する情報の把握・開示（人材育成、離職率、雇用形態間の待遇差など）	57.4%
雇用制度の複線化・ハイブリッド化	50.0%
副業・兼業の推進	35.3%
その他	10.3%

n=68

注：1. 集計対象は働き手のエンゲージメントの現状が「全体的に高い状況にある」または「高い層と低い層がある（まだら）」
　　　と回答した企業
　　2. 集計対象は働き手のエンゲージメントの現状が「全体的に高い状況にある」と回答した企業
出典：1. 2. 経団連「2022年 人事・労務に関するトップ・マネジメント調査」

◆エンゲージメントの現状

　企業が成長を実現するためには、インプット（労働投入）を効率化する働き方改革「フェーズⅠ」を継続しながら、アウトプット（付加価値）の最大化を図る「フェーズⅡ」を深化させて、労働生産性の向上を図っていくことが不可欠である。その鍵を握るのは、働き手の「エンゲージメント」であり、企業は、多様な働き手の就労ニーズに対応した働き方やマネジメント、就労環境の整備、自社の存在意義（パーパス）や価値観（バリュー）の働き手との共有、働き手一人ひとりが成長を実感できる機会・支援の提供などにより、エンゲージメントを高めていくことが必要である。

　経団連調査によると、働き手のエンゲージメントの状況（複数回答）は、「シニア管理職」（81.4%）と「ミドル管理職」（74.9%）が高い傾向にある。他方、「中堅層」（24.0%）や「ミドル非管理職」（24.3%）、「若手層」（28.9%）、「シニア非管理職」（30.4%）は、相対的に低い傾向がみられ、各層の課題に応じたエンゲージメント向上策を拡充する必要がある。

　働き手のエンゲージメントが「全体的に高い状況にある」と回答した企業（複数回答）においては、「企業理念・事業目的の浸透」（98.5%）や「目標や考課・処遇等に関する社員と上長との対話」（98.5%）などコミュニケーション充実のための施策のほか、「育児、介護、病気治療と仕事の両立支援」（92.6%）などのワーク・ライフ・バランス向上策、「社員の自己啓発を支援する制度の導入・整備」（91.2%）など仕事と学びの好循環を実現する施策等に積極的に取り組んでいる。働き手のエンゲージメントを高める取組みの推進にあたっては、年代や職種、雇用形態などの区分ごとに状況を把握し、必要な対策を講じることが肝要となる。

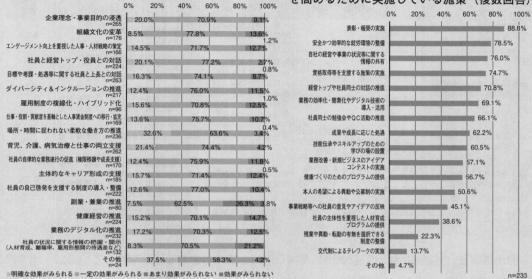

3. エンゲージメントを高める施策の効果

	明確な効果がみられる	一定の効果がみられる	あまり効果がみられない
企業理念・事業目的の浸透 n=265	20.0%	70.9%	9.1%
組織文化の変革 n=176	8.5%	77.8%	13.6% 1.2%
エンゲージメント向上を重視した人事・人材戦略の策定 n=166	14.5%	71.7%	12.7%
社員と経営トップ・役員との対話 n=224	20.1%	77.2%	2.7%
目標や考課・処遇等に関する社員と上長との対話 n=263	16.3%	74.1%	8.7% 0.8%
ダイバーシティ＆インクルージョンの推進 n=217	12.4%	76.0%	11.5%
雇用制度の複線化・ハイブリッド化 n=96	15.6%	70.8%	12.5% 1.0%
仕事・役割・貢献度を基軸とした人事賃金制度への移行・拡充 n=169	13.6%	75.7%	10.7%
場所・時間に捉われない柔軟な働き方の推進 n=236	32.6%	63.6%	3.4% 0.4%
育児、介護、病気治療と仕事の両立支援 n=262	21.4%	74.4%	4.2%
社員の自律的な業務遂行の促進（権限移譲や成長支援）n=170	12.4%	75.9%	11.8%
主体的なキャリア形成の支援 n=185	15.7%	71.4%	12.4% 0.5%
社員の自己啓発を支援する制度の導入・整備 n=222	12.6%	77.0%	10.4%
副業・兼業の推進 n=80	7.5%	62.5%	26.3% 3.8%
健康経営の推進 n=224	15.2%	70.1%	14.7%
業務のデジタル化の推進 n=232	17.2%	70.3%	12.5%
社員の状況に関する情報の把握・開示（人材育成、離職率、雇用形態間の待遇差など）n=132	8.3%	70.5%	21.2%
その他 n=24	37.5%	58.3%	4.2%

■明確な効果がみられる ■一定の効果がみられる ■あまり効果がみられない □効果がみられない

4. 現場業務に従事する社員のエンゲージメントを高めるために実施している施策（複数回答）

表彰・報奨の実施	88.8%
安全かつ効率的な就労環境の整備	78.5%
自社の経営や事業の状況等に関する情報の共有	76.0%
資格取得等を支援する施策の実施	74.7%
経営トップや社員同士の対話の推進	70.8%
業務の効率化・簡素化やデジタル技術の導入・活用	69.1%
社員同士の勉強会やQC活動の推進	66.1%
成果や成長に応じた処遇	62.2%
技能伝承やスキルアップのための学びの場の設置	60.5%
業務改善・新規ビジネスのアイデアコンテストの実施	57.1%
健康づくりのためのプログラムの提供	56.7%
本人の希望による異動や公募制の実施	50.6%
事業戦略等への社員の意見やアイデアの反映	45.1%
社員の主体性を重視した人材育成プログラムの提供	38.6%
残業や異動・転勤の有無を選択できる制度の整備	22.3%
交代制によるテレワークの実施	13.7%
その他	4.7%

n=233

出典：3. 4. 経団連「2022年人事・労務に関するトップ・マネジメント調査」

◆エンゲージメントを高める施策の効果

　経団連調査によると、働き手のエンゲージメントを高める施策のうち、「明確な効果がみられる」との回答が最も多かった施策は、「場所・時間に捉われない柔軟な働き方の推進」（32.6%）であった。その他、「育児、介護、病気治療と仕事の両立支援」（21.4%）、「社員と経営トップ・役員との対話」（20.1%）、「企業理念・事業目的の浸透」（20.0%）なども多い。

　各施策については、イノベーション創出や労働生産性向上に寄与しているのか、その効果を測定・評価することが必要である。例えば、社員1人当たりあるいは部門・全社の「生産性」「収益性」「付加価値」の動向、新規アイデアの提案数等の測定指標を設定した上で、社内アンケートの実施等を通じたエンゲージメントレベルの把握・分析を行い、自社の強み・弱みを社内で共有しながら組織全体で改善に取り組むことが重要である。

◆現場業務に従事する働き手のエンゲージメント

　製造や販売、サービス等の現場業務に従事する働き手についても、エンゲージメントを高める施策を積極的に展開していく必要がある。経団連調査によると、現場業務に従事する社員のエンゲージメントを高める施策（複数回答）としては、「表彰・報奨の実施」（88.8%）が最も多い。これに「安全かつ効率的な就労環境の整備」（78.5%）、「自社の経営や事業の状況等に関する情報の共有」（76.0%）、「資格取得等を支援する施策の実施」（74.7%）、「経営トップや社員同士の対話の推進」（70.8%）などが続いている。企業は、現場の状況や働き方を踏まえ、働き手の技術・技能の向上や働きやすい職場環境の整備、コミュニケーションの充実等の取組みを進めていくことが求められる。

1 ❷ 弾力的な労働時間制度の動向

1. 弾力的な労働時間制度の概要

区分	適用対象	労働時間	導入手続き	適用労働者割合
フレックスタイム制労働基準法32条の3	特段の制限なし	一定の清算期間における総労働時間を定め、その枠内で労働する	就業規則での規定、労使協定の締結	8.2%
事業場外みなし労働時間制労働基準法38条の2	労働時間の全部または一部について事業場外で業務に従事し、労働時間の算定が困難な場合	原則として所定労働時間労働したものとみなす※所定労働時間を超えた労働が必要な場合は当該業務の遂行に通常必要な時間労働したものとみなす	労使協定の締結義務等はない※みなし労働時間が所定労働時間を超える場合労使協定を締結することが望ましく、協定を締結する場合、みなし労働時間が法定労働時間を超える際は労働基準監督署への届出が必要	12.3%
専門業務型裁量労働制労働基準法38条の3	新商品・新技術の研究開発をはじめ厚生労働省令および厚生労働大臣告示で定める19業務	労使協定で定めた時間労働したものとみなす	労使協定の締結、労働基準監督署への届出	1.2%
企画業務型裁量労働制労働基準法38条の4	事業の運営に関する事項についての企画、立案、調査および分析の業務	労使委員会の決議で定めた時間労働したものとみなす	労使委員会の設置・決議、労働基準監督署への届出、対象者個人の同意取得、労働基準監督署長への定期報告	0.2%

出典：厚生労働省「現行の労働時間制度の概要」「令和4年就労条件総合調査」をもとに経団連事務局にて作成

　労働基準法（労基法）は、1日8時間、週40時間を超える労働を原則禁止しているが、事業活動や働き方の多様化に対応する観点から、フレックスタイム制や裁量労働制など、法定労働時間の規制を弾力化する労働時間制度を設けている。

◆フレックスタイム制

　フレックスタイム制は、あらかじめ一定の清算期間における総労働時間（最長で3ヵ月間）を定めておき、日々の始業・終業時刻をその枠内で労働者の選択に委ねる制度である。実労働時間が総労働時間を超えた場合、割増賃金の支払いが必要となる。制度を導入するためには、労使協定において①対象となる労働者の範囲、②清算期間、③清算期間における総労働時間、④標準となる1日の労働時間、⑤必ず労働しなければならない時間帯（コアタイム）、⑥選択により労働可能な時間帯（フレキシブルタイム）を定める（⑤⑥は任意）とともに、就業規則への記載が必要となる。なお、清算期間が1ヵ月を超える場合は、労使協定を所轄の労働基準監督署長へ届け出る必要がある。

　昨今、働き方の多様化に伴い、時間にとらわれない自律的な働き方を望む働き手が増加している。始業・終業時刻を本人が自由に選択できる同制度は、そうした働き手のエンゲージメントを高めるのに有効な施策といえる。また、同制度は全社員一律ではなく、特定の部署や社員に適用を限定するなど、組織の状況に応じて柔軟に活用することが可能である。加えて、コアタイムの時間帯も労使協定で自由に定めることができるため、適用者によってコアタイムの時間帯を変更したり、日によって異なる時間帯を設定したりすることもできる。ただし、コアタイムを設定する場合には、フレキシブルタイムを必ずコアタイムの前後に設ける必要がある。なお、コアタイムを設けない、いわゆる「スーパーフレックスタイム制」の導入も可能である。本制度は、効率的な時間配分による生産性の向上、家事・育児・介護と仕事の両立支援など、労使双方に様々なメリットをもたらす。ただし、同制度は始業・終業時刻が労働者の自由となるため、管理・監督者は、制度導入に伴う社員同士のコミュニケーション不足や、取引先への対応に遅れが生じ得ること等に十分注意する必要がある。

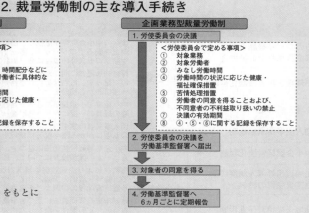

2. 裁量労働制の主な導入手続き

専門業務型裁量労働制	企画業務型裁量労働制

1. 労使協定の締結

<労使協定で定める事項>
① 対象業務
② みなし労働時間
③ 業務の遂行方法、時間配分などについて従事する労働者に具体的な指示をしない旨
④ 労使協定の有効期間
⑤ 労働時間の状況に応じた健康・福祉確保措置
⑥ 苦情処理措置
⑦ ⑤・⑥に関する記録を保存すること

2. 労使協定を労働基準監督署へ届出

1. 労使委員会の決議

<労使委員会で定める事項>
① 対象業務
② 対象労働者
③ みなし労働時間
④ 労働時間の状況に応じた健康・福祉確保措置
⑤ 苦情処理措置
⑥ 労働者の同意を得ることおよび、不同意者の不利益取り扱いの禁止
⑦ 決議の有効期間
⑧ ④・⑤・⑥に関する記録を保存すること

2. 労使委員会の決議を労働基準監督署へ届出

3. 対象者の同意を得る

4. 労働基準監督署へ6ヵ月ごとに定期報告

出典：厚生労働省「裁量労働制の概要」をもとに
.経団連事務局にて作成

◆事業場外みなし労働時間制

　事業場外みなし労働時間制は、労働時間の全部または一部を事業場外で業務に従事し、使用者の指揮監督が及ばず労働時間の算定が困難な場合に、原則として所定労働時間分労働したものとみなす制度である。ただし、所定労働時間を超える労働が必要な場合には、当該業務の遂行に通常必要な時間を労働したものとみなされる。具体的には、取材記者や外勤営業職員など、常態として事業場外で労働する場合や、出張など臨時的に事業場外で労働する場合が想定される。他方、管理者とともに事業場外の業務を遂行したり、携帯電話等で随時管理者の指示の下で労働したりするケースでは、みなし労働時間制は適用されないことに留意を要する。本制度は、在宅勤務やリモートワークにも活用できるが、厚生労働省のテレワークガイドラインは、①情報通信機器が使用者の指示により常時通信可能な状態におくこととされていない、②随時使用者の具体的な指示に基づいて業務を行っていないという2要件の充足を求めているため、適用にあたっては実態を踏まえた検討が必要である。

◆裁量労働制

　裁量労働制は、業務遂行の手段・方法や時間配分を労働者の裁量に委ねる必要のある一定の業務に従事する場合、実際の労働時間にかかわらず、一定時間労働したものとみなす制度である。専門業務型と企画業務型の2種類が存在し、対象業務は法令や告示、指針で厳格に定められている。

　制度の導入にあたっては、①対象業務への該当性、②社員の裁量性の有無、③健康・福祉確保措置の設定等に留意する必要がある。また、導入後、例えば社員の裁量がなくなる程度まで業務量が増えた場合には、業務量を減らす、あるいは裁量労働制の対象から一旦外す仕組みを構築しておくことが望ましい。加えて、労使協定の締結や労使委員会の決議、それらの労働基準監督署への提出、企画業務型における労働時間の状況等に関する労基署への定期報告など、導入手続きの遵守も欠かせない。

◆企業に求められる取組み

　コロナ禍において、テレワークやフレックスタイム制など、柔軟な働き方が多くの企業で拡がっている。企業には、働き方改革の深化の鍵を握るエンゲージメントの向上のため、自社の状況に応じた「時間」と「場所」にとらわれない柔軟な働き方を可能とする環境整備が求められている。

中小企業向けの主な政策支援

類型	名称	所管	概要
補助金	ものづくり等高度連携・事業再構築促進補助金	中小企業庁	複数の中小企業等が連携し、連携体全体として新たな付加価値の創造や生産性向上を図るプロジェクト、新分野、業態転換、革新的な製品・サービス開発、生産プロセス等の改善に取り組むプロジェクトの経費の一部にかかる補助金
	小規模事業者持続化補助金		持続的な経営に向けた経営計画に基づき、小規模事業者等の地道な販路開拓等の取組みや、あわせて行う業務効率化の取組みを支援するために要する経費の一部にかかる補助金
	IT導入補助金		中小企業・小規模事業者等が自社の課題やニーズに合ったITツールを導入する際の経費の一部にかかる補助金
税制	個人版事業承継税制	中小企業庁	個人事業者の集中的な事業承継を促すため、10年間限定で、多様な事業用資産の承継にかかる贈与税・相続税を100％納税猶予
	中小企業経営強化税制		中小企業等経営強化法に基づき、認定を受けた経営力向上計画に従って行われた、一定の設備投資について、即時償却または税額控除を適用
	先端設備等導入制度に基づく固定資産税の特例		市町村により先端設備等導入計画の認定を受けた中小企業の設備投資に対して、臨時・異例の措置として、地方税法における事業用家屋や償却資産にかかる固定資産税の特例などを適用
	地域未来投資促進税制		地域未来投資促進法に基づき承認を受けた地域経済牽引事業計画に従って行われる、一定の要件を満たした建物・機械等の設備投資について、特別償却または税額控除を適用
	中小企業の経営資源の集約化に資する税制		経営資源の集約化によって、生産性向上等を目指す計画の認定を受けた中小企業が計画に基づくM&Aを実施した場合に、①設備投資減税②準備金の積立が利用可能
助成金	雇用関係助成金	厚生労働省	特定求職者雇用開発助成金やトライアル雇用助成金、65歳超雇用推進助成金、人材確保等支援助成金等
	労働条件等関係助成金		業務改善助成金、働き方改革推進支援助成金等
その他	専門家派遣（中小企業119）	中小企業庁	中小企業・小規模事業者が抱える経営課題につき、事業の各段階に応じた様々な経営課題・支援ニーズに対応するため、専門家派遣を実施

出典：中小企業庁、厚生労働省ホームページをもとに経団連事務局にて作成

　生産年齢人口の減少や若年層の都市部への流出などにより、地方における人手不足の問題が深刻化する中、地方経済の創生を実現していくためには、中小企業における労働生産性の向上が欠かせない。しかし、中小企業の労働生産性は大企業の半分程度の水準にあるのが現状である。そのため、中小企業の労働生産性の引上げに向けて、政府・自治体等による公的支援策の充実を通じた環境整備が重要となる。

◆労働生産性向上に向けた公的支援の活用

　労働生産性向上策として、デジタル技術を活用しながら、新たな付加価値の創出を図るDXの推進が企業にとって重要な課題となっている。中小企業基盤整備機構が中小企業を対象に行ったアンケート調査（2022年5月）によると、DXの取組み状況について、「既に取り組んでいる、または取組みを検討している」との回答は24.8％に留まり、「必要だと思うが取り組めていない」との回答は34.1％であった。また、DXに取り組むにあたっての課題としては、DXやITに関わる人材不足、具体的な効果や成果の不透明さ、予算の確保の難しさ等が挙げられている。

　こうした状況を踏まえ、政府・自治体等は、中小企業向けにデジタル化を支援する助成金や補助金、税制優遇措置、専門家派遣等の各種措置を実施している。例えば、秋田県では「デジタル化トライアル事業費補助金」として、クラウドサービスを導入し、業務効率化や生産性向上、働き方改革を進める企業を支援している。このほか、政府は、設備投資にかかる税制優遇措置、雇用の安定や職場環境の改善等を支援する助成金などを整備している。中小企業は、公的支援策を積極的に活用し、多様な働き手の活躍と労働生産性向上の取組みを進めていくことが望まれる。

1 ④企業向けワーケーション導入ガイド

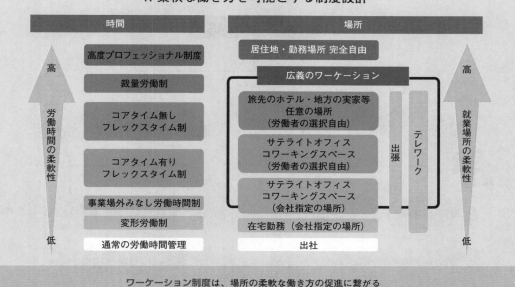

1. 柔軟な働き方を可能とする制度設計

出典：経団連「企業向けワーケーション導入ガイド－場所にとらわれない働き方の最大活用－」（2022年7月）

　多様な働き方の1つとして、テレワークが浸透する中、普段の職場や自宅とは異なる地域での滞在を楽しみながら働く「ワーケーション」への社会的な関心が高まっている。背景には、自律的な働き方の推進によるエンゲージメント向上のほか、受入れ側の地域における経済効果や関係人口の増大への期待がある。一方で、ワーケーションは、勤務と休暇の組み合わせを前提とした新しい働き方であり、企業では、仕事と余暇の混在への不安などから、導入に慎重な見方も少なくない。そこで、経団連では、ワーケーションをめぐる企業の懸念を払拭するために、「企業向けワーケーション導入ガイド」をとりまとめ、①今なぜワーケーションなのか、②企業における実施事例、③規程の整備の考え方、④地域・施設を選定する場合の考え方を整理した。あわせて、企業での制度導入の支援ツールとして、全11条からなる規程のひな形「ワーケーションモデル規程」も公表した。

◆**今なぜワーケーションなのか**

　コロナ禍でのテレワークの経験等から、時間と場所にとらわれない働き方を求める働き手が増えている。働く場所の自由度を高める施策が様々ある中で、ワーケーションはテレワークの延長線上にあり、就業場所の柔軟性がより高い。企業における導入効果は、生産性向上や休暇取得促進、健康増進、採用力やリテンション強化などが挙げられる。働き手を受け入れる地域では、テレワーク環境の整備が進んでおり、自社に合った形での導入の検討が可能な状況にある。

◆**企業における実施事例**

　ワーケーションは特定業界、若年層等の限られた範囲での働き方との誤解を受けやすいが、三井化学、ミライト・ワン・システムズ、ヤフー、横河電機などをはじめとする様々な企業で活用されている。

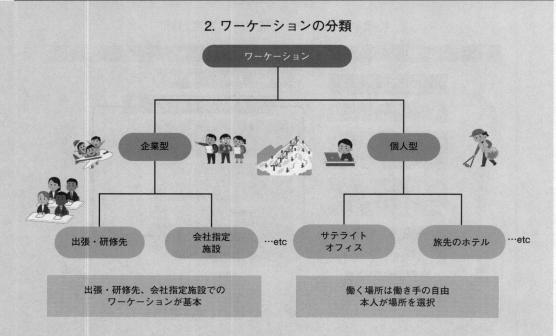

2. ワーケーションの分類

出典：経団連「企業向けワーケーション導入ガイド－場所にとらわれない働き方の最大活用－」（2022年7月）

　各社の4名のマネジャーはいずれも普段と異なる空間への滞在によるリフレッシュ効果など、ワーケーションの効果を挙げるとともに、テレワーク環境を整備している企業では、制度導入やマネジメントは難しくない旨の見解を示している。

◆規程の整備の考え方

　ワーケーションの導入ステップとしては、①導入目的を明確化した上で、②自社のワーケーションスタイルを選択し、③必要な規程を整備することが考えられる。諸規程の整備においては、誰が働く場所を決定するかがポイントになり、大きくは「企業型」と「個人型」に分類できる。「企業型」は業務指示による出張・研修先や会社指定施設でのワーケーション、「個人型」は働く場所の選択が主に個人に委ねられている場合を想定する。

　ワーケーションにかかる規程は、テレワーク規程との共通点も多く、すでにテレワークを行っている企業であれば、導入にあたって新たに整理すべき点は多くない。政府のガイドラインなどもあらためて参考にしながら、労働時間把握、柔軟な労働時間制度の活用、労働災害、旅費負担に関する留意点を踏まえて制度化していくことが望ましい。

◆地域・施設を選定する場合の考え方

　ワーケーション導入に向けた地域や施設の選定にあたっては、文字情報だけに頼らず、現地を視察することが重要である。また、費用面をはじめ、導入のハードルを下げる観点から、政府や地方自治体のモデル事業などの活用も検討に値する。さらに民間事業者が提供するワーケーションに関する多様な商品・サービスの活用も一考である。

1 企業事例1
現場業務における生産性向上の取組み－佐々木組

1. 主な取組み内容

項　目	内　容	
業務効率化の推進	●社内イントラによる予定の可視化 ●安否システムを活用した健康情報管理 ●測位衛星システムでの測量の無人化 ●産業廃棄物の電子マニフェストの導入	
コミュニケーションの充実	●互助会 ●社員と部門長等との定期面談 ●社報の発行	●改善委員会・朝飯会 ●社長の積極的な現場訪問 ●佐々木組施工協力会
多様で柔軟な働き方 ・余暇充実の支援	●ノー残業デー ●完全週休2日制	●時間単位年休 ●リフレッシュ活動支援（同好会活動補助等）
技能とモチベーションの向上	●教育訓練制度	●表彰制度
女性の活躍推進	●女性社員同士の小集団活動支援（SST/佐々木組・サポート・チーム） ●女性社員のキャリア形成支援リカレントプログラムへの参加促進	

　株式会社佐々木組（従業員数126名、2022年11月現在）は、岩手県一関市に本社を置き、総合建設業として、建築・土木・舗装工事や設計などを手掛けている。長年にわたり、社員が個性と能力を最大限発揮できる職場環境づくりを継続している。近年は、女性の活躍推進や若手層の人材確保・定着などに取り組み、社員の働きがい・働きやすさと労働生産性の向上に努めている。こうした取組みが評価されて、同社は岩手県の「いわて働き方改革AWARD2021」の最優秀賞を受賞した。

◆働きやすい職場環境の整備

　同社における働きやすい職場環境の整備に向けた取組みの歴史は長い。1965年に社員の親睦を図ることを目的として互助会が発足し、社員とその家族が一緒になって運動会等を実施してきた。1968年には改善委員会が発足し、月に1度、社員が幹部社員に対して近況報告や業務改善提案などを行っている。これらの取組みにより、社員自らが改善点を見つけ出し、前向きに取り組める風土が醸成されている。また、制度面では、ノー残業デーや完全週休2日制、時間単位年休、リフレッシュ活動支援制度などを整備している。特に、現場業務が中心である建設業において、完全週休2日制の導入は容易ではなく、協力会社の理解を得ることが不可欠であった。同社は、協力会社で構成する佐々木組施工協力会を設置しており、日頃から安全衛生についての情報交換を行うなど良好な協力関係を培っている。完全週休2日制の導入にあたっても協力会の場を活用し、協力会社との丁寧なコミュニケーションを通じて、円滑な制度導入が実現できたという。

　働きやすい職場環境の整備にあたっては、幹部社員と社員とのコミュニケーションが重要と考え、同社は年に2回、各社員と部門長等が日常業務の相談や評価などについての面談を実施している。さらに、社長が頻繁に現場に赴き、新入社員や若手社員を含めた社員との継続的なコミュニケーショ

2. SST（佐々木組・サポート・チーム）の活動

ンを図っている。経営トップ自らがこうした姿勢を見せることで、他の幹部社員も意識してコミュニケーションを行うようになり、風通しの良い職場となっていると評している。

◆システム導入による業務効率化の推進

　同社は、各種システムの導入による業務効率化にも積極的に取り組んでいる。例えば、堤防等をつくる際の盛土の高さの測量は、これまで作業員が実測していたが、測位衛星システムの導入により数値の確認が容易になった。加えて、社内イントラによる予定の可視化や、安否システムを活用した新型コロナウイルス感染症対策としての健康情報管理、産業廃棄物が委託先において契約内容どおりに適正処理されたかを確認する管理伝票をオンライン化する「電子マニフェスト」の導入等を進めている。同社は、今後も費用対効果を見極めながら、様々な業務効率化の方策を推進していくとしている。

◆女性の活躍推進

　同社は、女性の活躍推進に向けた雰囲気づくりも重視している。女性社員同士の小集団活動（SST（佐々木組・サポート・チーム））を支援し、業務の困りごとや会社への要望のほか、プライベートな話も含めてコミュニケーションを取ることができる場を設けている。さらに、「岩手大学・女性のキャリア形成支援リカレントプログラム」への女性社員の参加を促すなど、将来の女性リーダー育成に向けた取組みも進めている。こうしたことを通じて、同社では社員の女性比率が徐々に高まってきているほか、男性社員を含めた仕事と生活の両立支援の向上にもつながっている。

　同社では、「男女の隔てなく、社員全員が幸せに働くことが会社の発展につながるという思いの下、今後も様々な取組みにチャレンジしていく」としている。

1 企業事例2
柔軟な勤務制度の活用－日立製作所

1. 2023年1月1日実施の制度改定（1日の最低勤務時間の撤廃）

■制度改訂日：2023年1月1日
■主な制度改訂内容

裁量労働勤務
1日一定時間（0.5時間等）の勤務が必須

フレックスタイム制勤務・短時間勤務フレックスタイム制
1日3.75 時間の勤務が必須

➡ 1日の最低勤務時間を撤廃
事前申出の上で、始終業時刻の変更や会社の就業日を「非就業日」とすることも可

■「非就業日」の賃金・出勤日数取扱い

裁量労働勤務
所定就業日数：20日

非就業 1日｜7.75 勤務 19日

・非就業日1日（欠勤カウントなし）
・不足時間の概念はなし
（健康管理用時間は▲7.75Hr）
⇒出勤20日として扱う
（賃金歩引なし）

フレックスタイム制勤務

【ケース①】所定就業日数：20日

非就業 1日｜7.75 勤務 17日｜11.5 勤務 1日｜11.75 勤務 1日

・基礎時間＊：20日×7.75Hr＝155Hr
・所定就業日の労働時間：155Hr
・F過不足時間：0Hr
⇒出勤20日、賃金歩引・割増なし
　※F過不足時間がプラスの場合割増対象

【ケース②】所定就業日数：20日

非就業 1日｜7.75 勤務 19日

・基礎時間＊：20日×7.75Hr＝155Hr
・所定就業日の労働時間：147.25Hr
・F過不足時間：▲7.75Hr（不足時間）
⇒出勤19日、欠勤1日（賃金一部歩引）
　※▲7.75Hrを欠勤1日に計上

＊ 基礎時間＝月の労働時間の総枠（所定就業日数×所定実働時間）

株式会社日立製作所（従業員数29,485名、2022年3月末現在）は、社員が自律的に働くことができる制度として「フレックスタイム制勤務制度」と「裁量労働勤務制度」を導入している。さらに同社は、1日や1ヵ月の間での自律的でより柔軟な働き方を促進し、社員一人ひとりの働きがいや生産性向上につなげることを目的として、2023年1月に「1日の最低勤務時間の撤廃」を柱に、社員約15,000名が対象となる制度見直しを行った。

◆フレックスタイム制勤務制度

同社は、1988年にフレックスタイム制勤務制度を導入して以来、就業時間の適正配分を社員各人の自律性に委ねることにより、精神面のリフレッシュや効率のよい業務遂行、ワーク・ライフ・バランスの向上を図ってきた。2018年10月には、多様な人財の多様な働き方を支援する観点から、働き手がより柔軟に始業・終業時刻を決定できるよう、コアタイムを撤廃した。

加えて、新型コロナウイルスの感染拡大以降、社員の働き方や価値観などが一層多様化してきていることを受け、自律的で柔軟な働き方を促進するため、2023年1月より、働く時間に関する制限をさらに緩和することとした。一般的に、多くの企業は1日の最低勤務時間を設定し、例えば所定労働日に全く勤務しないと当該日を欠勤扱いとしている。同社においても、これまでは1日3.75時間に設定していたが、これを撤廃することで、所定労働日を「非就業日」に変えることが可能となるなど、社員がより自律的に働くことができるようにした。

◆裁量労働勤務制度

同社は、社員自らの知識や技術、創造性を活かし、生産性向上やイノベーション創出につなげることを目的に、仕事の進め方や時間配分に関する個人の意思・裁量性を尊重することで多様な働き方を実現し得る専門業務型・企画業務型の裁量労働制を2004年に導入した。適用対象者の要件を「従来の価値観や手法にとらわれることなく自律的に業務を遂行できる者」と定義し、一定以上の職能等級に属する社員を対象としている。

2.「働き方の基本」ハンドブックでの記載例（裁量労働勤務制度）

> 業務遂行手段及び時間配分の決定等に関して具体的な指示を受ける等、
> 本制度の適用が適当でない場合は適用除外を徹底願います。

(1) 時間配分に関して、本人の裁量の余地が認められないほどに業務量が増大することが明らかに見込まれる場合。
(2) 所属上長から作業手順等について具体的な指示を継続して受けることが予想される場合。
(3) 顧客との契約等により、顧客先に常駐し勤務時間が具体的に定められている場合。
(4) 当社の指揮命令下にない出向者、及び労働時間が限定される短時間勤務者、変則・交替勤務者等の場合。
(5) 産業医等により就業制限が指導されている場合。

| 時間配分に関して裁量の余地がないほどの業務量が見込まれる場合 | 事故対策等により上長から作業手順等の具体的指示を継続して受ける場合 | 顧客先に常駐する等、勤務時間が具体的に定められている場合 |

みなし労働時間は、所定労働時間と同じ1日7.75時間に設定しており、適用者全員に定額の裁量労働勤務手当を支給している。従来は1日の最低勤務時間（0.5時間など）を設けていたが、フレックスタイム制勤務制度と同様に2023年1月にこれを撤廃し、より柔軟な働き方に資する制度とした。

　同社は、制度の運用において、特に働き手の健康管理を重要視しており、始業・終業時刻（PCのログオン・ログオフ時刻）をもって算出した「健康管理用時間」（始業時刻から終業時刻までの時間－所定労働時間）を基に適用者全員の健康管理を徹底している。具体的には、健康管理用時間が月80時間以上の場合や3ヵ月連続で60時間以上となった場合など一定の時間に達した場合に、医師等による長時間労働者健診を実施するとともに、月80時間以上となった翌月は一律的に制度の適用を除外するなど、客観的指標に基づいて働き過ぎを防ぐ仕組みを構築している。

◆制度の適切な運用に向けた工夫

　同社は企画業務型だけでなく、法令上は要件となっていない専門業務型についても、労使委員会で半期に一度、制度の適用状況や平均健康管理用時間、健康管理措置の実施状況等について、情報共有や意見交換を行うことで、制度の適切な運用を図っている。

　また、柔軟な勤務制度を有効に活用するためには、運用ルールの遵守と対象者本人と管理者との間で十分なコミュニケーションを確実に実施してもらうことが重要と考え、フレックスタイム制勤務制度・裁量労働勤務制度ともに、留意事項をハンドブックに記載するなどして、周知・徹底している。ハンドブックでは、制度の基本的な内容にとどまらず、例えば、①裁量労働勤務制度の適用がふさわしくない場合の例、②管理者が作業手順などについて具体的に指示をすることはできないこと、③業務中の中抜けや休日出勤などを行う場合に細かな手続きが必要なこと――などについて、イラストやQ&Aを用いてわかりやすく解説する工夫を凝らしている。

　同社は、「働き手のマインドやビジネスの環境が大きく変化する中、フレックスタイム制勤務制度や裁量労働勤務制度といった自律的で柔軟な働き方を可能とする制度を積極的に活用することで、社員の働きがい・働きやすさを一層高めていきたい」としている。

1 企業事例3 中小企業における生産性向上－ハリタ金属

1. オンライン朝礼　　　　**2. タブレットを活用した現場でのデータ管理**

　ハリタ金属株式会社（従業員数275名、2022年7月現在）は、富山県高岡市に本社を置き、家電や自動車等を中心とした金属のリサイクル事業、廃棄物ソリューション事業を展開している。人口減少を背景に人手不足への対応が課題となる中、同社は働く人に選ばれる企業となるため、多様な働き方の実現と働きやすい職場づくりを目指し、約10年前から働き方改革に取り組んでいる。これまで、人員配置や業務体制の見直しとともに、年次有給休暇（年休）を取得しやすい雰囲気の醸成や育児休業取得時におけるバックアップ体制の確立などにより、年休取得率94.2%（2021年度）、女性社員の育児休業からの復帰率100%（2014～2022年度）などを達成している。

◆プロジェクトチームによるDX（デジタルトランスフォーメーション）の推進

　同社は、生産性向上に向けて、2020年8月からプロジェクトチームを設立し、DX推進に取り組んでいる。「1枚でもペーパーレス」を旗印に、社内の申請書など社員間のやり取りから進めた結果、開始後10ヵ月間で約10万枚の紙の削減に成功するなど着実に成果を上げている。

　また、イントラネットを活用した書類の共有等は、業務の属人化を防ぎ、効率化にも効果を発揮している。マニュアルやひな形等をデータ化して共有化することで、社員の誰もが業務を遂行することが可能となり、業務負担の平準化にもつながっている。

　現業業務においては、2021年から社内のPC環境を持たない社員にタブレットを配付している。これにより、現業を含めた全社員がオンラインツールを活用したやり取りが可能となり、遠隔の事業所や工場とのコミュニケーションが円滑になった。さらに、現業社員の出退勤管理をオンラインで行うことにしたほか、これまで紙媒体で管理していた顧客情報をデータ化して共有するなど効率化を進めたことで、時間外労働時間（月平均）の削減（2012年度17.1時間→2021年度14.8時間）に成功した。

◆誰一人取り残さないDXを目指して

　「DXは難しい」という印象を抱く社員が少なくないことから、同社では、DX推進プロジェクト

3. スマートグラス活用例の紹介

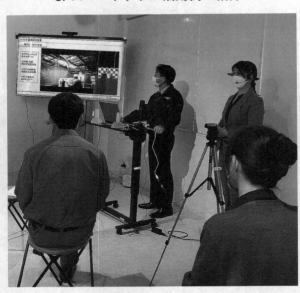

を「わくわくDXプロジェクト」と命名し、誰一人取り残さないDXを目指して取り組んでいる。具体的には、営業や輸送など業務ごとに社員が業務効率化のアイデアを出し合うことで自律的に進められている。社員のアイデアを尊重し、少しでもDXを推進していくとの方針の下、ノルマや目標を課さないことにより社員が心理的負担を感じないよう配慮するなど、心理的安全性を確保しつつ自発的な取組みを後押ししている。進捗状況は、毎月開催されるDX会議で共有されている。DX会議には、経営層やプロジェクトメンバーに加え、課長級を中心としたリーダー層が参加している。DX会議は、社員の取組みの成果を認め合うコミュニケーションの場としても機能している。

　同社では、DX会議で共有された業務効率化のアイデアをもとに、職場の各グループが課題解決に利用できるシステムやサービスを検討・選定し、導入している。これまでに無料のオンラインサービスを活用して、アンケートフォームによる発注の取りまとめや、QRコードを利用した現場の備品管理などが実現している。このほか、現場業務では、若手社員にスマートグラス（カメラや通信機能を有するメガネ型のウェアラブルデバイス）を装着させ、現場の状況を事業所のベテラン社員とリアルタイムで共有し、作業へのアドバイスを遠隔で受けることができるようになった結果、業務の生産性向上と若手社員のレベルアップの実現にもDXが効果を発揮しているという。また、新しいシステムの導入の際には、同社の社員が手順を説明するマニュアル動画を作成するなど、デジタルに苦手意識を持つ社員であっても親しみやすく、実行しやすいよう工夫がなされている。

　同社では、社員自らがアイデアを出し、できる工夫することによってDXを推進し、一定の成果が得られている。社員が試行錯誤しながら、自身の成長を実感できる機会でもあると位置付け、今後も社内全体で生産性向上と働きやすい職場づくりを後押しする方針を掲げていくとしている。

1 企業事例4 ワーケーションの導入 − ミライト・ワン・システムズ

1. テレワーク制度・ワーケーション制度の概要

項　目	概　要
対象とする社員	上長の承認を得た者
テレワーク勤務をする場所	自宅、本人・配偶者の実家（必ず連絡が取れる場所）および帰着地（単身赴任者）等、会社が認めた就業場所（サテライトオフィス）も可能 ※安全性・情報セキュリティの観点から、事前に上長への承認が必要 ※ワーケーション先はセラヴィリゾート泉郷（長野等）、時之栖（静岡・御殿場）、白浜館（和歌山・白浜）
対象とする業務	勤務場所において実施可能な業務
実施期間	実施するにあたり、事前に上長と相談し、承認を受けた期間
勤務時間	原則、就業規則に準ずる
実施単位	原則、就業規則に準ずる
時間外労働・休日労働	原則、時間外労働および休日労働は行わない ただし、上長の許可があれば時間外労働および休日労働を可能とする
テレワーク勤務希望	テレワーク勤務を実施するにあたり、事前に目的も含め上長に承認をもらうこと
テレワーク勤務実施後	テレワーク勤務実施後、必要に応じて上長へ作業報告をすること
労働衛生環境	勤務場所においてパソコンを利用して業務を遂行するにあたり、照明・採光・騒音の低減措置等環境整備が必要
端末の貸与等	・勤務場所に必要なインターネット等、通信環境を有する者 ・原則、勤務者の所有する端末を使用する 　※端末がない場合は、会社からテレワーク勤務専用端末を貸与する ・プロバイダー料金、通信費用および電気代光熱費は、一定の条件を満たした場合に一部を会社から支給する

　株式会社ミライト・ワン・システムズ（連結従業員数1,300名、2022年7月1日現在）は、従来、在宅勤務のみでテレワークを認めていたが、コロナ禍によって生じた社会の変化を踏まえ、2022年5月に社内のテレワークガイドラインを改定し、ワーケーションの実施を可能にした。同社はワーケーションを「個人が主体的に選択する、日常的な仕事（ワーク）に、非日常的な休暇（バケーション）の感覚を埋め込んだ柔軟な働き方」であり、「新たな働き方」（ワークスタイル）と位置付けている。

◆ワーケーション導入の経緯

　同社は、①普段と異なる場所で勤務することによるリフレッシュ効果や生産性の向上、②テレワーク等といった、場所に関する柔軟な働き方に関心の高い層に対する採用競争力の強化などを目的に、あくまでテレワーク制度の延長としてワーケーションの実施を可能とする制度に見直した。テレワークが可能な場所を「会社が認めた就業場所」と幅広に設定した上で、会社が選定した候補地の中から行き先を選択する形でワーケーションができるようにしている。これは、会社が選定した宿泊先やワークスペース等の活用を条件とする、いわゆる「企業型ワーケーション」（経団連「企業向けワーケーション導入ガイド」）に分類される。

　場所の選定にあたっては、まずWi-Fi等の通信環境やワークスペースの質の観点から、安全で快適に仕事ができる環境かどうかを重視し、その上で、宿泊施設の質や交通の利便性、周辺の飲食店など、様々なポイントも踏まえて絞り込んだ。その過程では、場所・施設の良し悪しは実際に体験しないとわからないことも多いことから、所管部署の担当者が複数の候補先で実際にワーケーションを行った。計10個の評価ポイントを設けてチェックし、最終的にセラヴィリゾート泉郷（長野等）や、時之栖（静岡・御殿場）、白浜館（和歌山・白浜）と法人契約を結んだ。同社は、「視察を経て選

2. テレワーク制度・ワーケーション制度における留意点

	概　要
実施業務の 制度上の扱い	①勤務事業所を離れて実施可能なこと ②自己完結的に集中して取り組めること
制限業務を 各部門で決定	・制限する業務を各部門で定める 　例1）「情報漏洩、情報管理の点から会社情報の利用が制限される業務」 　例2）「著作権、所有権が顧客にあり、契約上会社情報やシステム等の利用が制限される業務」 　例3）「チームワークを維持できないなど業務特性上、好ましくない業務」
上長承認時の 確認事項	・各部門で定めている制限業務となっていないか確認を行う ・制限業務ではないが担当内の業務状況に影響を与えていないか確認を行う ・社員本人が業務マネジメントをきちんと行うことができるか確認を行う ・上記を踏まえ、業務内容や成果物が適正か確認を行った上で承認を行う

上長が承認を行う際のポイント

上長が承認を行うにあたっては、次の点が重要。
　①社員としっかりとコミュニケーションをとる
　②事前に、実施期間、実施場所、実施業務、成果物のすり合わせを行う
　③社員が成果物を作成できるのかを見極める
また、テレワーク勤務の実施後については、上長が成果物に事前にすり合わせたとおりにできているのか確認を行い、必要に応じて改善点等のフィードバックを行うことが重要になる。
なお、当該社員の担当業務だけでなく、担当内の業務状況や端末の貸出状況等から総合的に判断して、テレワーク勤務が実現可能か判断する必要がある。

定した場所なので、社員に対して自信をもって勧められる」と述べている。

また同社は、テレワーク・ワーケーション制度を有効に機能させるためには、「社員を管理する」という発想から脱却し、性善説に立って自律的に働いてもらうことが必要と考える一方で、組織に支障をきたさないためにも上司と部下の適切なコミュニケーションが重要と考えている。そこで、上司向けの承認のポイントといった指針を示すことで、最低限の管理や統率は行いつつ、上司と部下の信頼関係に任せる組織運営がなされるように工夫している。

◆実施状況と今後の対応

同社は、「仕事において大切なのは、生産性を高め、働いて成果を出すことであって、楽しんで働くことは悪いことではない」と考えており、社長からの全社メッセージの発信など、周知を着実に続けている。実際、新しい働き方に対する理解は徐々に社内に浸透しており、全体の約5割の社員が週2日以上のテレワークを実施している。また、ワーケーション制度の説明会後に行ったアンケートで約3割の社員が同制度に関心を示していた。こうした取組みが評価され、同社は2022年11月に、総務省の「テレワーク先駆者百選」を受賞した。

今後について同社は、「まずワーケーションの実施者が増え、一人でも多くの社員が、旅による効果を働きながら得られるというワーケーションの効果を感じてくれることを期待し、地道な取組みを継続する。その後は、チームによる合宿型ワーケーションの実施例が増えることを願っている」と述べる。ワーケーション先において、職場では得難い体験をすることでチームビルディングを行い、強い組織となることを期待して、体験プログラムの構築など、同制度を一層ブラッシュアップしていくとしている。

2

DE & I
(Diversity, Equity & Inclusion)
の浸透

2 ①女性の活躍推進の現状と法令改正の動向

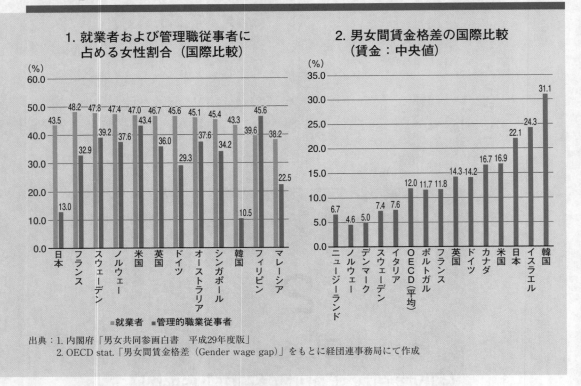

1. 就業者および管理職従事者に占める女性割合（国際比較）

2. 男女間賃金格差の国際比較（賃金：中央値）

■就業者 ■管理的職業従事者

出典：1. 内閣府「男女共同参画白書 平成29年度版」
　　　2. OECD stat.「男女間賃金格差（Gender wage gap）」をもとに経団連事務局にて作成

◆女性の活躍推進の現状

　わが国の女性就業者は年々増加し、15歳以上人口に占める女性就業者の割合は2021年度平均で52.2％と欧米諸国とほぼ同水準である。一方で、女性管理職の割合は12.3％（2021年度厚生労働省調査）であり、長期的に見れば上昇傾向ではあるものの、諸外国に比べ、まだ低い水準にある。

　少子高齢化が急速に進み、将来の労働力不足が懸念される中で、持続的な成長を実現して社会の活力を維持し、人々が、属性や性別によらず社会で能力を発揮できることは重要である。そのため、企業として、多様な人材を受け入れること、とりわけ女性の活躍を推進する必要がこれまで以上に高まっている。その鍵は、女性の継続就労の支援と、管理職やその候補となる女性の増加につながる施策である。例えば、仕事と育児の両立支援に加え、中長期的なキャリアアップの支援につながる面談や研修の実施など、働き続けることを希望する者が就業意欲を失うことなく、持てる能力を発揮・伸長できる環境を整備できるかどうかが、今後の課題である。

◆女性活躍推進法　省令改正～男女の賃金の差異の情報公表～

　わが国の男女の賃金の差異は、長期的に見ると縮小傾向にあるが、他の先進国と比較すると依然として大きい。そうした状況の中、常用労働者301人以上の事業主に対し、男性の賃金に対する女性の賃金の割合の公表を義務化する女性活躍推進法の改正省令が2022年7月に施行された。政府は、わが国における男女の賃金の差異の主な要因は、職階（管理職比率）と勤続年数の差と分析しており、この差異は、女性の活躍に関する結果指標であるとされている。各企業においては、自社の状況を詳細に把握・分析し、女性の活躍推進施策を継続して実施していくことが求められる。

2 ② 外国人雇用

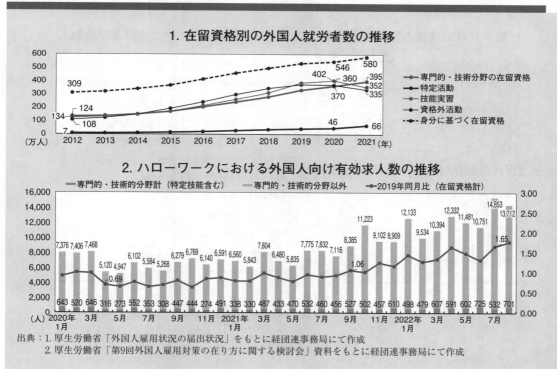

1. 在留資格別の外国人就労者数の推移

凡例：
- 専門的・技術分野の在留資格
- 特定活動
- 技能実習
- 資格外活動
- 身分に基づく在留資格

2. ハローワークにおける外国人向け有効求人数の推移

凡例：
- 専門的・技術的分野計（特定技能含む）
- 専門的・技術的分野以外
- 2019年同月比（在留資格計）

出典：1. 厚生労働省「外国人雇用状況の届出状況」をもとに経団連事務局にて作成
2. 厚生労働省「第9回外国人雇用対策の在り方に関する検討会」資料をもとに経団連事務局にて作成

　わが国の外国人就労者数（2021年10月）は172.7万人と、この10年間で約2.5倍となった。足下では、コロナ禍による外国人の新規入国の抑制等の影響から、横ばいで推移しているが、2022年10月より入国制限が大幅に緩和されたことなどを受け、今後は再び増加傾向となることが見込まれる。

◆**在留資格別の就労者数**

　在留資格別の就労者数では、「技能実習」や留学生のアルバイトを含む「資格外活動」が前年比で大幅に減少している。感染拡大による入国制限に加え、特に大きな打撃を受けた飲食業等で働いていた留学生の失業の増加などが影響している。一方で、「特定活動」は、前年比で大幅に増加している。感染拡大の影響により、帰国困難となった技能実習生等が、雇用維持支援として臨時的に設けられた「特定活動」に移行したことが一因と考えられる。

◆**外国人向け求人の状況**

　ハローワークにおける外国人向けの新規求人数は、コロナ禍の影響で2020年4月に急落し、コロナ禍前の2019年の同月比で約3割の減少となり、その後も低調に推移したが、2021年9月に同比で同水準まで回復し、その後も上昇を続け、2022年7月には同比で約6割増加している。なお、求人数の大部分は専門的・技術的分野以外の在留資格（永住者、日本人配偶者等、定住者等）が占めており、2022年8月には、2019年の同月比で約8割増加している。他方、専門的・技術的分野の求人数は、2020年4月に2019年の同月比で3分の1まで減少し、その後も低調に推移していたが、2022年4月以降は、同比で概ね同水準まで回復している。

2❸若年者の就労意識

1. 新入社員の理想の職場・上司像

	2022年(%)	10年間の比較(ポイント)
（1）働きたい職場		
お互いに助けあう	69.7	＋20.6
お互いに個性を尊重する	43.0	＋12.4
活気がある	29.5	−11.6
お互いに鍛えあう	14.3	−11.6
（2）上司に期待すること		
一人ひとりに対して丁寧に仕事すること	44.2	＋14.0
よいこと・よい仕事をほめること	32.6	＋12.9
言うべきことは言い、厳しく指導すること	21.1	−15.4
周囲を引っ張るリーダーシップ	14.5	−11.7

2. 大事にしている企業選びの軸

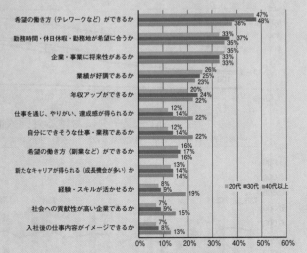

3. Z世代の勤務形態別2年以内離職意向

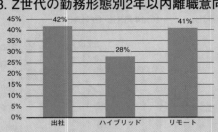

注：1. 直近10年間で変動幅が大きな項目をそれぞれ抽出
　　3. Z世代は1995年〜2002年生まれと定義。調査対象全体の2年以内離職意向は40%
出典：1. リクルートマネジメントソリューションズ「2022年新入社員意識調査」（2022年6月）
　　　2. エン・ジャパン「新型コロナ後の企業選びの軸について」（2021年12月）
　　　3. デロイトトーマツ「2022年ミレニアル・Z世代年次調査」（2022年8月）

◆若年者の就労意識の多様化

　若年者の就労意識・価値観が年々多様化していることを踏まえ、企業には多様な若年者の活躍推進を図っていくことが求められる。リクルートマネジメントソリューションズが毎年実施している「新入社員意識調査」によると、10年間の比較から見る新入社員の近年の特徴として、活気があって互いに切磋琢磨しあう職場よりも助けあいや個性を尊重しあう職場を理想とし、厳しく指導する、強いリーダーシップを持った上司よりも、一人ひとりに寄り添った丁寧な指導をする上司を望む傾向がある。

　企業を選ぶ際の軸に関して、エン・ジャパンが実施したアンケートによると、若年者（20代）は他の年齢層に比べ、「企業・事業に将来性があるか」「業績が好調であるか」を重視しているという結果が出ており、コロナ禍を経験したことによって、長い将来を見据えた軸の変化が多少見られた。また、前年同様に「希望の働き方（テレワークなど）ができるか」「勤務時間・休日休暇・勤務地が希望に合うか」の回答が多数を占めていることから、依然として柔軟な働き方やワーク・ライフ・バランスを重視する傾向が強いといえる。

　さらに、デロイトトーマツの調査によれば、Z世代における勤務形態別の2年以内離職意向は、出社とリモートワークを比較してもほとんど差はなく、またミレニアル世代も含めた全体の平均とほとんど変わらない。出社とリモートを活用するハイブリッドワークで勤務する場合に離職意向の低下が見られ、社会情勢に応じた柔軟な働き方を求めていることがうかがえる。

2 ④高齢者雇用

1. 70歳まで就業確保措置への対応状況

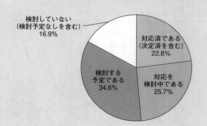

- 検討していない（検討予定なしを含む）16.9%
- 対応済である（決定済を含む）22.8%
- 対応を検討中である 25.7%
- 検討する予定である 34.6%

2. 就業確保措置の内容

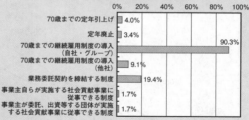

- 70歳までの定年引上げ 4.0%
- 定年廃止 3.4%
- 70歳までの継続雇用制度の導入（自社・グループ）90.3%
- 70歳までの継続雇用制度の導入（他社）9.1%
- 業務委託契約を締結する制度 19.4%
- 事業主自らが実施する社会貢献事業に従事できる制度 1.7%
- 事業主が委託、出資等する団体が実施する社会貢献事業に従事できる制度 1.7%

3. モチベーションについての課題認識

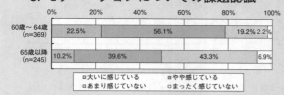

	大いに感じている	やや感じている	あまり感じていない	まったく感じていない
60歳〜64歳（n=369）	22.5%	56.1%	19.2%	2.2%
65歳以降（n=245）	10.2%	39.6%	43.3%	6.9%

4. モチベーション維持・向上のために既に実施している施策

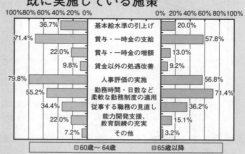

	60歳〜64歳	65歳以降
基本給水準の引上げ	36.7%	20.0%
賞与・一時金の支給	71.4%	57.8%
賞与・一時金の増額	22.0%	13.0%
賃金以外の処遇改善	9.8%	9.2%
人事評価の実施	79.8%	56.8%
勤務時間・日数など柔軟な勤務制度の適用	55.2%	71.4%
従事する職務の見直し	34.4%	36.2%
能力開発支援、教育訓練の充実	22.0%	15.1%
その他	7.2%	3.2%

出典：1. 2. 3. 4 経団連「2022年人事・労務に関するトップ・マネジメント調査結果」

◆改正高齢法への企業の対応状況

2021年4月に施行された改正高年齢者雇用安定法（高齢法）への企業の対応状況について、経団連調査によると、70歳までの就業確保措置を「対応済」「対応を検討中」とした企業が48.5%、「検討する予定である」は34.6%、「検討していない（予定なしを含む）」は16.9%となっている。「対応済」「対応を検討中」の企業における具体的な措置の内容（複数回答）は、雇用による措置である「継続雇用制度（自社・グループ）」が9割（90.3%）を超えた一方、雇用によらない措置である「業務委託」が2割弱（19.4%）、「社会貢献事業」が2%弱（1.7%）とその導入割合は低い。雇用によらない措置は、改正高齢法で新設された制度であり、先進事例等が少ないことから、導入を検討する企業においては、厚生労働省が示している指針等を参考にすることが有効である。

◆高齢社員のモチベーション維持・向上

自社の高齢社員のモチベーションへの課題認識について、経団連調査によると、60〜64歳では「大いに感じている」「やや感じている」とした企業が約8割、65歳以降では約6割となっている。また、高齢社員のモチベーション維持・向上のために既に実施している施策（複数回答）は、60〜64歳では「人事評価の実施」（79.8%）、65歳以降では「勤務時間・日数など柔軟な勤務制度の適用」（71.4%）が、それぞれ最も多かった。65歳以降では、高齢社員自身の健康状態などで個人差がより大きくなることから、個々人の状況やニーズに対応できる勤務制度を整備している企業が多いことがうかがえる。

2 ⑤ 障害者雇用

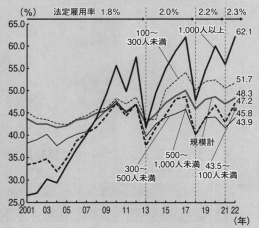

1. 企業規模別実雇用率の推移

(%)
- 1,000人以上　2.48
- 500～1,000人未満　2.26
- 規模計　2.25
- 2.11
- 100～300人未満　2.08
- 300～500人未満
- 43.5～100人未満　1.84

（2001, 03, 05, 07, 09, 11, 13, 15, 17, 19, 21, 22 年）

2. 法定雇用率達成企業割合の推移

(%)
法定雇用率　1.8%　2.0%　2.2%　2.3%
- 100～300人未満
- 1,000人以上　62.1
- 51.7
- 48.3
- 47.2
- 45.8
- 43.9
- 規模計
- 500～1,000人未満
- 300～500人未満
- 43.5～100人未満

（2001, 03, 05, 07, 09, 11, 13, 15, 17, 19, 21, 22 年）

注：1. 2. 2021年3月に雇用率制度の対象となる事業主は、従業員数「45.5人以上」から「43.5人以上」へと拡大された
　　2. 制度改正（2010年：短時間労働者の参入や除外率の引下げなど、2018年：障害者雇用義務の対象として精神障害者が加わる）により、2018年以降と2011年～17年、2010年までの数値は単純には比較できない
出典：1. 2. 厚生労働省「障害者雇用状況報告」をもとに経団連事務局にて作成

◆企業における障害者雇用の現状

　厚生労働省「障害者雇用状況報告」によると、2022年6月時点で企業（43.5人以上規模、法定雇用率2.3%）に雇用されている障害者数は約61.4万人となった。前年より約1.6万人増加し、19年連続で過去最高の数値を更新した。また、実雇用率は2.25%（対前年比0.05ポイント上昇）となり、11年連続で過去最高となった。企業における障害者雇用の取組みは着実に進展している。

　実雇用率を企業規模別でみると、「1,000人以上」（2.48%）が最も高い。これに「500～1,000人未満」（2.26%）、「300～500人未満」（2.11%）、「100～300人未満」（2.08%）、「43.5～100人未満」（1.84%）が続いている。

　法定雇用率を達成している企業の割合は、全体では48.3%（前年比1.3ポイント上昇）となった。規模別では、「1,000人以上」（62.1%）、「100～300人未満」（51.7%）が5割超となっている。これに「500～1,000人未満」（47.2%）、「43.5～100人未満」（45.8%）、「300～500人未満」（43.9%）が続いている。

◆法定雇用率未達成企業の状況と今後の取組み

　法定雇用率未達成企業のうち、障害者を1人も雇用していない企業（障害者雇用ゼロ企業）の割合は6割弱（58.1%）となっており、規模別では300人未満の中小企業が占めている。政府は、中小企業支援のために助成金を新設・拡充することとしている。企業は各種助成制度を活用しながら就労支援機関等と連携し、障害者雇用に積極的に取り組むことが望まれる。

2❻ 有期雇用等労働者をめぐる動向と無期転換ルール見直しの概要

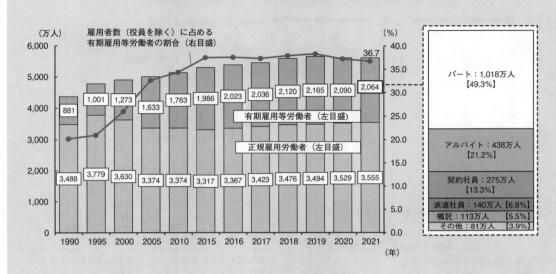

1. 雇用形態別労働者数の推移と有期雇用等労働者数の内訳

雇用者数（役員を除く）に占める有期雇用等労働者の割合（右目盛）

パート：1,018万人【49.3%】

アルバイト：438万人【21.2%】

契約社員：275万人【13.3%】

派遣社員：140万人【6.8%】

嘱託：113万人【5.5%】

その他：81万人【3.9%】

◆**有期雇用等労働者の現状**

　有期雇用労働者やパートタイム労働者（有期雇用等労働者）は、2021年でわが国の雇用者の約4割（2064万人）を占め、2000年と比較すると、791万人の増加（構成比で10.7ポイント増）となっている。2020年以降は微減に転じているものの、年齢別では60歳以上の有期雇用等労働者が全体の約3割を占めており、高年齢者雇用安定法の改正を踏まえると、高年齢の有期雇用等労働者のさらなる増加が予想される。

　有期雇用等労働者を選択する理由としては、「自分の都合のよい時間に働きたいから」（32.8%）が最も多く、増加傾向にある。以下、「家計の補助・学費等を得たいから」（19.3%）、「家事・育児・介護等と両立しやすいから」（10.9%）と続く。一方、「正規の職員・従業員の仕事がないから」（10.7%）は減少傾向が続いている。

◆**処遇改善に向けた企業の取組み**

　企業には、労働生産性を高める上で、イノベーションの創出が強く求められている。このため、増加が見込まれる有期雇用等労働者も含めた労働者全体でのエンゲージメント向上が喫緊の課題であり、特に処遇改善がそのカギを握っている。

　経団連「2022年人事・労務に関するトップ・マネジメント調査」によると、有期雇用等労働者を雇用している企業は96.5%に上る。そのうち、正社員登用制度がある企業は70.9%を占める。また、職務内容や勤務地を限定した正社員への登用制度がある企業は30.3%、そのうち99.0%は登用時、登用後に昇格・昇給機会を設けている。その他、正社員に必要なスキル習得のための研修の実施や、個々のキャリア志向に合わせた段階的な職務・職責の拡大等により、登用を推し進めている企業もある。

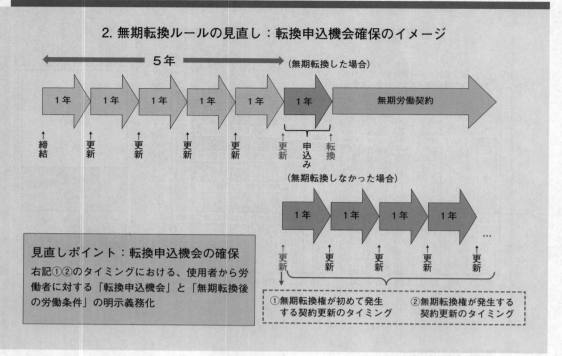

2. 無期転換ルールの見直し：転換申込機会確保のイメージ

◆**無期転換ルールの見直し**

　無期転換ルールとは、同一企業において有期労働契約期間が通算5年を超えた際に、当該有期契約労働者に、使用者に対する無期労働契約への転換を申し入れる権利が発生するというものである。厚生労働省の「多様化する労働契約のルールに関する検討会」報告書（2022年3月）を受け、労働政策審議会において同ルールの見直しについて検討が行われ、2022年12月に取りまとめられた議論を踏まえて省令改正等が行われることが決まった（施行日未定）。改正のポイントは次の3点である。

　1点目は、無期転換申込権が発生する契約更新時に、労働条件明示事項として、転換申込機会と転換後の労働条件を使用者から個々の労働者へ明示することの義務化である。厚生労働省の調査によると、無期転換ルールについて「知らない」と回答した有期雇用等労働者は約4割に上ることから、使用者に明示を義務付けることで、無期転換を希望する労働者の転換申込機会を確保することとした。

　2点目は、①労働契約締結時における更新上限の有無とその内容の明示、②最初の労働契約締結より後に更新上限を設ける場合、または更新上限を短縮する場合の理由説明の義務化――である。現行省令は、更新基準に関する事項を明示の対象としているが、更新上限をめぐる紛争の未然防止や解決の促進を図るため、新たな義務を設ける。

　3点目は、無期転換後の労働条件の明示の際、均衡を考慮した事項について説明することの努力義務化である。無期転換後の労働条件は「別段の定め」を設けることで、有期労働契約締結時の労働条件からの変更が可能だが、労働者にとって著しい不利益となる変更は認められず、労働契約法3条2項が定める就業の実態に応じた均衡を考慮するよう促すものである。

2 企業事例5 女性活躍推進に向けた取組み－中外製薬

1. ライフサポート面談の概要

創造で、想像を超える。ぎぶみ－5.

ライフサポート面談

主に結婚後を想定し、あえてライフプランとキャリアについて話す機会を設ける

背景 ライフプランを相談しにくいと考えている社員がいる

方法 社員5名とその上司により面談を実施
Lサポマニュアル・聞き取りシート活用、上司より社内制度について紹介

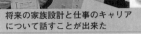

言いづらいの破壊につながった！！

不妊治療を上司に打ち明けることができた

将来の家族設計と仕事のキャリアについて話すことが出来た

プライベートは聞きづらいため、共有する機会があるのは有難い

中外製薬株式会社（連結従業員数7,664名、2021年12月末時点）では、経営の基本方針として「社会との共有価値創造」を掲げ、同社にしか生み出せないイノベーションで「患者中心の高度で持続可能な医療」を実現することを目指している。イノベーション創出に欠かせない「人財」について、「多様な価値観や専門性から革新が生み出されること」を共通認識としてD＆Iを推進している。社員が各々の個性や強みを持っていることを大前提に、多様な考え方を持つすべての社員が能力を存分に発揮できるように、年齢・属性にかかわらずチャレンジを後押ししている。女性活躍推進においては、これまでの取組みを通じ、女性マネジャー比率が2021年末時点で15.0％となっている。これを2023年末に17％、さらに2030年末に役員を含む全階層で女性社員比率と同水準とするKPIを掲げている。

一方、両立支援の観点では、育児や介護を中心に取り組んできたが、センシティブであるがゆえに、悩みを抱えながらもなかなか表面化しづらかった課題の1つとして、「不妊治療」との両立がある。そこで、このテーマに向き合い、実証実験を行った同社の女性MRチームの活動を紹介する。

◆不妊治療と仕事の両立に関する取組みの背景

ライフイベントとキャリアの両立について、女性MRチームで議論を重ねた結果、「不妊治療と仕事の両立に悩んでいる社員がいるのではないか」と仮説を立てた。理由は、社内には様々な両立支援策があるものの不妊治療に特化した制度がないことや外部支援が得られる介護・育児とは異なり、不妊治療は本人以外、代わりがきかないことが挙げられた。仮説を検証するため、営業職とその上司を対象に、不妊治療実態調査を実施し、598名から回答を得た。その結果、不妊治療を経験した社員が15％いた一方、71％の社員が不妊治療にどの程度通院等が必要になるのか知らないと回答するなど不妊治療の理解は十分ではないことがわかった。そこで実証実験として、相談しやすい環境をつくるための「ライフサポート面談」と、業務の属人化を解消する目的の「不妊治療シミュレーション」、また同時並行で不妊治療の疾患啓発を実施した。

2 企業事例5
女性活躍推進に向けた取組み－中外製薬

2. 不妊治療シミュレーションの結果例

◆実証実験の成果

　ライフサポート面談として、主に結婚後を想定し、通常の面談とは別にあえてライフプランについて上司と部下で話す機会を設けた。面談実施の背景には、ライフプランを相談しにくいと考えている社員がいることがヒアリング結果により判明したことが挙げられる。面談では、女性MRチームが用意した聴き取りシートや声掛けマニュアル等を活用してもらった。面談を通じて、上司と部下の「（プライベートな内容は）聞きにくい・言いづらい」が解消され、実際にライフイベントが生じた際に相談しやすい環境をつくることができた。

　不妊治療シミュレーションとしては、営業チームにおいて、メンバーの1人が不妊治療をオープンにした場合のチームの生産性を検証した。これは、治療と仕事を両立するにはチームでの支え合いが必要との声が不妊治療経験者から上がったことから実施したものである。参加者は全国を対象に10チーム計72名、対象期間は2週間とした。各チーム1人が仮想の不妊治療者となり、実際の仕事と治療が重なる状況を作り、前日に仕事の代理依頼をチーム員へ行い、代理可能か忖度なしで考え返信する方法をとった。その結果、すべてのチームにおいて、不妊治療をオープンにしたメンバーを支え合うことで、本来治療で断念されるはずだった営業活動を実施することができていた。特に、業務の属人化を解消するため、日頃から複数担当制をとり、密に連携をとっているチームほど負担を感じず、代理依頼対応率も高い傾向がみられた。また並行して行った専門家による疾患啓発を通じて、不妊治療の大変さを多くの社員が理解したことで、チームで支え合うことが大切であるという声が多く挙がった。

　この取組みは、異業種の女性社員が交流しながら実証実験を行うプロジェクト「新世代エイジョカレッジ」（株式会社チェンジウェーブ主催）において、2021年に大賞を受賞した。審査員からは、汎用性の高さなどを高く評価された。同社は、不妊治療だけでなく様々なライフイベントと仕事の両立が求められる現代において、多様な働き方推進に向けた、次世代の働き方の一例であると考えている。

2 外国人児童への日本語学習支援 – 日本ガイシ

企業事例6

1. 都道府県別外国人関係統計

（人）

①在留外国人数		②日本語指導が必要な外国籍の児童生徒数	
東京都	531,131	愛知県	10,749
愛知県	265,199	神奈川県	5,261
大阪府	246,157	静岡県	3,783
神奈川県	227,511	東京都	3,636
埼玉県	197,110	大阪府	3,167
千葉県	165,356	埼玉県	3,133
兵庫県	111,940	三重県	2,353
静岡県	97,338	千葉県	2,193
福岡県	76,234	岐阜県	1,794
茨城県	71,121	茨城県	1,472
総数	2,760,635	総数	47,627

注：1. ①は2021年12月末、②は2021年5月1日の数値
出典：1. ①法務省「在留外国人統計」
　　　　②文部科学省「日本語指導が必要な児童生徒の受入状況等に関する調査」（2021年度）
　　　2. 法務省資料をもとに経団連事務局にて作成

2. 高校等卒業後に就労を希望する外国人にかかる在留資格の取扱い

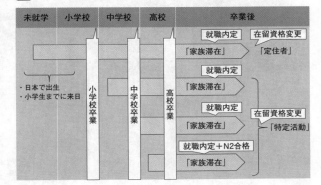

父母等に同伴して日本に在留している外国人が、高校等卒業後に日本で就労する場合、「定住者」または「特定活動」への在留資格の変更が可能

要件　定住者：17歳までに入国＋小学校卒業＋中学校卒業＋高校卒業＋就職内定
　　　特定活動：17歳までに入国＋ 高校入学（編入を除く）→卒業 高校編入→卒業＋日本語能力N2 ＋就職内定＋親（日本在留）の身元保証

日本ガイシ株式会社（連結従業員数20,099名、2022年3月現在）は、2022年4月より任意団体と連携して、愛知県小牧市の事業所において、同市に住む外国人児童の日本語学習支援を行っている。

◆経営トップのリーダーシップ

愛知県は東京都に次いで在留外国人数が多く、日本語指導が必要な外国籍の児童生徒は全国最多である。一方で、学校に通っていない児童生徒も多く、不就学により、生活や就労に必要な知識が身につかず、就職・進学等が難しくなっている。高校を卒業すれば、「家族滞在」から「定住者」や「特定活動」への在留資格の変更が可能となるため、高校に進学できるかどうかがその後の人生に大きく影響することから、就学や進学のための日本語学習支援を行うことが、地域社会の課題となっていた。

こうした状況に同社の経営トップが課題認識を持ち、社会貢献として自社にできることはないかとの問題提起から検討がスタートした。まずは学習支援を行っている団体に対してヒアリングを行った。その結果、支援団体は、教室として使用する会場や講師・補助スタッフの確保に苦労していることがわかった。同社には、会社施設に会場として提供できる余地があり、社内に海外駐在経験者が多くいることから、経済的な支援だけでなく、施設と人材面で協力していくこととした。

同社の事業所がある小牧市は、外国籍の子どもが特に多い自治体の1つであり、小牧市にあるグループ会社のNGKセラミックデバイス本社でも約300名の外国人が働いている。そこで小牧市を活動拠点としている任意団体「一色コスモスサポート学習の会」（一色コスモス）と連携することにした。

2 企業事例6
外国人児童への日本語学習支援－日本ガイシ

3. 一色コスモス二重堀教室での授業風景

◆社員が講師アシスタントを担当

　2022年4月、小牧市内にある社員寮の一室を日本語教室「一色コスモス二重堀教室」として提供し、日本語学習支援が始まった。教室は毎週水曜日と金曜日、午後5時から7時半まで開いており、現在18名の児童が在籍している。教室には、様々な年齢と日本語レベルの児童がいるため、同一のカリキュラムで教えるのではなく、個別指導する時間帯を多く設定している。ただし、音楽などの科目は全員で行っている。

　授業は、一色コスモスの講師（3〜4名）が教え、同社社員は海外赴任経験やこれまでに培った知識・スキルを活かしながら講師のアシスタントを務めている。アシスタントは、現在13名が登録しており、常時3名の体制でローテーションしている。今後は行政への申請などの事務的なサポートも行っていきたいと考えている。

　同社では、アシスタントをボランティアではなく、業務扱いとしており、人件費は同社が負担している。当初、アシスタントを担う人材として、60歳以上のベテラン社員をイメージしていたが、現在は、全社員を対象にアシスタントを募集し、希望者に務めてもらう制度とした。海外駐在経験のある社員は、現地の人に助けられた恩返しをしたいという気持ちが強いため、積極的に手を挙げている。教材を手作りするなど、社員は熱心に取り組んでいる。

　同社は、「人・教育」「環境」「地域との関わり」を主要な活動軸として社会貢献活動を推進している。今回の取組みを機に、外国人への学習支援や機会提供を拡充し、就学率の向上と地域社会での安定的な生活の一助となるよう、継続的に取り組んでいくとしている。

2 企業事例7
高齢者の活躍推進－NJS

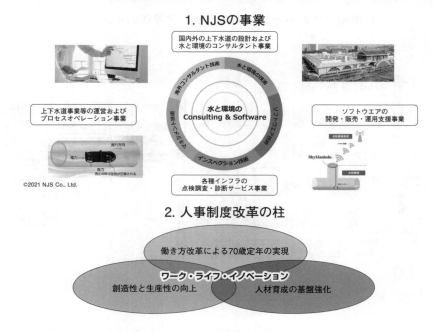

1. NJSの事業

国内外の上下水道の設計および
水と環境のコンサルタント事業

上下水道事業等の運営および
プロセスオペレーション事業

水と環境の
Consulting & Software

ソフトウエアの
開発・販売・運用支援事業

各種インフラの
点検調査・診断サービス事業

©2021 NJS Co., Ltd.

2. 人事制度改革の柱

働き方改革による70歳定年の実現

ワーク・ライフ・イノベーション

創造性と生産性の向上　　　　　人材育成の基盤強化

　株式会社NJS（従業員数772名、2022年3月31日現在、創業時の社名は「日本上下水道設計株式会社」）は創業以来、上下水道の普及と技術者の育成に取り組んできた。社会のグローバル化・デジタル化の進展の中で事業を拡大し、現在は、上下水道等のインフラに関するコンサルティング、調査・設計・施工管理・経営コンサルティング、環境計画、防災減災対策、上下水道等の事業運営に関するサポート業務など、幅広い事業を展開している。「70歳定年の実現」「創造性と生産性の向上」「人材育成の基盤強化」を人事制度改革の柱として、全社一丸となって「ワーク・ライフ・イノベーション（仕事と人生の充実）」の実現を目指している。

◆70歳定年制の導入

　近年、上下水道コンサルタントは慢性的な人手不足で、同社においても人材の確保が課題であった。また、同社の人事制度（当時）は「60歳定年・65歳までの継続雇用」であったが、実際には、65歳以降の社員を運用で雇用していたケースも多かった。

　こうしたことを背景に、人材の確保・流出防止の観点から2018年に定年延長の検討を開始した。定年延長は同社が掲げる「ワーク・ライフ・イノベーション」の実現に向けた人事制度改革の1つの柱として位置付けられた。当初、「65歳定年・70歳までの継続雇用制度」の導入を検討していたが、経営トップの「70歳までの雇用を社員に確約し、意欲を持って働いてもらうことで自社の競争力を高める」という強い意向の下、70歳定年の導入に踏み切った。70歳までの定年延長に伴い、継続雇用されていた契約社員（60〜65歳）は再度、正社員となった。さらに、70歳以降において、社員本人に就業意欲があり、健康状態も良好な上、企業としても引き続き就業してほしい場合には、契約社員として年齢の上限なく継続雇用できる制度とした。

3. 現役世代のキャリアパスとシニア等級のイメージ

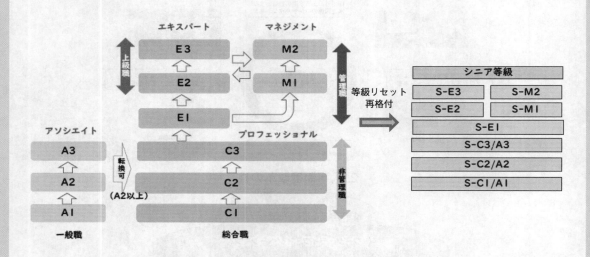

◆複線的なキャリアパスの構築

　70歳定年制度を導入するに当たり、従来の単線的なキャリアパスから、役割・能力・成果等に応じた複線的なキャリアパスを描くことができる制度へ変更した。具体的には、現役世代は期待される役割に応じて、「マネジメント（M職）」「エキスパート（E職）」「プロフェッショナル（C職）」「アソシエイト（A職）」の4職群と、それに対応する等級を設定し、成果や資格（技術士等）の保有状況等によって昇進する制度とした。60歳以降のシニアについては原則、役職を解き、本人の意欲・能力等を勘案し、会社がシニア等級への格付けを行う。ただし、部署の人員や後進の状況等によっては、60歳以降も役職を継続する場合がある（現在、60歳以降の役職者が4名在籍）。65歳到達時には、会社と本人が面談を行った上で、健康面や体力面の変化を考慮して1等級ダウンさせ、勤務負担を軽減することを標準ルールとした。

　賃金水準については、シニア等級への移行時に60歳到達時点と同等の等級へ格付けされた場合、基本給に大きな変化はない。ただし、60歳以降は原則、賞与は支給されないため、年収ベースでは現役時の6〜8割の水準となる。なお、60歳以降の昇級はないが、人事評価を実施しており、その結果によって昇給・降給する制度設計となっている。

◆今後の展望

　高齢社員のモチベーション・パフォーマンスは想定以上に高く、同社は人事制度改革の成果を感じている。一方、高齢社員本人の健康状態や家族の介護状況等は個別性が強く、勤務に与える影響も大きいことから、個々人の状況やニーズに対応できる勤務制度の整備（週休3日制度等）が課題となっている。今後も、現場のニーズを適切に制度に反映していくことで、同社の掲げる「ワーク・ライフ・イノベーション」の実現を目指していくとしている。

2 企業事例8
パートタイム労働者のキャリアアップ—イオンリテール

1. 資格体系全体図

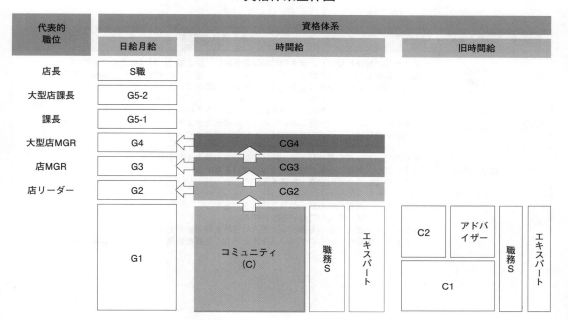

イオンリテール株式会社（従業員数73,936名 ※パートタイマーは8時間で1名換算、2022年2月現在）は、雇用形態を問わず能力と意欲のある社員が積極的にキャリアアップに挑戦できる環境を整えるため、22年8月に人事制度を改定した。同社は、店舗販売を強化すべく、「地域密着経営」を戦略として掲げており、その主役は、コミュニティ（時間給社員）と呼ばれるパートタイマー（有期、無期含む）が担う。今回の改定により、パートタイマーもキャリアアップが可能となる。

◆資格体系の見直し

従来の制度においても、職位付けされるコミュニティは存在していたが、マネージャーやリーダーといった監督的役割は正社員（日給月給社員）が担うとの認識が強く根付いていた。「地域密着経営」を体現するためには、その地域に詳しいコミュニティの働きが鍵を握る。そのため、将来、マネージャーとして店舗を統率できる人材をコミュニティから輩出できるよう、今回、キャリアアップを促す資格体系に整えた。

新制度では、コミュニティ（C）の上位資格として、「CG2」「CG3」「CG4」を新たに設けた。これらは、正社員である「G2」「G3」「G4」と同じ職層と位置付けられており、CG4のコミュニティは正社員と同様に大型店のマネージャーへの任用が可能となる。CG4には、「部下を指揮統率しながら自主的な組織運営と担当部門の目標を達成すること」や「販売商品および特定の分野のスペシャリストとして業務に貢献できること」などを求めている。パートタイマーであっても、正社員と同じ職位に就いていれば、時間当たりの賃金は同額となる。

コミュニティからCG2、CG3、CG4へと昇格するためには、正社員と同一の試験を受験する。さらに、正社員への転換を希望するパートタイマーに応えるため、「社員登用制度」を導入している。

2. 資格基準

資格	代表的な職位	参考：資格基準
CG4	大型店 MGR	・部下を指導統率しながら、自主的に組織を運営し、担当部門の目標を達成できる ・販売商品および特定の分野のスペシャリストとして蓄積した技術を有し、業務に貢献できる ・社内の事情に通じ、環境の変化に応じた有効な提案ができる
CG3	店 MGR	・個々の職務の計画や作業内容を部下に対し指示できる能力がある ・販売商品および特定の分野において相当の実務能力がある ・社内の事情に通じ、環境の変化に応じた有効な提案ができる
CG2	店リーダー	・自らの判断で業務を遂行し、率先的に行動できる能力を有する ・部下に対し、具体的な業務指示ができる能力を有する ・売るために必要な専門知識・技術を有すること
CG1	担当	・お客さまのご要望にあわせた最適な応対を実施する ・メンバーと連携、協力して業務を遂行する ・決められた時間内で業務を遂行し、さらに業務改善の提案を実施する ・接客および売場作りにおいて高いスキルを持ち、良質な商品・サービスを提供する

転換希望者は、人事部に申請書を提出し、個人面談を受ける。

　他方、上位資格に任用された後でも、本人都合により月間120時間の勤務ができなくなった場合には、CG2、CG3、CG4から再びコミュニティ（C）に区分変更できるよう「コミュニティ区分変更制度」も用意している。多様化する従業員のキャリア意識やワークライフバランスに柔軟に対応できる仕組みを用意し、長期間働き続けることができる環境づくりに取り組んでいる。

◆キャリアアップをサポートするための研修

　昇格試験はパートタイマーも正社員と同一の内容であることから、同等の条件で受験ができるよう、業務での活用頻度などを理由にコミュニティがこれまで受講していなかった内容についてのフォロー研修を用意している（例：売上や粗利など基本的な会計知識を身に着けるための研修）。また、CG2、CG3、CG4に昇格した後は、正社員と同じ登用後研修を受講する。

　2021年からは、パートタイマー向けの研修の見直しにも着手している。例えば、オンラインを活用することで、遠方の研修会場への出張を不要とし、個人のニーズに合わせたオンデマンド受講を可能とした。こうした取組みが奏功し、これまで研修を受講しなかったコミュニティも参加するようになるなど、受講者数は増加している。

◆今後に向けて

　制度改定の初年度である2022年は、コミュニティのうち職位に就いている者をCG2昇格試験の対象とし、現在、約90名が受験を控えている。今後、制度の運用が進むにつれ、対象をコミュニティ全体に拡大するとともに、引き続き、研修などを通して、CG3やCG4を目指すパートタイマーへの後押しを考えている。

3

円滑な労働移動

3 ① 主体的なキャリア形成・能力開発

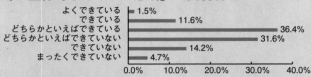

1.「自律的・主体的なキャリア形成」の実現度

よくできている	1.5%
できている	11.6%
どちらかといえばできている	36.4%
どちらかといえばできていない	31.6%
できていない	14.2%
まったくできていない	4.7%

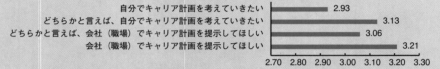

2.　職業やキャリアについて問題を感じる程度

自分でキャリア計画を考えていきたい	2.93
どちらかと言えば、自分でキャリア計画を考えていきたい	3.13
どちらかと言えば、会社（職場）でキャリア計画を提示してほしい	3.06
会社（職場）でキャリア計画を提示してほしい	3.21

3. 経営者やマネジメント層からの「自律的・主体的なキャリア形成」に関するメッセージ

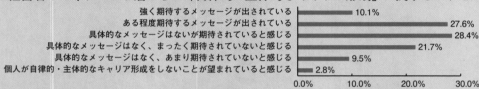

強く期待するメッセージが出されている	10.1%
ある程度期待するメッセージが出されている	27.6%
具体的なメッセージはないが期待されていると感じる	28.4%
具体的なメッセージはなく、まったく期待されていないと感じる	21.7%
具体的なメッセージはなく、あまり期待されていないと感じる	9.5%
個人が自律的・主体的なキャリア形成をしないことが望まれていると感じる	2.8%

注：2. 問題を感じる程度をたずね、0〜4点で指数化。点数が高いほど問題を感じている
出典：1. 3. リクルートマネジメントソリューションズ「若手・中堅社員の自律的・主体的なキャリア形成に関する意識調査」
（2021年11月）、2.　労働政策研究・研修機構「就業者のライフキャリア意識調査」（2021年3月）

　DXやGXの推進に伴う産業構造の転換や人口減少の進行を見据えると、成長産業・分野等への円滑な労働移動を通じたわが国全体の労働生産性の向上と産業競争力強化は避けて通れない重要な課題である。また、人生100年時代の到来によるキャリアの長期化や就労ニーズの変化などによって、学校卒業後に就職した企業で働き続ける者もいれば、さらなる能力発揮や処遇改善を求めて転職を行う者も今後増えていく可能性が高まっている。こうした中、働き手は自らのキャリアを主体的に考え、その実現に必要な能力やスキルを具えるとともに、企業にはその機会確保や支援が求められる。

◆主体的なキャリア形成ならびにその支援

　将来のキャリアビジョンをもち、その実現に向けてキャリアパスをどう形成していくのかを明確にイメージできている働き手は多くない。リクルートマネジメントソリューションズが働き手に行ったアンケート結果によれば、「自律的・主体的なキャリア形成ができているか」との問いに対し、「よくできている」「できている」「どちらかといえばできている」との回答を合算しても約半数（49.5%）にとどまる。また、労働政策研究・研修機構が働き手に対して、「職業やキャリアについて問題に感じる程度」について尋ねたアンケートによれば、「自分でキャリア計画を考えていきたい」と考える人は、「会社でキャリア計画を提示してほしい」と考える人に比べ、職業・キャリアに問題を感じる程度が低い。キャリア形成を行う上での主体的なキャリア形成意識の重要性がわかる。

　こうした状況において、働き手の主体的なキャリア形成に向けて、企業が果たすべき役割は小さくない。経営者等が「主体的・自律的なキャリア形成を期待するメッセージ」を出しているとの回答が全体の約4割、「具体的なメッセージはないが期待されていると感じる」との回答が約3割にの

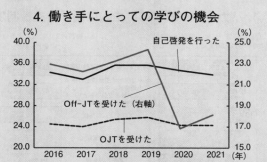

4. 働き手にとっての学びの機会

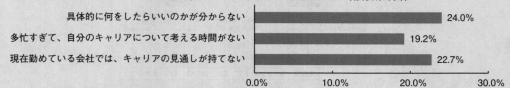

5. キャリア形成について困っていること（複数回答）

具体的に何をしたらいいのかが分からない	24.0%
多忙すぎて、自分のキャリアについて考える時間がない	19.2%
現在勤めている会社では、キャリアの見通しが持てない	22.7%

注：4. 上司や先輩から指導を受けた場合を「OJTを受けた」と定義
出典：4. リクルートワークス研究所「全国就業実態パネル調査」
　　　 5. リクルートマネジメントソリューションズ「若手・中堅社員の自律的・主体的なキャリア形成に関する意識調査」（2021年11月）

ぼっており、多くの働き手が企業からのメッセージや期待を受け止めている。経営者やマネジメント層から社員に対して、主体的なキャリア形成への期待を継続的に発信することが重要である。

◆**主体的な能力開発と支援**

　同じ企業で就業し続けるにしろ、転職して新たな職場で働くにしろ、すべての働き手にとって、自身が担当する仕事・業務の遂行に必要な能力やスキルを身につけるために、主体的な能力開発・スキルアップを行うことが重要な意味合いを持つことは間違いない。

　企業は、OJTやOff-JTの機会の計画的な付与とともに、働き手の主体的な能力開発・スキルアップを促すべく、環境整備などの支援を行うことが重要となる。こうした中、リクルートワークス研究所の調査によると、新型コロナウイルス感染症の影響もあって、2020年以降、Off-JTの機会は大きく減少している一方で、OJTや自己啓発はほぼ横ばいで推移している。また、リクルートマネジメントソリューションズのキャリアに関するアンケート調査によると、「具体的に何をしたらいいのかが分からない」「多忙すぎて、自分のキャリアについて考える時間がない」「現在勤めている会社では、キャリアの見通しが持てない」との回答が多い。

　企業においては、仕事や役割・ポストの遂行に必要な能力をジョブ・ディスクリプション（職務記述書）などによって示すことで、能力開発・スキルアップの目標を明確にするとともに、学習の成果を活かせるよう、社内公募制・FA制を拡充するなどのインセンティブを付与するなどの対応が考えられる。同時に、自己啓発のための休暇・休日制度や時短勤務制度、選択的週休三日制の導入などを通じた学習時間の確保、セミナー・研修の受講費用の補助など経済面での支援などを行っていくことも一案となる。

3 ②リカレント教育等の現状

1. リカレント教育等の推進に向けた支援制度

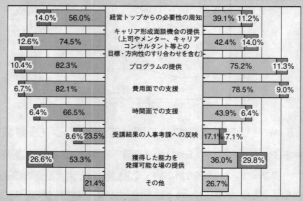

(a) 勤務扱いによる受講 (n=265)
100% 80% 60% 40% 20% 0%

(b) 勤務外での社員による自発的な受講促進 (n=241)
0% 20% 40% 60% 80% 100%

項目	(a)実施済	(a)実施予定	(b)実施済	(b)実施予定
経営トップからの必要性の周知	14.0%	56.0%	39.1%	11.2%
キャリア形成面談機会の提供（上司やメンター、キャリアコンサルタント等との目標・方向性のすり合わせを含む）	12.6%	74.5%	42.4%	14.0%
プログラムの提供	10.4%	82.3%	75.2%	11.3%
費用面での支援	6.7%	82.1%	78.5%	9.0%
時間面での支援	6.4%	66.5%	43.9%	6.4%
受講結果の人事考課への反映	8.6%	23.5%	17.1%	7.1%
獲得した能力を発揮可能な場の提供	26.6%	53.3%	36.0%	29.8%
その他		21.4%	26.7%	

□(a) 実施済　■(a) 実施予定　□(b) 実施済　■(b) 実施予定

注：本調査においては、リカレント教育等を以下と定義。
　　①社員が自身のキャリアアップやキャリアチェンジのためにスキルや専門性を高めるべく、大学等の外部機関で学ぶもの
　　②企業が人材成長戦略や競争力強化の一環として、社員を大学等の外部組織に派遣し、スキルや専門性の向上を目指すもの
　　③社員がスキルや専門性の向上を目指し、自社および自社グループで提供されるプログラム等を受講するもの
出典：1. 経団連「2022年人事・労務に関するトップ・マネジメント調査結果」

　産業構造の変革に伴う労働需要の変化等に対応するため、働き手は、社内外の労働移動に必要な能力の獲得や自身のキャリアプランの実現に向け、リカレント教育等を通じて、主体的かつ継続的に能力開発・スキルアップを図っていくことが望まれる。こうした背景により、企業による働き手へのリカレント教育等の実施・推進の重要性は高まっている。

◆企業におけるリカレント教育等の実施状況

　経団連調査によれば、社員に対するリカレント教育等を「実施している」と答えた企業は65.1％に上る。「現在は実施していないが、実施を検討中」（18.0％）も合わせると、8割超（82.0％）の企業が社員へのリカレント教育等を実施あるいは検討している。

　企業が働き手にリカレント教育等を実施するに当たって、その受講を勤務扱いする場合と勤務外扱いとし、社員による自発的な受講を促進する場合とがある。具体的な支援の内容をみると、勤務扱いによる受講の場合は、「プログラムの提供」が82.3％と最も多い。これに加え、「費用面での支援」（82.1％）や「時間面での支援」（66.5％）など働き手のリカレント教育等の実施を側面支援する施策や、「キャリア形成面談機会の提供」（74.5％）など、働き手の主体的なキャリア形成を促す企業も多くみられる。他方、勤務外扱いとし、社員による自発的な受講を促進する場合は、「費用面での支援」（78.5％）が最も多く、「プログラムの提供」（75.2％）「時間面での支援」（43.9％）が続く。

　企業は、社員の主体的なキャリア形成を効果的に支援するべく、業務との関連性も踏まえつつ、勤務扱いの受講とするかも含め、提供するリカレント教育等の内容を検討していく必要がある。

2. リカレント教育等を受講するための時間を確保するための具体的支援制度
（勤務外での社員による自発的な受講促進）

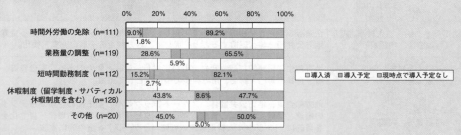

- 時間外労働の免除 (n=111)：9.0%／1.8%／89.2%
- 業務量の調整 (n=119)：28.6%／5.9%／65.5%
- 短時間勤務制度 (n=112)：15.2%／2.7%／82.1%
- 休暇制度（留学制度・サバティカル休暇制度を含む）(n=128)：43.8%／8.6%／47.7%
- その他 (n=20)：45.0%／5.0%／50.0%

□導入済　■導入予定　■現時点で導入予定なし

3. 導入している休暇制度

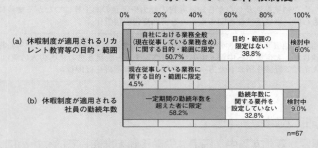

(a) 休暇制度が適用されるリカレント教育等の目的・範囲
- 自社における業務全般（現在従事している業務含め）に関する目的・範囲に限定　50.7%
- 現在従事している業務に関する目的・範囲に限定　4.5%
- 目的・範囲の限定はない　38.8%
- 検討中　6.0%

(b) 休暇制度が適用される社員の勤続年数
- 一定期間の勤続年数を超えた者に限定　58.2%
- 勤続年数に関する要件を設定していない　32.8%
- 検討中　9.0%

n=67

出典：2. 3. 経団連「2022年人事・労務に関するトップ・マネジメント調査結果」

◆働き手のリカレント教育等受講時間確保に向けた施策

　働き手がリカレント教育等を受講するに当たって、制約の1つが受講に充てる時間の確保である。企業は、働き手の受講時間確保という観点から支援を講じることが重要である。

　経団連調査によれば、リカレント教育等の推進に向けた支援制度として、「時間面での支援」を「実施済」あるいは「実施を検討」と回答した企業について、実施している具体的な支援制度を尋ねたところ、「休暇制度（留学制度・サバティカル休暇制度を含む）」が43.8%と最も多く、「業務量の調整」（28.6%）、「短時間勤務制度」（15.2%）、「時間外労働の免除」（9.0%）がこれに続いた。さらに、「休暇制度（留学制度・サバティカル休暇制度を含む）」を「実施済」あるいは「実施を検討」と回答した企業に制度が適用される目的・範囲を尋ねたところ、「現在従事している業務に関する目的・範囲に限定」と回答した企業は4.5%にすぎず、「自社における業務全般（現在従事している業務含め）に関する目的・範囲に限定」（50.7%）、「目的・範囲の限定はない」（38.8%）と、現在従事している業務に限らず、幅広い目的・範囲に対し、休暇制度の取得を認めていることがうかがえる。また、「休暇制度が適用される社員の勤続年数」については、「一定以上の勤続年数を超えた者に限定」すると回答した企業が58.2%であったのに対し、「勤続年数に関する要件を設定していない」と回答した企業も32.8%と、一定程度存在することが明らかとなった。

　企業は、働き手の主体的なキャリア形成意識と自社の人事戦略とをすり合わせながら、より効果的な対象・内容となるよう時間面の支援のあり方を検討する必要がある。

3 ③ 人材マッチングに関する官民の取組み

各省庁による人材マッチング事業

事業名	事業概要
企業版ふるさと納税（人材派遣型） （内閣官房、内閣府）	企業版ふるさと納税の仕組みを活用し、専門的知識・ノウハウを有する企業の人材を地方公共団体等へ派遣することを通じて、地方創生の一層の充実・強化。
地方創生人材支援制度 （内閣官房、内閣府）	地方創生に積極的に取り組む市町村に対し、意欲と能力のある国家公務員、大学研究者、企業の専門人材を、市町村長の補佐役として派遣。
プロフェッショナル人材事業 （内閣官房、内閣府）	地方の企業、地方公共団体、スタートアップ等へ、都市部の企業からデジタル人材等の還流と地域人材市場の育成、マッチングビジネスの早期市場化・自立化を図ることを目的に、「デジタル人材地域還流戦略パッケージ」を集中的に実施。
地域活性化起業人 （総務省）	地方公共団体が、三大都市圏に所在する企業等の社員を一定期間受け入れ、そのノウハウや知見を活かしながら地域独自の魅力や価値の向上等につながる業務に従事してもらい、地域活性化を図る取組みを特別交付税措置化。
地域企業経営人材 マッチング促進事業 （金融庁）	地域金融機関の人材仲介機能を強化し、転籍や副業・兼業、出向といった様々な形を通じた、大企業から中堅・中小企業（ベンチャー企業を含む）への人の流れを創出し、大企業で経験を積まれた方々の各地域における活躍を後押し。

◆**官民による人材マッチング機能の強化**

　産業構造変革に伴い、労働需要が変化する中、円滑な労働移動を推進していくためには、人材のマッチング機能の強化が不可欠である。

　国は、公共職業安定所（ハローワーク）が有する全国ネットワークを活かし、地域をまたいだマッチングを推進することに加え、利用者の特性を踏まえた各地での取組みやノウハウの横展開を継続することが求められる。また、コロナ禍を機に複数の省庁が都市部の大企業と地方の中小企業との人材マッチング事業を実施している。こういった取組みの着実な推進は、広域的なマッチングを促進する。

　さらに、民間事業者の事業領域の拡大は、官と民の適切な役割分担による人材マッチング機能の強化につながる。従来の職業紹介事業（求人・求職の申込みに基づく求人者と求職者の間における雇用関係の成立をあっせん）の枠にとどまらず、インターネット上のあらゆる求人情報を一度に検索できるサービス（アグリゲーター）や、データベース化された求職者職歴情報等をもとに企業が求職者を直接スカウトすることができるサービス（利用者DB）など、様々なサービスを提供する民間事業者が増えてきている。デジタル技術を駆使した、新たなサービスの提供によるマッチング機能強化が期待される。

◆**企業と働き手によるミスマッチの防止への取組み**

　マッチング機能強化には、求人・求職者双方の雇用のミスマッチの未然防止に向けた取組みも必要である。求人者である企業には、求める人材像、仕事内容・役割などに加え、それらに応じた処遇等を明確化し、外部労働市場にも広く公開することなどが望まれる。他方、働き手には主体的なキャリア形成が求められ、キャリアコンサルタントによる支援なども活用しながら、節目で自らのキャリアの棚卸をしておくことも有効である。こうした観点から、ジョブ・カードの一層の周知・普及を通じ、働き手の自らのキャリア等の記録を促すことも重要である。

3④雇用のセーフティーネットの現状と課題

円滑な労働移動

雇用のセーフティーネットの全体像

主な目的	制度	概要
失業中の生活の安定 転職・求職活動支援	求職者給付（基本手当）	求職者の失業中の生活の安定を図りつつ、求職活動を容易にすることを目的とする。雇用保険被保険者が離職した場合に、働く意思と能力を有し、求職活動を行っているにもかかわらず、就職できない場合に支給される。
	求職者支援制度	再就職、転職、スキルアップを目指す者が月10万円の生活支援の給付金を受給しながら、無料の職業訓練を受講できる。給付金の支給要件を満たさない場合でも、無料で受講可能となっている。
困窮者の自立支援 最低限度の生活の保障	生活困窮者自立支援制度	生活保護に至っていない生活困窮者に対して、本人の状況に応じた支援を行う制度。例えば、離職により住宅を失った者等に対して、家賃相当の「住居確保給付金」（有期）を支給したり、就労の準備が必要な者に対して、一般就労に向けた基礎能力向上や就労機会の提供したりしている。
	生活保護制度	資産や能力等すべてを活用してもなお生活が困窮している者に対し、困窮程度に応じた支援を行い、健康で文化的な最低限度の生活を保障するとともに、自立を助長する。
失業の予防	雇用調整助成金	経済上の理由により、事業活動の縮小を余儀なくされた事業主が、雇用の維持を図るための休業手当に要した費用を助成する。コロナ禍においては、数次にわたって助成金額や助成率などの特例措置が講じられた。
	産業雇用安定助成金	在籍型出向を活用して、労働者の雇用を維持する場合や労働者のスキルアップを図った出向元・出向先の双方の事業主に対して助成する。
スキルアップ キャリア形成	教育訓練給付	働く方々の主体的な能力開発やキャリア形成を支援し、雇用の安定と就職の促進を図ることを目的として、厚生労働大臣が指定する教育訓練を修了した際に、受講費用の一部が支給される。無職時も受給可能となっている。
	人材開発支援助成金	雇用する労働者のキャリア形成を効果的に促進するため、職務に関連した専門的な知識および技能を修得させるための職業訓練等を計画に沿って実施した事業主等、教育訓練休暇制度を適用した事業主等に対して助成する。

　わが国の雇用のセーフティーネットは、失業時には求職者給付を柱とする雇用保険制度、求職者支援制度、生活困窮者自立支援制度、生活保護制度といった施策が重層的に整備されている。これに加え、失業の予防や働き手の能力開発を目的とする雇用保険二事業において、様々な事業主への助成金が用意されている。

◆「労働移動推進型」のセーフティーネットへの移行

　コロナ禍において、雇用調整助成金に代表される「雇用維持型」のセーフティーネットは失業予防策として機能した。一方で、円滑な労働移動を阻害しているという指摘もある。足下では、製造業、非製造業ともに人手不足感が高まっており、成長産業・人手不足産業への労働移動を促す「労働移動推進型」のセーフティーネットへの早急な移行が求められている。

　こうしたことを背景に、政府は2022年6月、「人への投資」の抜本的強化を目的として、3年4000億円規模の施策パッケージを創設した。さらに、10月には、デジタル分野等の新たなスキルの獲得と成長分野への円滑な労働移動を同時に進める観点から、同パッケージを5年1兆円へ拡充した。

　同パッケージの一環として拡充が図られている産業雇用安定助成金では、在籍型出向によって働き手のスキルアップを促す事業者に助成する「スキルアップ支援コース」が2022年12月に新設された。働き手に対し、職務に関連した専門知識や技能を修得させるための職業訓練等を実施した企業を助成する人材開発支援助成金では、新規事業立ち上げやデジタル・グリーン化に対応するための人材育成に取り組む事業主に助成する「事業展開等リスキリング支援コース」の新設に加え、従業員の専門的な知識・技術の向上や資格取得を目的に行う訓練費用を助成する「人への投資促進コース」の助成率が2022年12月に引き上げられた。

　また企業がセーフティーネットを補完する観点からは、各種助成金を活用しながら、働き手の主体的なキャリア形成や能力開発、スキルアップを促進・支援する施策を講じていくことが望まれる。

55

3 ⑤ 採用方法の多様化

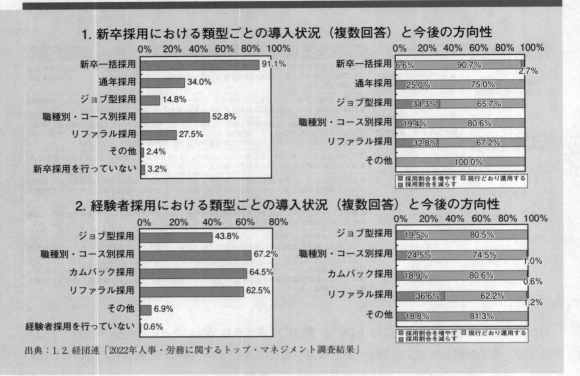

1. 新卒採用における類型ごとの導入状況（複数回答）と今後の方向性

類型	導入状況
新卒一括採用	91.1%
通年採用	34.0%
ジョブ型採用	14.8%
職種別・コース別採用	52.8%
リファラル採用	27.5%
その他	2.4%
新卒採用を行っていない	3.2%

類型	採用割合を増やす	現行どおり運用する	採用割合を減らす
新卒一括採用	6.6%	90.7%	2.7%
通年採用	25.0%	75.0%	
ジョブ型採用	34.3%	65.7%	
職種別・コース別採用	19.4%	80.6%	
リファラル採用	32.8%	67.2%	
その他		100.0%	

2. 経験者採用における類型ごとの導入状況（複数回答）と今後の方向性

類型	導入状況
ジョブ型採用	43.8%
職種別・コース別採用	67.2%
カムバック採用	64.5%
リファラル採用	62.5%
その他	6.9%
経験者採用を行っていない	0.6%

類型	採用割合を増やす	現行どおり運用する	採用割合を減らす
ジョブ型採用	19.5%	80.5%	
職種別・コース別採用	24.5%	74.5%	1.0%
カムバック採用	18.9%	80.6%	0.6%
リファラル採用	36.6%	62.2%	1.2%
その他	18.8%	81.3%	

出典：1. 2. 経団連「2022年人事・労務に関するトップ・マネジメント調査結果」

◆**新卒採用における多様化の進展**

　イノベーションの創出や生産性の向上にあたっては、大企業を中心に実施されている新卒一括採用の他に、通年採用やジョブ型採用、経験者採用の導入・拡大を進めていくなど、採用方法の多様化によって多様な人材を受け入れ、その活躍推進を図ることが有益である。

　特に新卒者の通年採用は、企業にとって、新卒に適用される就職・採用活動の日程ルール（3月広報開始、6月採用選考開始、10月正式な内定）に沿った一般的な採用活動では出会うことが難しい、留学経験者や修士などの人材獲得に期待でき、学生にとっても選択肢が広がる手法である。

　経団連が実施したアンケート調査によると、新卒者の「通年採用」は34.0%の企業で実施されており、「新卒一括採用」「職種別・コース別採用」に次いで割合が高い採用方法となっている。今後の方向性については、「通年採用」を導入している企業の25.0%が「採用割合を増やす」と回答しており、通年採用の活用がさらに進んでいくことが想定される。

◆**経験者採用の動向**

　経験者採用においては、「職種別・コース別採用」「カムバック採用」「リファラル採用」を導入している企業がいずれも6割を超えており、各社は複数の方法で経験者採用を実施していると想定される。また今後の方向性では、「リファラル採用」「職種別・コース別採用」を導入している企業でそれぞれ36.6%、24.5%が「採用割合を増やす」としており、担当する業務とのマッチング精度の向上や専門性の高い人材の確保といった観点が重視されているといえる。

3❻自社型雇用システムの検討

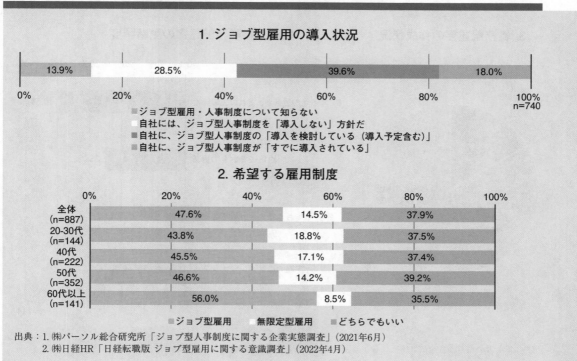

1. ジョブ型雇用の導入状況

| 13.9% | 28.5% | 39.6% | 18.0% |
n=740

■ジョブ型雇用・人事制度について知らない
□自社には、ジョブ型人事制度を「導入しない」方針だ
■自社に、ジョブ型人事制度の「導入を検討している（導入予定含む）」
■自社に、ジョブ型人事制度が「すでに導入されている」

2. 希望する雇用制度

	ジョブ型雇用	無限定型雇用	どちらでもいい
全体 (n=887)	47.6%	14.5%	37.9%
20-30代 (n=144)	43.8%	18.8%	37.5%
40代 (n=222)	45.5%	17.1%	37.4%
50代 (n=352)	46.6%	14.2%	39.2%
60代以上 (n=141)	56.0%	8.5%	35.5%

出典：1. ㈱パーソル総合研究所「ジョブ型人事制度に関する企業実態調査」（2021年6月）
2. ㈱日経HR「日経転職版 ジョブ型雇用に関する意識調査」（2022年4月）

◆自社型雇用システムの導入状況

　企業がDXやGXを推進して付加価値を創出していくためには、社外から専門性を持った人材を採用して定着を図るとともに、社内では、事業ポートフォリオの組み替えに合わせて、成長が見込まれる事業分野・部門等に人材を重点配置していく必要がある。そのためには、異動等により様々な業務経験を通じて人材を育成・処遇する「メンバーシップ型雇用」のメリットを活かしながら、特定の仕事・職務、ポストに人材を割り当てて処遇する「ジョブ型雇用」を導入・活用し、自社に最適な「自社型雇用システム」の確立を目指していくことが望ましい。

　パーソル総合研究所の調査によると、6割近い企業がジョブ型の人事制度を導入あるいは導入を検討していると回答している（「導入を検討している（導入予定含む）」39.6％と「すでに導入されている」18.0％の合計）。企業規模別では、「導入予定・導入済み」と回答した企業の割合は、「従業員数5,000人以上」で65.4％、「1,000人〜5,000人未満」で57.1％、「従業員数300人〜1,000人未満」で52.0％となっており、規模が大きいほど導入割合が高い。

　また、日経HRの調査によると、働き手においては、「ジョブ型雇用」を希望すると回答した雇用者の割合は47.6％となっており、「無限定型雇用（メンバーシップ型雇用）」を希望する割合（14.5％）よりも多くなっている。ジョブ型雇用を希望する理由としては、「仕事の範囲が明確だから」（78.9％）や「専門性が身につくから」（49.3％）が多い。他方、メンバーシップ型雇用を希望する理由としては、「仕事の幅を広げたいから」（60.5％）、「今の働き方が合っていると思うから」（43.4％）との回答が多い。

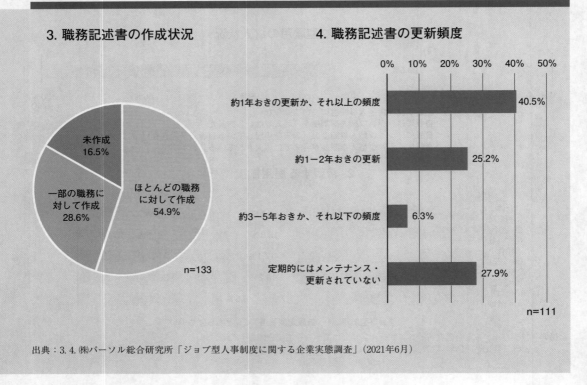

3. 職務記述書の作成状況

未作成
16.5%

一部の職務
に対して作成
28.6%

ほとんどの職務
に対して作成
54.9%

n=133

4. 職務記述書の更新頻度

約1年おきの更新か、それ以上の頻度　40.5%

約1−2年おきの更新　25.2%

約3−5年おきか、それ以下の頻度　6.3%

定期的にはメンテナンス・更新されていない　27.9%

n=111

出典：3. 4. ㈱パーソル総合研究所「ジョブ型人事制度に関する企業実態調査」（2021年6月）

◆職務記述書（ジョブ・ディスクリプション）の作成状況

　ジョブ型雇用の社員が担当する職務の内容や範囲を記載した「職務記述書（ジョブ・ディスクリプション）」の導入企業における作成状況としては、「ほとんどの職務に対して作成」が54.9%、「一部の職務に対して作成」が28.6%、「未作成」が16.5%となっている。また、更新頻度については、「約1年おきの更新か、それ以上の頻度」（40.5％）が最も多くなっている。他方、「定期的にはメンテナンス・更新されていない」（27.9％）との回答も一定数ある。

　職務記述書（ジョブ・ディスクリプション）は、その作成と定期的なメンテナンスの必要性などの煩雑さが指摘されている。こうした課題の解消策としては、様式を統一化・簡易化することのほか、職場の管理職・マネージャーの作成スキルの取得・向上を目的とした研修の実施などが考えられる。

◆検討の方向性・留意点

　自社型雇用システムの導入・活用に向けて、自社の業種業態や事業戦略、企業風土を踏まえ、処遇制度、キャリアパスなどを見直すことが必要となる。処遇制度については、仕事や役割、貢献度を重視した賃金項目や賃金体系とすることが考えられる。そのためには、職務評価に伴う査定昇給や昇格・昇給のウェートの増大、成果や業績に基づいた評価とすることなどが有効である。また、働き手が担う業務の遂行に直結する知識・スキルが習得できる研修・セミナーの開催や、働き手が自ら選択できる教育プログラムを拡充するなど、人材育成施策を見直すとともに、社内公募やFA制度の導入・拡充、経験者採用者の幹部への積極的な登用などにより、主体的かつ複線型のキャリアパスを構築することが肝要である。

3 企業事例9 サプライチェーン全体での人材育成—清水建設

1. 教育訓練施設「清水匠技塾」

　清水建設株式会社（従業員数10,688名、2022年3月31日現在）は2020年7月、建設現場に不可欠な技能労働者の担い手の確保・育成策の一環として、教育訓練施設「清水匠技塾（しみずたくみぎじゅく）」を新設した。同社は、技術を伝承する場と職歴・技能に応じた教育訓練カリキュラムを提供し、運営は同社の協力会社組織「兼喜会」と共同で行う。講師派遣や実技訓練等は兼喜会が担当し、受講者の研修中の日当や講師への報酬は同社が負担することで、受講を促進し、技能労働者の育成に取り組んでいる。

◆**設立の背景**

　建設業における技能労働者の高齢化や担い手不足が深刻化する中、工事現場の生産体制を維持するには、新規入職者の確保に加え、入職後の定着や技術力向上を図るための継続的な教育訓練が不可欠である。現場での作業が中心となる建設業において、技能労働者への教育訓練は現場社員の経験に基づくOJTがメインであったが、近年は技術の高度化・DX化等を背景に、現場経験では得られない知識や技術、ものの見方・考え方などを習得できるOff-JTの重要性が高まっている。それぞれの専門工事会社が独自に教育訓練施設を設立して維持・運営することは現実的には難しいため、同社は、建設業の持続的な発展を実現すべく、サプライチェーン全体で技能労働者への教育訓練を可能とする常設の専用施設を設立し、技能労働者の入職促進、入職後の育成の強化・拡充を図ることとした。

◆**主なカリキュラム**

　清水匠技塾が提供する主なカリキュラムに、多能工養成訓練がある。工事現場では、工事の進捗状況によって繁閑の波が大きく、作業量の平準化が非常に難しい。そのため、特に中小規模の現場などでは、作業の種類によっては作業量が1日分に満たない場合があり、特定工種のみの技能労働者（単能工）は手待ち状態になってしまうこともある。そこで同社は、巻付け耐火被覆材（マキベエ）、

2. 多能工養成訓練の様子

OAフロア、ボード、ALC、ECPなどの仕上工種やデッキ、スタッド工事の教育カリキュラムを設け、技能労働者の多能工化を進めている。多能工化は、繁忙工種の労働力補填や就労機会の増加による賃金アップにつながるほか、前後工種の作業をまとめて行うことによる生産性の向上、加齢に伴う体力の低下に合わせ、作業負荷の低い工種への特化を可能とし、就労が続けられる期間の長期化にも資する。

また、最新技術ツールオペレーション訓練にも取り組む予定としている。最新ツール・ロボットを活用できる技能労働者を育成することで飛躍的に生産性を向上させ、技能労働者の処遇改善にもつなげるねらいがある。具体的には、より現場に近い環境下において、自社開発した自動搬送ロボット（ロボキャリア）の操作訓練と、資格の付与を行う。実際にロボットを活用し、省人化施工を実現している現場も増えてきている。さらに、建設現場でICTやAI等の技術が活用されていることを将来の担い手候補である若者にアピールすることで、新規入職者の増加も期待できる。

◆今後の展望

清水匠技塾は、あくまでサプライチェーン全体での取組みであることを念頭に、兼喜会の会員企業と技能労働者にとって最適なカリキュラムを創出することを目指して運営を行う。具体的には、多能工養成訓練について対象工種の拡充を図り、技能労働者の多能工化をさらに進めていく。最新技術ツールオペレーション訓練については、同社が新たに開発したツールやロボット等を試行し改良を実践する場としても活用する。サプライチェーン全体で協働し、技能労働者の確保・育成に取り組むことで、確実な生産体制を構築する。また、若年者が建設業に関心をもてるようなイベントなどをさらに積極的に打ち出していく予定である。清水匠技塾での学びを通じて、技能労働者がものづくりの楽しさや素晴らしさを再認識しながら、自身の技術力を磨くことで、同社のコーポレートメッセージである「子どもたちに誇れるしごとを。」の実現を目指していく。

3 企業事例10 企業と大学が連携したリカレント教育の取組み①−損害保険ジャパン

1.「ビジネスラボ鶴岡」の取組み

損害保険ジャパン　サステナビリティ推進部　鶴岡分室　2022年7月開催
（現：経営企画部　サステナビリティ推進グループ　鶴岡分室）

協力	慶應義塾大学先端生命科学研究所	所長	冨田勝氏
	早稲田大学ビジネススクール	准教授	牧兼充氏
	ヤマガタデザイン株式会社	代表取締役	山中大介氏

> **社会価値創造人材の育成を目指して
> 「地域デザインアカデミー」開講**
>
> ■**山形県鶴岡市で活躍するリーダーから学ぶ**
> 　テーマ：地方創生の成功モデル、地域で生み出す社会価値など
> ■**社会課題をテーマにワークショップ**
> 　テーマ：参加者が異業種混合チームで社会課題解決に向け検討、
> 　　　　　アクションプラン設計

参加団体　地元行政機関　　荘内銀行　　損害保険ジャパン

> **損害保険ジャパンの社員育成のみならず、地方都市の企業人育成での貢献を目指す。
> 地方都市でともに学び、成長する。地方都市を舞台とした人材育成モデルへの挑戦。**

損害保険ジャパン株式会社（損保ジャパン、従業員数22,537名、2022年3月31日現在）は、2022年7月から、地域のステークホルダーとともに、社会価値創出の担い手を育成するための人材集団育成プログラム「地域デザインアカデミー」を開講している。

◆大学との連携の背景・経緯

同社は、新たなビジネスの創出に必要な人材の要件として、「ゼロから一を生み出し、チームビルディングができる人材」を挙げ、そうした人材の確保に向けては、経験者採用だけでなく、プロパー社員がアントレプレナーシップやリーダーシップ等について学ぶことで非認知能力を高める必要があると認識している。そこで、2018年3月に慶應義塾大学先端生命科学研究所（先端研）と締結した包括連携協定に基づき、革新的な人づくりのための相互理解と連携強化に取り組んでいる。同社が先端研内に設置した「ビジネスラボ鶴岡」に任期を定めずに派遣した社員は、修士号取得のための学修以外の場合、先端研の「放牧」（できるだけ指図しない）というコンセプトの下、社としてのミッションを一切与えられていない。社員には自ら設定したテーマに必要な活動を組み立て、周囲の協力を得ながら様々なことに挑戦し、能動的に行動することが求められるため、大学院で体系的に学ぶ仮説検証手法を駆使しつつ、主体的に物事を考え取り組む人材の育成につながっていると評価している。

こうした取組みを拡大させるべく、同社から派遣された社員が、オンラインを活用した研修や鶴岡を拠点とした大企業向けの短期研修プログラムを設計した。これにより、長期派遣が難しい東京の会社員が鶴岡で学ぶ人材育成の流れができた。次なるフェーズとして、地域の人々を巻き込んだ学びのパッケージ化を通じ、地域の社会価値創造人材育成モデルの構築に取り組むため、同社が地域の行政や企業・NPO等と連携した「地域デザインアカデミー」を主宰する運びとなった。

3 企業事例10
企業と大学が連携したリカレント教育の取組み①－損害保険ジャパン

2.「地域デザインアカデミー」の概要と当日の模様

プログラム	テーマ	内容
セッション1 7月4日（月）	社会価値を作る イノベーター人材とは	・ワークショップ ・ケーススタディ（「鶴岡モデル」に基づく先端的な取組み、イノベーター人材育成論）
セッション2 （DAY1） 7月11日（月）	地域における 社会課題とアプローチ	・基調講演（慶大先端生命研　冨田　勝氏他） ・ワークショップ（「社会課題」の洗い出し、ステークホルダーのアプローチ等） ・現地視察
セッション2 （DAY2） 7月12日（火）	社会課題解決策の 具体的アクション検討	・基調講演（早稲田大学ビジネススクール　牧　兼充氏） ・ワークショップ（社会課題に対するアプローチ策の検討）
セッション3 7月20日（水）	最終プレゼン	・各社責任者向け最終プレゼン ・アクションに向けたキックオフ

◆**地域デザインアカデミーの概要**

　社会価値と経済価値を同時に生み続ける企業として、社会変容を担う存在を目指す同社は、2021年9月、本社サステナビリティ推進部（当時）内に鶴岡分室を立ち上げた。分室は先端研をはじめとした「鶴岡サイエンスパーク」との協力の下、2022年7月にアカデミーの第1弾を開催した。同社山形支店の社員に加え、これまで様々な形で連携を深化させてきた荘内銀行や地元行政機関が本アカデミーの趣旨に賛同して、社員や職員を派遣した結果、計13名が参加した。

　全4日間の日程で開催され、先端研の冨田勝所長、先端研発のスタートアップである「ヤマガタデザイン」の山中大介代表、早稲田大学ビジネススクールの牧兼充准教授によるレクチャーを通じて、参加者は、社会課題起点のマインドや未来志向の発想、ビジネスプロセスを学んだ。さらに、ワークショップでは、「放牧」の考えの下、異業種混合でチーム分けされた参加者自らが検討する地域課題を設定し、その解決に向けたアプローチを検討の上、アクションプランの設計に取り組んだ。参加者からは「全く知らない土地で、主体的に活動する同社社員の話に刺激を受けた」「日ごろ関わりのない業種の人々と交流することで、繋がりができ、視野が広がった」など上々の評価を得た。

　同社では、先端研と早稲田大学ビジネススクールと2021年6月に共同研究契約を締結し、3者が協働してイノベーター人材育成プログラムの開発に取り組んできたことが、今回の充実したプログラムの実施につながったと総括している。

◆**今後の展望**

　地域を舞台にした社会価値創造人材づくりの場としての定着に向けて、「つるおかSDGs推進パートナー」登録企業・団体等を中心に実施し、ゆくゆくは全国規模での展開を目指すとしている。

3 企業事例11
企業と大学が連携したリカレント教育の取組み②－中国経済連合会

1. デジタル人材育成プログラム（2022年度の実施概況）

■：新規　■：改良　■：継続

月	人材育成プログラム		
	データサイエンス・AI	IoT 実装現場リーダ育成	情報セキュリティ啓発
4〜6		ファクトリーサイエンティスト育成講座 ※以下のいずかを選択 第9回　5/11〜6/8 第10回 8/24〜9/21 第11回 10/12〜11/9 第12回 1/11〜2/8	
7〜9	HRAMの リカレント コース 8/1〜3/31		
10〜12			12/16 サイバーセキュリティ啓発セミナー
1〜3	Udemyの リスキリング コース 8/1〜3/31		

月	啓発セミナー
4〜6	4/27 Conference X in 広島2022
7〜9	9/13「DXを加速させるためのたった1つのポイント」セミナー
10〜12	↓ DX実装に向けた伴走支援（計画中）
1〜3	

出典：中国経済連合会ホームページ

　中国経済連合会（中国経連）では、地域経済の競争力強化に欠かせないDX推進の一環として、中国地方に立地する企業を対象に、2021年度から「デジタル人材育成プログラム」を実施している。

◆社会人向け教育カリキュラムマップの作成

　地域の企業において、DX人材の育成・確保は急務であるものの、地元企業のキャパシティや域内への供給網の不足は深刻であり、個社単位での対応は極めて困難な状況にあった。中国地域においても同様の課題に直面しており、企業ニーズに合致した実践的な教育カリキュラムの不足が大きな課題となっていた。

　こうした中、中国経連は、実務に役立つ知識や技術の習得に資するリカレント・プログラムの開発に自ら取り組む必要性を強く認識し、全国の大学・公益財団等で開講されているデータサイエンス関連のカリキュラムの実施状況に関する調査を敢行した。さらに、収集した講座情報をベースに、社会人がICTの基礎からデータサイエンスおよび情報セキュリティまでを学ぶ教育カリキュラムマップをとりまとめた。

　このうち、情報セキュリティに関しては、中国地域内で受講可能な中小企業向けの基礎講座や大学によるリカレント講座に加え、域外で実施されている大学のリカレント講座、さらには行政や関係機関によるリカレント講座の情報を整理した教育カリキュラムマップを試作し、公表した。地元企業が、社員に受講させることや、プログラム開発・運営における連携先を開拓する際に参照してもらうことを想定している。

◆デジタル人材育成プログラムの実施

　あわせて、中国経連では、主に実務者向けに製造現場のデジタル化（IoT実装）推進リーダーの育成を軸に、データサイエンス・情報セキュリティ分野の人材育成プログラムを実施しているほか、経営層に対しては啓発セミナー等を通してDX推進マインドの醸成を図っている。

3 企業事例11
企業と大学が連携したリカレント教育の取組み②－中国経済連合会

2. HRAM会員向けリカレントコース系統図（2022年10月現在）

スキル/レベル：　　低　　　　　　　　　　　　　　　　　　高

ビジネス力
ビジネス課題を整理し解決を見出す力

データサイエンス初級コース
- 社会で起きている変化と活用されているデータ
- データ・AIの活用領域と利活用のための技術　等

データサイエンス入門コース
データサイエンスと社会

データサイエンス実践コース

データサイエンス応用コース
- データ活用
- ソリューション企画
- マルチメディア
- データベース
- データ活用
- データエンジニアリング
- データサイエンス入門
- 情報理論の基礎
- 機械学習の基礎

データエンジニアリング力
データサイエンスを価値のある形に使えるように実装、運用する力

データサイエンスAIコース
- データサイエンス概論
- 単回帰分析・重回帰分析
- 深層学習
- データエンジニアリング
- 演習（データモデリング）
- ITセキュリティ
- 人工知能の倫理と安全性　等

- 統計および数理基礎
- アルゴリズムの基礎
- データ活用実践
- テキスト解析
- 画像解析
- データ構造とプログラミング
- 時系列データ解析

データサイエンス力
情報処理、人工知能、統計学などの情報科学系の知恵を理解し、使う力

- データを読む/説明する/扱う

- データ分析の進め方
- AIの歴史と活用領域
- 機械学習のための数学基礎
- 機械学習の基礎と展望、予測・判断
- ニューラルネットワークの学習　等

データサイエンスの活用

統計学基礎

データサイエンス基礎コース

信号検出理論	多次元データの可視化と分析	一般化線形モデル
ROC解析	データの分類Ⅰ：判別分析	データの分類Ⅱ：クラスタリング
データの扱い方	確率統計の基礎	回帰分析
統計的決定理論	データの可視化の基礎	線形代数と多次元データの扱いの基礎
数学基礎	仮説検定	ベイズ推定	最尤推定

2022.10

出典：（一社）数理人材育成協会（HRAM）のホームページをもとに経団連事務局にて作成

　データサイエンス分野では、大阪大学数理・データ科学教育研究センターを主体として設立された（一社）数理人材育成協会（HRAM）と連携している。HRAMは、同分野における最新かつ実践的な知識・技術の習得に資するリカレント教育の実施に定評がある。すでに「入門」コースを開講していたものの、今回は中国経連の要望を踏まえ、入門コースより難易度が低く、基礎から学べる「初級」コースを新たに開発した。2021年10月から開講した同コースの受講者には、オンデマンド教材視聴（計15時間）に加え、スクーリングやミニキャンプ、毎月のレポート課題の提出等が課された。企業によるモニター受講を中国経連が取りまとめ、まずは受講しやすさを重視し、「短時間（20分程度）で1つの項目が完結」「数式は丁寧な説明付き」「スマートフォンに対応したeラーニング中心」といった工夫を凝らした。また、モニター受講した企業からのフィードバックも重視した。具体的には、受講者から「業務やビジネスへの活用事例の説明やケーススタディを充実すべき」といった要望があったことを受けて、中国経連からHRAMに改善を申し入れた。その結果、2022年度から「AI」「基礎」「応用」の各コースの新設、補助教材の充実、スクーリングにおけるプログラミングの実演と指導の取入れなど、上級レベルの講座や実践的なコンテンツを追加した。

　中国経連は受講者（企業側）と講座提供者（大学側）を介在することで、受講者の利便性向上のみならず、受講者の安定確保も図られるため、質の高い講座運営にもつながっていると評価している。中堅・中小企業を多く抱える地域経済で、こうしたコーディネート役の存在が極めて重要といえる。

◆今後の展望

　中国経連は2022年8月から、ベネッセコーポレーションによるオンライン学習サービスを活用したリスキリング・コースを開講し、係長・実務リーダークラスを念頭に、より即戦力となる人材の育成に注力している。今後は、リカレントの取組みを継続しつつ、域内企業のDX実装に向けて、企業の個別課題に関するノウハウを有するコンサルタント会社による伴走支援へと拡充する方針である。

3 企業事例12 多様な採用方法−アイリスオーヤマ

1. コース別採用（2023年度）

学部学科不問コース・・・入社後の職種が決まっていない（財務経理コースと物流コースを除く）	
● スタンダードコース	配属先は希望調査や適性に基づいて決定
● アスリートコース	配属先は希望調査や適性に基づいて決定 体育会所属（プレイヤーのみ・実績は不問）が条件
● データサイエンスコース	配属先は希望調査や適性に基づいて決定
● 財務経理コース	初期配属は財務部または経理部
● 物流コース	初期配属は物流部
技術系コース・・・専攻と入社後の職種がコースによって決まっている	
● エンジニアコース	専攻：機械・電気電子・物理・プロダクトデザイン・食品等
● 応用研究コース	専攻：化学・物理・材料等
● システムエンジニアコース	専攻：情報
● 製造コース	専攻：機械・電気・情報・材料等
● デザインコース	専攻：プロダクトデザイン・建築等
● WEBデザインコース	専攻：WEBデザイン、グラフィックデザイン等
専門学校・短大コース・・・いくつかの候補の中から入社後の職種が決まる	
● 専門学校・短大コース	WEBデザイナー、システムエンジニア、製造部、財務部 または経理部、事務職

　アイリスオーヤマ株式会社（従業員数5,379名、2022年1月現在）は、「多様な人材の集まる組織からイノベーションが生まれる」という考えの下、様々な個性を持った人材の獲得に積極的に取り組んでいる。その一環として、修業年限より短い期間で4年制大学を卒業する学生や留学経験のある学生、スポーツ・課外活動で十分に就職活動ができない学生など、できるだけ多様な人材を採用すべく、2021年度入社の新卒者から通年採用を実施している。

◆新卒通年採用の概要

　同社の2023年度入社における新卒採用は、「2022年9月から2023年3月」に4年制大学・大学院・高等専門学校・専門学校・短期大学を卒業／修了予定の学生を対象に行っている。「2022年3月から9月まで」に全10クールの募集期間を設け、「10月から2023年2月まで」は随時エントリーを受け付けている。2023年度の新卒応募人数は約18,000名（2022年11月末時点）で、2021年度（9,000名）の約2倍、2022年度（14,500名）の約1.25倍となっている。採用人数は2021年度270名、2022年度363名、2023年度380名（予定）となっている。

　同社では、コロナ禍においては、長期（1年以上）の海外留学経験がある学生の採用実績は目標に到達していないものの、通年採用を開始した2021年度から応募人数・採用人数ともに着実に実績が伸びている上、これまでの仕組みでは出会うことのできなかった学生を採用することができていることを実感するなど、新卒の通年採用を導入した効果が表れていると評価している。

　一方で、新卒の通年採用を導入したことにより、従来の新卒一括採用の実施時と比べ、採用担当者の業務量や負荷は増大しており、その対応が今後の課題となっている。

◆コース別採用

　同社は、「学部学科不問コース」「技術系コース」「専門学校・短大コース」をさらに細分化した

3 企業事例12
多様な採用方法－アイリスオーヤマ

2. アイリスオーヤマの新卒採用課

　全12コースの中から、希望の採用コースを学生が選択する「コース別採用」を実施している。主要事業である生活用品の企画・製造・販売、システムエンジニア、財務・経理など、採用コースを幅広く用意しているため、学生の得意分野や長所を活かした業務への配属が可能となった結果、入社後のミスマッチが起こりにくくなり、入社後の早期離職が減少したと同社では考えている。

　選考は、エントリーシートと適性検査、複数回の面接によって行われる。特に面接は、個人面接や集団面接に加え、グループディスカッションやPC上で自動出題される質問への応答を録画し評価する録画面接など、複数の手法をコースに応じて使い分けることで、多様な学生を受け入れるための創意工夫を行っている。入社時期は、4月と10月の年2回設定しているが、ほとんどは4月入社となる。その理由は、同社が4月から約2ヵ月間実施する新入社員研修において、必要な専門知識や企業理念を入念に教育するために力を入れていることにある。

◆多様な採用方法の実施

　同社は、より幅広い年代の人材獲得に向けて、経験者採用にも積極的に取り組んでいる。例えば、30歳未満を対象とした第二新卒採用制度「ニュージェネレーション採用」を2020年度に創設し、新卒採用と並行して通年で実施している。同制度は主に総合職・開発職を募集するもので、採用のホームページやナビ媒体などを活用した広報活動の成果もあり、制度導入後の応募者は格段に増加したという。さらに同社は、自社に適していると思われる人材を社員や知人から推薦してもらう「リファラル採用」や、同社の退職者（元社員）を再度雇用する「カムバック・アルムナイ採用」など、多様な採用方法を実施して実績を上げている。同社では引き続き、多様な人材の獲得に向けて、様々な採用方法を駆使した採用活動に力を入れていくとしている。

3 企業事例13 副業・兼業人材の活用－ブリリアントアソシエイツ

1. 副業・兼業者によるサポート

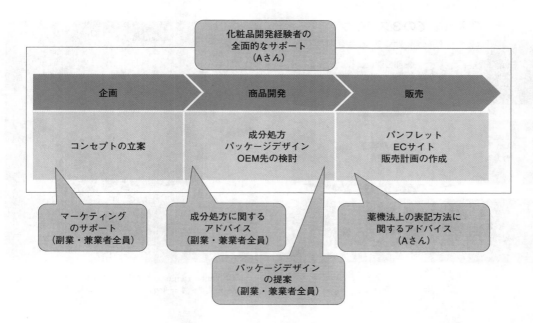

　鳥取県鳥取市でサービス業（飲食・観光）や食品加工業を営むブリリアントアソシエイツ株式会社（従業員数22名、2022年10月現在）は、鳥取県の魅力を発信することをミッションに掲げ、地域資源を活用し、「食」「美容」「健康」に関連する商品開発を行なっている。鳥取県産の赤ビーツを原料とした商品の販売開始から10年の節目に際し、赤ビーツを活用した化粧品の開発に携わる必要な人材を確保するため、副業・兼業者を受け入れている。

◆受入れの背景

　飲食店も経営する同社は、コロナ禍による業績悪化を受け、新規事業の必要性を感じていた。そこで、2021年に、同社代表がかねてから考えていた化粧品の開発に踏み切った。しかし、同社は化粧品の開発・販売経験がなく、成分処方や販売時の効能の表記などの専門知識を持つ人材が社内にいない上、市場動向や販売方法に関するノウハウも不足していた。こうした中、2021年4月に鳥取県立ハローワークの「とっとりプロフェショナル人材戦略拠点」から、副業・兼業希望者の活用について提案があったことから、同拠点のアドバイスを受けながら人材募集を開始した。28名の応募があり、選考の結果、化粧品の開発経験者やアパレル商品のマーケティング経験者、日用品メーカーの現役社員など、様々なバックグラウンドを持つ5名を副業・兼業者として受け入れた。

◆人材募集から契約までの対応

　同拠点のサポートの下、副業・兼業求人サイト「Loino（ロイノ）」を利用して、「EC活用、ブランディング、新商品開発についてアドバイスできる人材」を募集した。選考の際には、書類審査で面接対象者を絞ることはせず、応募者全員と面接した。本業との競合の確認はもとより、志望動機

3 企業事例13
副業・兼業人材の活用－ブリリアントアソシエイツ

2. 副業・兼業者の受入れまでの流れ

受入れまでの3ステップ

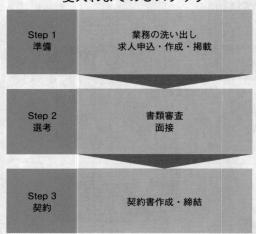

Step 1 準備	業務の洗い出し 求人申込・作成・掲載
Step 2 選考	書類審査 面接
Step 3 契約	契約書作成・締結

3. 副業・兼業者とともに開発した化粧品

「Brilliant Orangerie（ブリリアントオランジュリー）」
オールインワンクリームロゼ

や専門性を活かした貢献の仕方、人柄などを面接で確認することにより、受入れによるリスク管理と、採用後の副業・兼業者との連携のイメージを明確にした。さらに、採用後は、同拠点が提供する契約書のひな形を使用し、1ヵ月単位の業務委託契約とした。契約書で月間稼働時間（月15〜17時間）や打合せの頻度・時間（週1回1時間）、謝礼金の額・支払日など、条件を明確にすることで、副業・兼業者との信頼関係の強化を図った。また、1ヵ月の契約にかかる謝礼金は最大3万円とし、副業・兼業者と契約期間中の成果を振り返り、目標の達成状況を踏まえて金額を決定して支払うこととした。

◆受入れの効果

　5名の副業・兼業者には、開発する化粧品のコンセプトやパッケージデザイン、パンフレットへの効能の表記方法、販売時の商品プロモーション方法の検討など、専門的知見を活かした提案をしてもらった。例えば、化粧品開発の経験者には、商品の企画から開発、製造までのプロセスで全面的なサポートをしてもらうことで、想定よりも早い期間での商品開発に成功した。さらに、「医薬品、医療機器等の品質、有効性および安全性の確保等に関する法律」（薬機法）で定められている効能に関する表現についても、経験者から的確なアドバイスを得たことで、パンフレットなどの記載内容を適切に決定することができた。また、副業・兼業者との仕事を通じて、専門的な知見が社内に広く浸透するなど、社員の成長の後押しにもなった。同社は今回、5人を受け入れたことで大きな手応えを感じているという。今後も必要に応じて副業・兼業者の受入れを検討していくとしている。

4

最低賃金

4 ① 地域別最低賃金の動向

1. 2022年度地域別最低賃金額一覧

都道府県	最低賃金時間額（円）	都道府県	最低賃金時間額（円）
北海道	920 (31)	滋 賀	927 (31)
青 森	853 (31)	京 都	968 (31)
岩 手	854 (33)	大 阪	1,023 (31)
宮 城	883 (30)	兵 庫	960 (32)
秋 田	853 (31)	奈 良	896 (30)
山 形	854 (32)	和歌山	889 (30)
福 島	858 (30)	鳥 取	854 (33)
茨 城	911 (32)	島 根	857 (31)
栃 木	913 (31)	岡 山	892 (30)
群 馬	895 (30)	広 島	930 (31)
埼 玉	987 (31)	山 口	888 (31)
千 葉	984 (31)	徳 島	855 (31)
東 京	1,072 (31)	香 川	878 (31)
神奈川	1,071 (31)	愛 媛	853 (32)
新 潟	890 (31)	高 知	853 (33)
富 山	908 (31)	福 岡	900 (30)
石 川	891 (30)	佐 賀	853 (32)
福 井	888 (30)	長 崎	853 (31)
山 梨	898 (32)	熊 本	853 (31)
長 野	908 (31)	大 分	854 (32)
岐 阜	910 (30)	宮 崎	853 (32)
静 岡	944 (31)	鹿児島	853 (32)
愛 知	986 (31)	沖 縄	853 (33)
三 重	933 (31)	全国平均	961 (31)

2. 最低賃金引上げに向けた支援事業

(1) 専門家派遣・相談等支援事業

対象事業主	すべての事業主
支援内容	社会保険労務士などの専門家が、無料で労務管理上の相談に応じ、就業規則の作成方法、賃金規定の見直しや労働関係助成金の活用などを含めたアドバイスを実施

(2) 業務改善助成金（下線部が2022年度内に拡充された内容）
事業場内最低賃金を一定額以上引き上げ、設備投資等を行った場合の費用を助成

助成対象事業場	助成率※1	引上げ労働者数	引上げ額※2			
			30円コース	45円コース	60円コース	90円コース
・中小企業事業者であること（事業場規模100人以下は要件廃止）・事業場内最低賃金と地域別最低賃金の差額が30円以内	①9/10 ②4/5 (9/10) ③3/4 (4/5)	1人	30万円 (60万円)	45万円 (80万円)	60万円 (110万円)	90万円 (170万円)
		2〜3人	50万円 (90万円)	70万円 (110万円)	90万円 (160万円)	150万円 (240万円)
		4〜6人	70万円 (100万円)	100万円 (140万円)	150万円 (190万円)	270万円 (290万円)
		7人以上	100万円 (120万円)	150万円 (160万円)	230万円	450万円
		10人以上※3	120万円 (130万円)	180万円	300万円	600万円

※1 助成率①は事業場内最低賃金870円未満、②は870円以上920円未満、③は920円以上の場合
　　（）は生産性向上要件を満たした場合
※2 （）は事業場規模30人未満の事業者を対象とした助成上限額
※3 10人以上の上限額区分は、以下の(a)〜(c)のいずれかが該当する事業場が対象
　　(a) 事業場内最低賃金920円未満の事業場
　　(b) 売上高や生産量などの事業活動を示す指標の直近3ヵ月の月平均値が3年前までの同じ月に比べて、15%以上減少している事業者
　　(c) 申請前3ヵ月間のうち任意の1月の利益率（売上高経常利益率または売上高営業利益率）が3％ポイント以上低下している事業者

(3) 働き方改革推進支援助成金（団体推進コース）
事業主団体が、傘下企業の労働者の労働条件の改善に向けた取組を実施した場合に助成

対象事業主団体	3事業主以上（共同事業主においては10事業主以上）で構成する事業主団体等 ① 法律で規定する団体等　② 一定の要件を満たす事業主団体　③ 共同事業主
支給額	以下のいずれか低い方の額 ① 対象経費の合計額、② 総事業費から収入額を控除した額、③ 上限額500万円

注：1. 2022年度地域別最低賃金額一覧の（　）内は2021年度からの引上げ額
出典：2. 厚生労働省資料をもとに経団連事務局にて作成

◆2022年度の決定状況

　2022年度は、中央最低賃金審議会において、「景気や物価動向を踏まえ、地域間格差にも配慮しながら、できる限り早期に最低賃金の全国加重平均が1000円以上となることを目指し、引上げに取り組む」「公労使三者構成の最低賃金審議会で、生計費、賃金、賃金支払能力を考慮し、しっかり議論する」との政府方針に配意した目安審議が行われ、A・Bランク31円、C・Dランク30円という引上げ目安が示された。この目安を参考にした地方最低賃金審議会の決定状況は30円〜33円の引上げ、全国加重平均961円（前年度比＋31円、3.33％）となり、引上げ額・率とも過去最高となった。

◆最低賃金引上げに向けた支援の拡充

　最低賃金に限らず賃金の引上げは、生産性向上によって持続的に増大した付加価値がその原資となることから、生産性向上に資する支援策が重要となる。「現行水準を維持することが適当」との目安が示された2020年度を除き、地域別最低賃金は年々大幅に引き上げられており、中小企業を中心に大きな影響を与えていることから、最低賃金引上げに対応するための環境整備は急務である。厚生労働省は最低賃金引上げに向けて、専門家派遣・相談等支援事業や業務改善助成金、働き方改革推進支援助成金などの各種支援事業を展開しており、2022年9月以降、2回にわたって、業務改善助成金のさらなる拡充を公表した。具体的には、原材料高騰等により利益が減少した事業者への特例拡大や事業場規模30人未満の事業者への助成上限額の引上げなどである。こうした公的支援策も活用しながら、自社における生産性の向上を図り、賃金引上げにつなげていくことが望ましい。

4❷特定最低賃金の動向

1. 特定最低賃金の設定状況

	業　種	件数
都道府県	食 料 品 ・ 飲 料 製 造 業	7
	繊　維　工　業	5
	木 材 ・ 木 製 品 製 造 業	1
	パルプ・紙・紙加工品製造業	2
	印 刷 ・ 同 関 連 産 業	1
	塗　料　製　造　業	4
	ゴ ム 製 品 製 造 業	1
	窯 業 ・ 土 石 製 品 製 造 業	4
	鉄　　　鋼　　　業	20
	非 鉄 金 属 製 造 業	9
	金 属 製 品 製 造 業	4
	一 般 機 械 器 具 製 造 業	25
	精 密 機 械 器 具 製 造 業	7
	電 気 機 械 器 具 製 造 業	45
	輸 送 用 機 械 器 具 製 造 業	33
	新　聞　・　出　版	1
	各 種 商 品 小 売 業	30
	自 動 車 小 売 業	23
	自 動 車 整 備 業	1
	道 路 貨 物 自 動 車 運 送 業	1
	木材・木製品・家具・装備品製造業	1
全国	全 国 非 金 属 鉱 業	1
	合　　　　計	226

2. 地域別最低賃金と特定最低賃金の全国加重平均の差額の推移

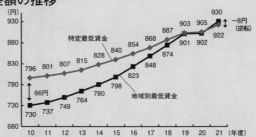

3. 地域別最低賃金未満の特定最低賃金の件数

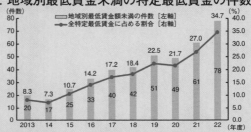

注：1. 2022年末時点。複数の業種にまたがって設定されているものについては、主な業種に計上
　　3. 各年度末時点。2022年度のみ12月末時点。全国非金属鉱業は除外

◆特定最低賃金の概要と近年の動向

「特定最低賃金」は、関係労使の申出に基づき、地域別最低賃金より高い賃金水準が必要と認められる場合に、特定産業の基幹労働者とその使用者を対象に各都道府県で設定される。特定最低賃金は、すべての労働者と使用者に適用される「地域別最低賃金」と法的に大きく異なり、地方最低賃金審議会において全会一致の議決がなされた場合に新設・改正・廃止される。違反した場合には、最低賃金法における罰則はないが、労働基準法24条の賃金全額払違反の罰則（30万円以下の罰金）が適用される。

近年、地域別最低賃金が急激に引き上げられており、特定最低賃金との差（全国加重平均額）は大幅に縮小、2021年度に初めて逆転した。また、個々でみると、地域別最低賃金額を下回る件数は大きく増加（2015年度25件→2022年度78件）している上、2022年度78件のうち59件は、複数年にわたって下回っている。地域別最低賃金を上回る金額を設定するはずの特定最低賃金は、その存在意義が揺らいでおり、制度を見直す時期が来ているといえる。

◆企業内最低賃金協定との関係

連合は「2023春季生活闘争方針」において、前年と同様、「1,150円以上の締結水準による企業内最低賃金の協定化」を賃金要求指標として掲げている。企業内最低賃金協定は、労使で合意した場合に、「企業ごと」に締結されるものだが、関係労使の申出により設定される特定最低賃金の新設や金額改正に必要な資料として活用される場合がある。企業内最低賃金の協定化や金額改定により、個別企業を超えて、特定最低賃金に影響する可能性があるということに留意する必要がある。

第 II 部
2023年春季労使交渉・協議における経営側の基本スタンス

❶ 物価の動向

1. 輸入物価（円ベース・前年同月比）の推移

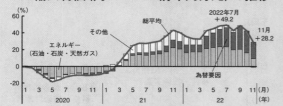

2. 国内企業物価（前年同月比）の推移

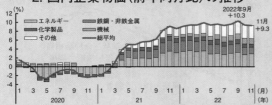

3. 消費者物価（前年同月比）の推移

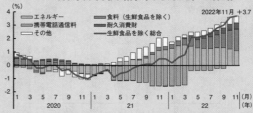

4. 消費者物価上昇率の見通し

（前年度比、前年同期比、%）

		2022年度		23年度		24年度
ESPフォーキャスト調査（民間エコノミスト）	生鮮食品を除く総合	2.76	10-12月 3.61	1.73	4-6月 2.24	1.16
			1-3月 2.57		7-9月 1.63	
					10-12月 1.38	
					1-3月 1.71	
政府	総合	3.0		1.7		-
日本銀行	生鮮食品を除く総合	2.9		1.6		1.6

注：2.「エネルギー」は石油・石炭製品、電力・都市ガス・水道、「機械」は、はん用機器、生産用機器、業務用機器、電子部品・デバイス、電気機器、情報通信機器、輸送用機器の合計
3.「エネルギー」は電気代、都市ガス代、プロパンガス、灯油、ガソリンの合計
出典：1. 2. 日本銀行「企業物価指数」　3. 総務省「消費者物価指数」
4. 日本経済研究センター「ESPフォーキャスト調査」（2022年12月）、内閣府「令和5年度の経済見通しと経済財政運営の基本的態度」（2022年12月閣議了解）、日本銀行「経済・物価情勢の展望」（2022年10月）

◆企業物価の動向

　世界経済のコロナ禍からの回復などを背景に、原材料価格が高騰する中、わが国の輸入物価（円ベース）は、2021年前半から石油等のエネルギー品目を中心に上昇しはじめた。2022年春以降は、ロシアのウクライナ侵攻を受けたエネルギー価格の一段の上昇に加え、円安による押上げ寄与も強まったことから、伸びがさらに高まり、7月には前年同月比＋49.2％となった。足元ではエネルギー価格の上昇や円安が一服したことに伴い、伸び率は縮小し、11月は同＋28.2％となっている。

　輸入物価の上昇を受け、国内企業物価も2021年前半からエネルギー品目や、鉄鋼・非鉄金属、化学製品等の原材料を中心に上昇をはじめた。2022年に入ると加工品である機械も徐々に伸びを高め、9月には総平均の前年同月比が＋10.3％と、1980年12月（＋10.4％）以来、約42年ぶりの上昇率となった。直近の11月も同＋9.3％と、引き続き高い伸びで推移している。

◆消費者物価の動向

　消費者物価（生鮮食品を除く総合）は2021年秋からエネルギー、食料品を中心に上昇しはじめ、2022年4月には、携帯電話料金引下げ（2021年4月）の影響が一巡したことで、伸びが一段と高まった。その後も、原材料費の上昇や円安の進行などを背景に、食料品のプラス寄与がさらに拡大するとともに、家電等の耐久消費財なども上昇したことから、全体の伸び率は上昇を続け、11月は前年同月比＋3.7％と、1981年12月（＋4.0％）以来、約41年ぶりの高い伸びとなっている。

　先行きは、エネルギー価格の伸びが鈍化する中で、政府による電気・ガス料金の負担軽減策などの効果もあり、2023年に入ると、消費者物価の上昇率は低下していくと予想される。

❷ 賃金水準の動向

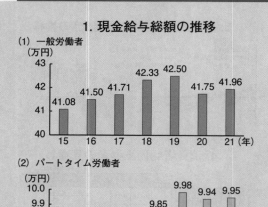

1. 現金給与総額の推移

(1) 一般労働者
(万円)

(2) パートタイム労働者
(万円)

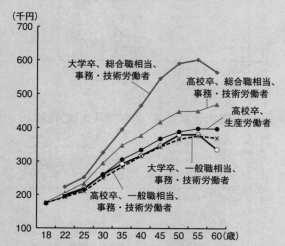

2. 標準労働者の賃金カーブ（所定内給与）

(千円)

大学卒、総合職相当、事務・技術労働者

高校卒、総合職相当、事務・技術労働者

高校卒、生産労働者

大学卒、一般職相当、事務・技術労働者

高校卒、一般職相当、事務・技術労働者

注：1. 事業所規模5人以上、調査産業計。2020年平均値を基準とした指数を用いて時系列で比較可能となるよう修正した値
　　2. モデル所定内賃金とは、学校卒業後、直ちに企業に入社して継続勤務し、標準的に昇進した者のうち、設定された
　　　 モデル条件（年齢のみ、2021年4月1日現在）に該当する者の所定内賃金について集計したもの
出典：1. 厚生労働省「毎月勤労統計調査」
　　　2. 中央労働委員会「令和3年賃金事情等総合調査」

◆現金給与総額

　所定内給与と所定外給与、特別給与（賞与・一時金など）を合わせた「現金給与総額」（事業所規模5人以上、調査産業計）の推移をみると、2022年1－10月平均は前年同期比1.55％増の30.5万円（常用労働者1人当たり月額）となった。

　就業形態別では、「一般労働者」の2022年1－10月平均現金給与総額は、前年同期比1.83％増の39.90万円となった。その内訳は、所定内給与が同1.23％増の31.84万円、所定外給与が同5.26％増の2.62万円、特別給与が同3.85％増の5.44万円となっている。2019年まで労働力需給の逼迫による募集賃金の増額や地域別最低賃金の引上げなどを背景に上昇傾向にあり、その後2年間横ばいとなった「パートタイム労働者」の平均現金給与総額は、2022年1－10月期で前年同期比2.61％増の10.08万円となり、再び上昇基調となっている。

◆年齢別の所定内賃金の状況

　中央労働委員会の調査によると、学歴別の標準労働者の所定内賃金は、大学卒・総合職相当と一般職相当（事務・技術労働者）、高校卒・一般職相当（事務・技術労働者）、高校卒（生産労働者）のいずれの区分においても年齢・勤続年数が上がるにつれて上昇し、55歳でピークを迎えた後、役職定年などの影響によって、横ばいまたは減少となっている。各年齢ポイントにおける具体的な水準を大学卒総合職相当（事務・技術労働者）でみると、22歳22.3万円、25歳25.2万円、30歳32.5万円、35歳39.5万円、40歳46.5万円、45歳54.5万円、50歳59.0万円、55歳60.1万円でピークとなり、60歳では、若干減少して56.4万円となっている。

❸月例賃金の改定状況

1. 月例賃金改定状況で特に考慮した要素（2つ回答）

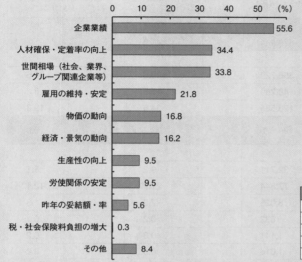

2. 物価上昇への対応状況と具体的な対応方法の内訳（複数回答）

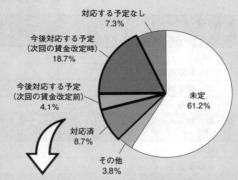

（対応済・対応予定と回答した企業）具体的な対応方法	構成比
① ベースアップ	77.2%
② 手当（毎月支給）の新設・増額	11.9%
③ 賞与・一時金（ボーナス）支給時に加算	29.7%
④ 一時金（ボーナス以外）の支給	9.9%
⑤ その他	11.9%

出典：1. 2. 経団連「2022年人事・労務に関するトップ・マネジメント調査」

◆月例賃金改定で特に考慮した要素・改定状況

　経団連調査によると、月例賃金の改定にあたって、特に考慮した要素（2つ回答）としては、「企業業績」（55.6%）が最も多く、これに「人材確保・定着率の向上」（34.4%）と「世間相場」（33.8%）が続いている。自社の業績を基軸とした上で、労働市場（世間相場）の動向を踏まえながら、人材の確保・定着を重視して改定している傾向がうかがえる。

　また、昇給・ベースアップの区別がある企業（164社）において、2022年に昇給・ベースアップとも実施した企業は6割超（63.4%）に上り、多くの企業がベースアップを実施した。さらに、昇給を実施した企業（36.6%）と合算すると、回答企業のすべてで、定期昇給や賃金カーブ維持分の昇給、ベースアップなどの方法によって月例賃金の引上げが行われている結果となった。

◆物価上昇への対応状況

　同調査において、物価上昇への対応状況（複数回答）を尋ねたところ、「対応済」が8.7%、「今後対応する予定（次回の賃金改定前）」が4.1%、「今後対応する予定（次回の賃金改定時）」が18.7%となっており、あわせると約3割（31.5%）の企業が物価動向に対して何らかの対応を実施（予定を含む）と回答している。

　具体的な対応方法（複数回答）としては、「ベースアップ」が77.2%と大勢を占めている。次いで、「賞与・一時金（ボーナス）支給時に加算」が約3割（29.7%）となっているほか、「手当（毎月支給）の新設・増額」が11.9%、「一時金（ボーナス以外）の支給」が9.9%となっている。他方、「未定」との回答は61.2%、「対応する予定なし」は7.3%であった。

❹ 総額人件費管理の徹底

総額人件費の内訳（推計値）

（事業所規模1,000人以上）

	1人1ヵ月当たり（円）	所定内給与を100としたときの比率（%）	総額人件費を100としたときの比率（%）
総額人件費（Ⅰ＋Ⅱ）	641,434	179.8	100.0
Ⅰ 現金給与総額（(1)＋(2)＋(3)）	520,564	145.9	81.2
【内訳】			
(1) 所定内給与	356,729	100.0	55.6
(2) 所定外給与	40,250	11.3	6.3
(3) 賞与・一時金	123,585	34.6	19.3
Ⅱ 現金給与以外の人件費（①＋②＋③＋④＋⑤＋⑥）	120,870	33.9	18.8
【内訳】			
① 退職金等	32,711	9.2	5.1
② 法定福利費	77,344	21.7	12.1
③ 法定外福利費	8,025	2.2	1.3
④ 現物給与	632	0.2	0.1
⑤ 教育訓練費	1,141	0.3	0.2
⑥ その他	1,016	0.3	0.2

注：所定内給与、所定外給与、賞与・一時金は「毎月勤労統計調査」、それ以外の項目は「就労条件総合調査」の構成比をもとに推計。四捨五入の関係で、積み上げた値とその合計値は一致しないことがある
出典：厚生労働省「毎月勤労統計調査」（2021年）、「就労条件総合調査」（2021年）

◆総額人件費管理の重要性

　総額人件費とは、企業が社員を雇用するために負担している費用の総和を指すものである。具体的には、所定内給与や所定外給与、賞与・一時金などの「現金給与」と、法定福利費（社会保険料など）や法定外福利費、退職金などの費用、現物給与、教育訓練費などの「現金給与以外の人件費」から構成される。

　所定内給与は、所定外給与や賞与・一時金、退職金などの支給額を決めるベースとする企業が多く、社会保険料の算定基礎（報酬月額）にも用いられることから、所定内給与の引上げに伴って様々な項目へと波及し、総額人件費全体を増大させることとなる。厚生労働省の統計調査をもとに推計すると、所定内給与を100とした場合、総額人件費は約1.8倍（179.8）に相当する（2021年の事業所規模1,000人以上の値）。特に、賃金水準が若年社員より高い中高齢社員の多い企業では、定期昇給などの制度昇給を実施することにより、毎年、自動的に総額人件費が増大するため、自社の労務構成（年齢構成）の変化を踏まえて管理する必要がある。近年は、定年後の再雇用社員の増加とその処遇改善に伴う人件費増にも留意が必要である。さらに、無期雇用社員と有期雇用等社員との均等・均衡待遇（同一労働同一賃金）への対応に伴って総額人件費が増加していく可能性がある。

　「現金給与以外の人件費」の中で最も大きな割合を占める法定福利費については、健康保険料率や介護保険料率の上昇、短時間労働者に対する厚生年金・健康保険の適用拡大などにより、増加傾向が続いている（79頁参照）。自社の収益状況を踏まえつつ、適切に総額人件費を管理することが重要であり、その必要性が増している。

❺ 社会保険料の動向

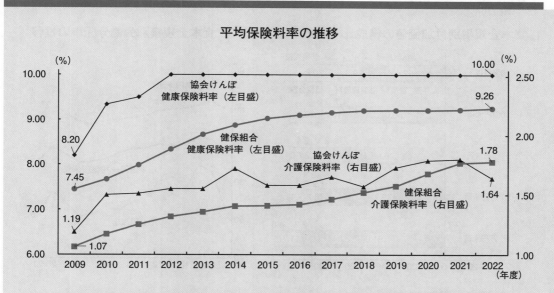

平均保険料率の推移

注：健保組合については、2020年度以前は決算、2021年度は決算見込、2022年度は予算早期集計の数値
出典：健康保険組合連合会「令和4年度（2022年度）健保組合予算編成状況について」、同「健康保険組合の令和3年度決算
　　　見込と今後の財政見通しについて」、全国健康保険協会ホームページ「保険料率の変遷」

◆健保組合を中心に増加傾向が続く社会保険料負担

　厚生年金保険料率は2017年9月以降、18.3％で固定されている一方、健康保険料率と介護保険料率は、大企業の健康保険組合を中心に緩やかな上昇傾向にあり、企業の総額人件費を増大させるとともに、社員の可処分所得の増加を抑制している。

　健保組合の健康保険料率上昇の背景には、後期高齢者支援金に対する総報酬割の拡大などによる高齢者医療への拠出金の増加の影響が大きい。2022年度の健保組合の平均保険料率は9.26％となっている。厳しい財政状況の健保組合は多く存在し、全体の53.3％の組合が赤字である（2021年度）。さらに、全国健康保険協会（協会けんぽ）の平均保険料率（10％）以上の健保組合は、全体の22.2％を占める（2020年度）。今後、解散する健保組合が増加する恐れがある。

　介護保険においても、介護納付金の総報酬割が2017年度から段階的に導入され（2020年度に全面総報酬割に移行）、保険料率の上昇ペースが加速した。2022年度の平均介護保険料率は1.78％となっている。

　このほか、短時間労働者に対する厚生年金・健康保険の適用拡大については、2022年10月に企業規模の要件が従業員数「501人以上」から、「101人以上」に引き下げられた。2024年10月には、「51人以上」へさらに引き下げる予定となっている。新規に適用対象となるのは中小企業が中心であることから、政府は中小企業が対応を十分行えるよう支援策もあわせて講じている。

　政府の全世代型社会保障構築会議は、年齢に関わりなく所得等に応じた負担を求める方向性を打ち出しており、現役世代の社会保険料負担の増加の抑制につながるよう、今後、各種制度改革の着実な実行が期待される。

6 適正な付加価値の分配

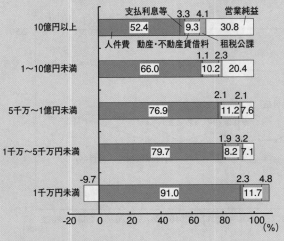

1. 資本金規模別付加価値の構成比（2021年度）

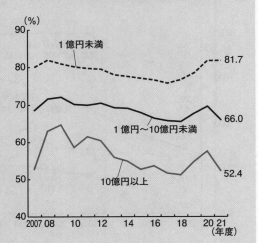

2. 資本金規模別労働分配率の推移

注：1. 2. 金融業、保険業を除く
出典：1. 2. 財務省「法人企業統計」

◆**企業の生み出す付加価値とその構成**

　付加価値とは、企業が生産した製品やサービスの売上高から、原材料費や仕入原価、外注加工費などの外部購入費用を差し引いたものである。人件費のほか、支払利息などの金融費用や動産・不動産賃借料、租税公課、営業純益から構成される。

　企業の資本金規模別に付加価値の構成比をみると、すべての資本金規模において人件費が最も高い。付加価値に占める人件費の割合である労働分配率は、資本金規模が小さくなるにつれて上昇する傾向にある。2021年度の労働分配率は、資本金10億円以上の大企業で52.4%であるのに対し、同1千万円未満の小規模企業では営業純益が赤字となる中、91.0%に達している。

　労働分配率は景気と逆相関の動きを示す。2013年度から2018年度にかけ、景気回復が続く中で低下傾向にあったが、米中貿易摩擦や新型コロナウイルス感染症拡大などによる収益環境の悪化を受け、2019年度と2020年度は上昇した。2021年度は、大企業（資本金10億円以上）と中堅企業（同1億円以上10億円未満）においては収益が持ち直したことから、労働分配率は低下した一方、厳しい収益状況が続く中小企業（同1億円未満）では、高止まりとなっている。

◆**労働生産性等の状況**

　1人当たり付加価値額（労働生産性）（81、82頁）は、2010年度以降、大企業を中心に増加傾向にあった。2010年代終わりから2020年度にかけては、米中貿易摩擦や感染症拡大の影響により減少したものの、2021年度は持ち直している。

　中小企業における労働生産性は、資本装備率（1人当たり固定資産）の低さなどを背景に、大企業を下回り、製造業、非製造業とも大企業の約3割の水準である。この結果、中小企業の1人当たり人件費も大企業に比べて低く、製造業では5割弱、非製造業では6割弱の水準となっている。

3. 資本金規模別の経営指標の比較（製造業）

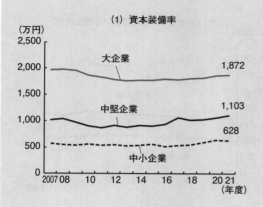

(1) 資本装備率

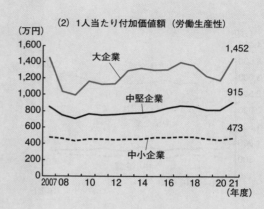

(2) 1人当たり付加価値額（労働生産性）

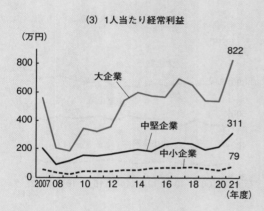

(3) 1人当たり経常利益

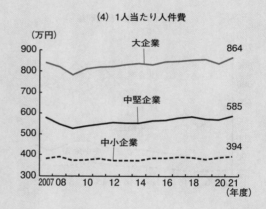

(4) 1人当たり人件費

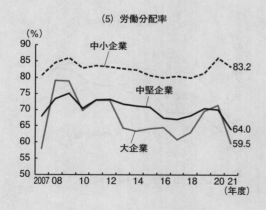

(5) 労働分配率

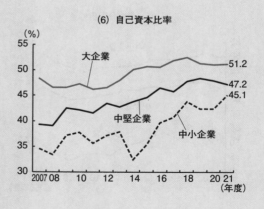

(6) 自己資本比率

注：3.1人当たりの数値には、役員数、役員賞与を含む
　　大企業は資本金10億円以上、中堅企業は同1〜10億円未満、中小企業は同1億円未満
　　（1）資本装備率＝有形固定資産（建設仮勘定を除く。期首・期末平均）／（従業員数＋役員数）
出典：財務省「法人企業統計」

第Ⅱ部　2023年春季労使交渉・協議における経営側の基本スタンス

4. 資本金規模別の経営指標の比較（非製造業（金融業、保険業を除く））

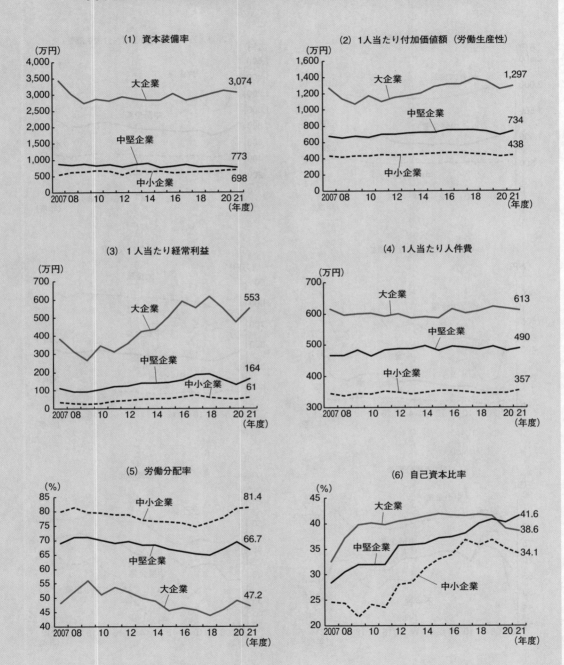

注：4.1人当たりの数値には、役員数、役員賞与を含む
　　　大企業は資本金10億円以上、中堅企業は同1〜10億円未満、中小企業は同1億円未満
　　　（1）資本装備率＝有形固定資産（建設仮勘定を除く。期首・期末平均）／（従業員数＋役員数）
出典：財務省「法人企業統計」

❼2022年春季労使交渉・協議の総括

1. 連合・主要産別労組の賃金引上げの主な要求方針（2022年）

	月例賃金	一時金
連合	◇すべての労働組合における要求内容 ・すべての組合が月例賃金の改善にこだわり、それぞれの賃金水準を確認しながら、「底上げ」「底支え」「格差是正」の取組みをより強力に推し進める ・賃上げ分2％程度、定期昇給相当分（賃金カーブ維持相当分）を含め4％程度を目安産業の「底支え」「格差是正」に寄与する「賃金水準追及」の取組みを強化しつつ、これまで以上に賃上げを社会全体に波及させるため、それぞれの産業における最大限の「底上げ」を目指す ◇中小組合における要求内容 ・賃金カーブ維持相当分を確保した上で、自組合の賃金と社会横断的水準を確保するための指標を比較し、その水準の到達に必要な額を加えた総額で賃上げを求める ・賃金実態が把握できないなどの事情がある場合は、連合加盟組合平均賃金水準との格差を解消するために必要な額を加えて、総額10,500円以上（賃金カーブ維持相当分4,500円＋賃上げ目標金額6,000円）を目安に賃上げを求める	◇年収確保の観点も含め水準の向上・確保を図る
金属労協	◇定期昇給など賃金構造維持分を確保した上で、3,000円以上の引上げに取り組むことを基本としつつ、各産別の置かれてる状況を踏まえて、具体的な方針を決定 ◇日本の基幹産業にふさわしい賃金水準確保の観点から、35歳相当・技能職について、目標・到達・最低基準を設定し、それぞれの水準への到達を目指す	◇年間5ヵ月分以上を基本 ◇最低獲得水準年間4ヵ月分以上
自動車総連	◇「絶対額」を重視した取組みを進め、全ての単組は、自ら目指すべき賃金水準の実現・課題の解決を目指し、基準内賃金の引上げを求める	◇年間5ヵ月を基準 ◇最低でも昨年獲得実績以上
電機連合	◇賃金体系の維持を図ったうえで、賃金水準の改善（水準改善額3,000円以上）を要求	◇平均で年間5ヵ月分を中心 ◇「産別ミニマム基準」として、年間4ヵ月分を確保
基幹労連	◇2年サイクルにおける「総合改善年度」（1年目）として、2022年度・2023年度の中で2年分の賃金改善要求を行う ◇要求額は、2022年度3,500円、2023年度3,500円以上を基本とする	◇「金額」要求方式：120万円ないし130万円＋成果反映要素40万円 ◇「金額＋月数」要求方式：40万円＋4ヵ月分 ◇「月数」要求方式：5ヵ月を基本
JAM	◇賃金構造維持分を確保した上で、月例賃金水準の引上げを中心に「人への投資」を要求 ◇平均賃上げ要求基準は、JAMの賃金構造維持分平均4,500円に6,000円を加え、10,500円以上	◇年間5ヵ月（半期2.5ヵ月）を基準 ◇最低到達基準は年間4ヵ月（半期2.0ヵ月）

出典：1. 経団連事務局にて作成

◆労働組合の要求方針

　連合は、「2022春季生活闘争方針」において、雇用の確保を大前提に、すべての組合が賃上げに取り組むことを基本に据え、全体の底上げと同時に規模間、雇用形態間、男女間などの格差是正の流れを加速させ、分配構造を転換する突破口にするとの方針を打ち出した。

　具体的要求としては、すべての組合が月例賃金の改善にこだわり、それぞれの賃金水準を確認しながら、「底上げ」「底支え」「格差是正」の取組みをより強力に推し進めることとした。その上で「底上げ」については、賃上げ分2％程度、定期昇給相当分（賃金カーブ維持相当分）を含め4％程度の賃上げを目指すとした。「底支え」については、企業内のすべての労働者を対象に「時給1,150円以上」の企業内最低賃金協定の締結を掲げた。「格差是正」については、企業規模間と雇用形態間のそれぞれで目標水準と最低到達水準を設定し、その到達を目指すとした。

　中小組合（組合員数300人未満）に対しては、賃金カーブ維持相当分を確保した上で、自組合の賃金と社会横断的水準を確保するための様々な指標を比較し、その水準の到達に必要な額を加えた総額での引上げを求めた。賃金実態が把握できないなどの事情がある場合は、「10,500円（賃上げ目標金額6,000円＋賃金カーブ維持分4,500円）以上」を目安とする要求方針を示した。

　金属産業の主要5産別組合で構成する金属労協は、「賃金構造維持分を確保した上で、3,000円以上の賃金引上げ（ベア分）」の要求水準を掲げつつ、各産別の置かれている状況を踏まえて、具体的な方針を決定するとした。それを踏まえ、自動車総連は「絶対額を重視した取組み」の推進を掲げた。電機連合は賃金体系の維持を図った上で「水準改善額3,000円以上」を設定した。

2. 2022年労使交渉の労使の基本方針（要約）

連合 「2022春季生活闘争方針」	経団連 「2022年版経労委報告」
○雇用の確保を大前提に、すべての組合が賃金引上げに取り組むことを基本に据え、全体の底上げと同時に規模間、雇用形態間、男女間などの格差是正の流れを加速させ、分配構造を転換する突破口とする	○社内外の考慮要素を総合的に勘案しながら、適切な総額人件費管理の下、自社の支払能力を踏まえ、労使協議を経たうえで各企業が賃金を決定する「賃金決定の大原則」に則った検討が重要
○すべての組合が月例賃金の改善にこだわり、それぞれの賃金水準を確認しながら、「底上げ」「底支え」「格差是正」の取組みをより強力に推し進める	○賃金引上げのモメンタムを維持することで「成長と分配の好循環」の実現に寄与し、新しい資本主義の時代にふさわしい賃金引上げの実現に期待
○産業の「底支え」「格差是正」に寄与する「賃金水準追及」の取組みを強化しつつ、これまで以上に賃上げを社会全体に波及させるため、それぞれの産業における最大限の「底上げ」に取り組むとして、賃上げ分2％程度、定期昇給相当分（賃金カーブ維持相当分）を含め4％程度の賃上げを目安	○コロナ禍により、業種や企業ごとの業績のばらつきが拡大する中、業種横並びや一律的な賃金引上げを検討することは現実的ではなく、企業労使は、自社の置かれている経営状況や課題などを共有しながら真摯に話し合い、基本給や諸手当、賞与・一時金などにおいて、各企業が主体的に自社の実情に適した賃金決定を行うよう呼びかけ
○中小組合は賃金カーブ維持相当分を確保した上で、自組合の賃金と社会横断的水準を確保するための指標を比較し、その水準の到達に必要な額を加えた総額で賃金引上げを要求、賃金実態が把握できないなどの場合は、総額10,500円以上を目安に引上げを求める	○「総合的な処遇改善」については、デジタル化の進展や、テレワークの拡がりなどコロナ禍で生じた働き方の変化、働き手の多様な就労観・ライフスタイルへの対応など、働き方に関する諸課題について労使で認識を共有した上、働き手の成長を促す観点から、働きがいや働きやすさにつながる職場環境の見直しを求める

3. 月例賃金引上げ額の推移（大手企業）

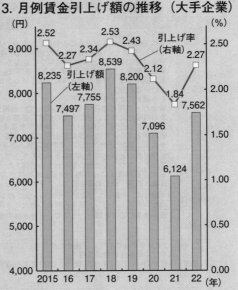

注：3. 定期昇給（賃金体系維持分）やベースアップ等を含む
出典：3. 経団連「春季労使交渉・大手企業業種別妥結結果（最終集計）」

◆経団連の基本スタンス

　経団連は、2022年版「経営労働政策特別委員会報告」（経労委報告）において、社内外の考慮要素を総合的に勘案しながら、適切な総額人件費管理の下、自社の支払能力を踏まえ、労使協議を経た上で各企業が賃金を決定する「賃金決定の大原則」に則った検討が重要との基本認識を示した。

　「賃金引上げ」については、コロナ禍により、業種や企業ごとの業績のばらつきが拡大する中、企業労使は、自社の置かれている経営状況や課題などを共有しながら真摯に話し合い、基本給や諸手当、賞与・一時金など、各企業が主体的に自社の実情に適した賃金決定を行うよう求めた。その上で、基本給について、収益が高い水準で推移・増大した企業においては、制度昇給の実施に加え、ベースアップの実施を含めた、新しい資本主義の起動にふさわしい賃金引上げを呼びかけた。一方で、コロナ禍により収益が十分に回復していない・減少した企業においては、事業継続と雇用維持を最優先にしながら、自社の実情に適った対応を見出すことが望まれるとの考えを示した。

　「総合的な処遇改善」については、デジタル化の進展や、テレワークの拡がりなどコロナ禍で生じた働き方の変化、働き手の多様な就労観・ライフスタイルへの対応など、働き方に関する諸課題について労使で認識を共有した上で、働き手の成長を促す観点から、総合的な処遇改善に向けた職場環境の見直しが重要であることを強調した。

◆2022年春季労使交渉の妥結結果

　経団連の集計では、大手企業の月例賃金の平均引上げ額（全産業計）は7,562円（前年比2.27%）で、2019年より続いていた低下傾向から反転した。中小企業では5,036円・1.92%で、額・率とも前年比で大きくプラスに転じ、2000年代における最高値を記録した。

4. 賞与・一時金 大手企業妥結結果の推移（全産業計）

	18年		19年		20年		21年		22年	
	総平均	増減率	総平均	増減率	総平均	増減率	総平均	増減率	総平均	増減率
	円	%	円	%	円	%	円	%	円	%
夏　季	953,905	8.62	921,107	△3.44	901,147	△2.17	826,647	△8.27	899,163	8.77
年　末	934,858	6.14	951,411	1.77	865,621	△9.02	820,955	△5.16	894,179	8.92

5. ベースアップ実施状況（2017〜2022年）

（年）
- 17：44.5
- 18：53.8
- 19：46.4
- 20：35.7
- 21：30.8
- 22：36.3

（%）

6. 賃金以外の項目で労働組合と議論した施策

- 育児関連施策の拡充：30.0
- 時間外労働の削減：27.8
- 年次有給休暇の取得促進：27.2
- テレワークの導入・拡充：26.1
- 労働生産性の向上策：23.9
- 人材育成施策の拡充：23.3
- 定年後継続雇用社員の処遇改善：19.4
- 社員の健康保持・増進策：16.1
- ダイバーシティ&インクルージョンの推進策：14.4
- 介護関連施策の拡充：13.9
- 法定外福利費の見直し：11.7
- フレックスタイム制の導入・見直し：10.0
- 定年延長・廃止：10.0
- 治療と仕事の両立支援施策の導入・拡充：9.4

（%）

出典：4. 経団連「賞与・一時金 大手企業業種別妥結結果（最終集計）」
　　　5. 6. 経団連「2022年人事・労務に関するトップ・マネジメント調査結果」

賞与・一時金（ボーナス）について、経団連が集計した2022年の平均妥結額（全産業計）は、夏季89万9,163円（前年比＋8.77％）、年末89万4,179円（同8.92％）と、夏季・冬季ともに、現行の集計方法となった1981年以降の最も高い伸び率を記録した。

◆2022年春季労使交渉・協議の特徴

月例賃金について、ベースアップの実施状況に関する推移をみると、定期昇給に加えてベースアップを実施した企業は、2018年に5割超（53.8％）となった。その後、コロナ禍の影響等によって、2019〜21年は前年と比べて実施企業割合は減少したが、2022年は上昇に転じた（約36.3％）。

総合的な処遇改善については、ワーク・ライフ・バランスの向上に資する育児関連施策の拡充が多くの企業で議論された。このほか、時間外労働の削減や年次有給休暇の取得促進、テレワークの導入・拡充、労働生産性の向上策などが議論された。加えて、仕事と育児・介護の両立支援策や社員の健康増進策、ダイバーシティ＆インクルージョンの推進策等も議論されており、働き手の「働きやすさ」を高める施策の導入・拡充に向けた議論が活発に行われた。

また、自己啓発・能力開発の支援策やデジタル化への対応などを見据えた人材育成施策の拡充、定年後継続雇用社員の処遇改善など「働きがい」を高める取組みについても議論が行われ、多くの企業で施策の導入・拡充が行われた。

2022年労使交渉は、コロナ禍の影響により「K字型」回復の景況において行われた。事業継続と雇用維持を両立しながら、多くの企業労使が自社の実情を共有し、「人への投資」や「成長と分配の好循環」の実現に向けた社会的な期待を踏まえ、主体的に判断した結果、賃金引上げのモメンタムは維持されたといえる。

⑧ 連合「2023春季生活闘争方針」の主な内容

1. 連合「2023春季生活闘争方針」意義と基本スタンス

2023 春季生活闘争スローガン
「くらしをまもり、未来をつくる。」

未来づくり春闘

デフレマインドを断ち切り、ステージを変える
- → 経済・社会の原動力となる積極的な「人への投資」
- → 国内投資の促進とサプライチェーン全体を視野に入れた産業基盤強化
- → 産業・企業の将来展望を話し合い、未来に向けた労働条件を決定

働くことを軸とする安心社会

格差是正と分配構造の転換に取り組む
- → 生活が厳しい層への手当が不可欠であり、規模間、雇用形態間、男女間の格差是正を推進
- → ①賃上げ、②働き方の改善、③政策・制度の実現を柱とする総合生活改善闘争の枠組みの下、「人への投資」と月例賃金の改善に全力を尽くす

みんなの春闘

集団的労使関係を広げていく
- → 建設的な労使交渉を通じ、成果の公正な分配と労働条件向上を広く社会に波及
- → 国・地域・産業レベルでの政労使の対話を重ねる

GDPも賃金も物価も安定的に上昇する経済へとステージを転換し
望ましい未来をつくっていく

出典：1. 連合「2023春季生活闘争方針」をもとに経団連事務局にて作成

◆「2023春季生活闘争」の意義と基本スタンス

　連合は、経済・社会の原動力となる「人への投資」を一層積極的に行うとともに、国内投資の促進とサプライチェーン全体を視野に入れた産業基盤強化などにより、成長と分配の好循環を持続的・安定的に回していく必要性を主張した。その上で、今次闘争では「未来づくり春闘」を深化させ、国・地方・産業・企業の各レベルで問題意識の共有化に努め、ステージを変える転換点とするために、社会的うねりをつくる先頭に立って運動を牽引していくとの考え方を示した。

　具体的には、「働くことを軸とする安心社会」実現に向けて、2023春季生活闘争においては、①賃上げ、②働き方の改善、③政策・制度の取組みを柱として、産業状況の違いを理解しあいながら、中期的視点を持って「人への投資」と月例賃金の改善に全力を尽くすとしている。

　加えて、「みんなの春闘」として、生産性三原則に基づく建設的な労使交渉を通じ、成果の公正な分配を図り、労働条件の向上を広く社会に波及させていくことを掲げている。

◆月例賃金に関する要求内容

　月例賃金については、国際的に見劣りする日本の賃金水準を中期的に引き上げていく必要性を示した上で、所定内賃金で生活できる水準を確保するとともに、「働きの価値に見合った水準」に引き上げることを目指すとした。具体的な要求指標は、各産業の「底上げ」「底支え」「格差是正」の取組み強化を促す観点とすべての働く人の生活を持続的に維持・向上させる転換点とするマクロの観点から、「賃上げ分を3％程度、定期昇給相当分（賃金カーブ維持相当分）を含め5％程度の賃上げ」の目安を示している。「格差是正」については、企業規模間と雇用形態間のそれぞれの目標水準を

2. 賃金に関する具体的な要求内容

月例賃金に関する要求内容

【すべての労働組合における要求内容】

○「底上げ」「底支え」「格差是正」の取組みをより強力に推し進める

○各産業の「底上げ」「底支え」「格差是正」の取組み強化を促す観点とすべての働く人の生活を持続的に維持・向上させる転換点とするマクロの観点から、賃上げ分を3%程度、定昇相当分（賃金カーブ維持相当分）を含む賃上げを5%程度とする

○格差是正に向けて、企業規模間と雇用形態間における目標水準と最低到達水準への到達を目指す

○企業内のすべての労働者を対象に、生活を賄う観点と初職に就く際の観点を重視し、「時給1,150円以上」の水準で企業内最低賃金の協定化に取り組む

【中小組合における要求内容】

○賃金カーブ維持相当分を確保した上で、自組合の賃金と社会横断的水準を確保するための指標を比較し、その水準の到達に必要な額を加えた総額で賃上げを求める

○賃金実態が把握できないなどの事情がある場合は、連合加盟組合平均賃金水準との格差を解消するために必要な額を加えて、総額13,500円以上（賃金カーブ維持分4,500円＋賃上げ目標金額9,000円）を目安に賃上げを求める

一時金に関する要求内容

○月例賃金の引上げにこだわりつつ、年収確保の観点も含め水準の向上・確保を図る

○有期・短時間・契約等で働く労働者についても、均等待遇・均衡待遇の観点から対応を図る

出典：2. 連合「2023春季生活闘争方針」をもとに経団連事務局にて作成

前年から引き上げている。「底支え」については、企業内最低賃金協定の締結水準を前年と同様、「時給1,150円以上」としている。

中小組合（組合員数300人未満）に対しては、引き続き、賃金カーブ維持相当分を確保した上で、自組合の賃金と社会横断的水準を確保するための様々な指標を比較し、その水準の到達に必要な額を加えた総額での賃金引上げ要求としている。賃金実態が把握できないなどの事情がある場合は、「賃金カーブ維持分4,500円」に「賃上げ目標額9,000円」（連合加盟中小組合平均賃金水準・月額約25万円の3%相当額7,500円に、連合加盟全組合平均賃金水準・月額約30万円の3%相当額9,000円との差額である格差是正分1,500円を上乗せした額）を合算した「総額13,500円以上」を目安とし、前年と同様の要求水準を示している。

◆一時金に関する要求内容

一時金については、月例賃金の引上げにこだわりつつ、年収確保の観点も含めた水準の向上・確保を図るとしている。有期雇用社員等についても、均等・均衡待遇の観点からの対応を求めている。

◆「すべての労働者の立場にたった働き方」の改善、ジェンダー平等・多様性の推進

働き方の改善については、構造的に生産年齢人口が減少の一途をたどる中、コロナ禍から経済が再生していく過程において、「人材の確保・定着」と「人材育成」に向けた職場の基盤整備が重要との認識を示している。その上で、豊かな生活時間とあるべき労働時間の確保、すべての労働者の雇用安定、均等・均衡待遇実現、人材育成と教育訓練の充実など、総体的な議論と協議を呼びかけている。

また、多様性が尊重される社会の実現に向けて、性別をはじめ年齢、国籍、障がいの有無、就労形態など、様々な違いを持った人々がお互いを認め合い、やりがいをもって働き続けられる職場を実現するため、格差是正やハラスメント対策、差別禁止などの取組みを進めることを求めている。

❾ 2023年春季労使交渉の主要産業別労働組合の動向

1. 主要産業別労働組合の主な要求方針

組合名		取組み事項
金属労協 （JCM）	月例賃金	・すべての組合で定期昇給などの賃金構造維持分を確保した上で、6,000円以上の賃上げに取り組むことを基本に、各産別のおかれている状況を踏まえて具体的な要求基準を決定 ・わが国の基幹産業にふさわしい賃金水準の確立の観点から、35歳相当・技能職水準の個別賃金について、「到達基準を上回る組合が製造業の上位水準に向けてめざすべき水準（338,000円以上）」、「全組合が到達すべき水準（310,000円以上）」、「全組合が最低確保すべき水準（248,000円程度）」への到達を目指す ・企業内最低賃金協定は、高卒初任給準拠を基本として月額177,000円（時間額1,100円）を「最低到達目標」と位置付け、未到達組合は早期実現に取り組む ・JCミニマム（35歳）は月額210,000円（下回る場合は必要な是正を図り、これ以下をなくすよう取り組む）
	一時金	・年間5ヵ月分以上を基本とし、最低獲得水準4ヵ月分以上を確保
	有期雇用等 労働者	・採用・受入れの労使協議を徹底、組織化の取組みをさらに強化 ・賃金・労働諸条件の引上げに取り組む基盤整備として、非正規労働者の実態・課題の掌握に努める ・正社員への転換促進、職務経歴や職務遂行能力を踏まえた適切な処遇
	その他	・「良質な雇用」の確立に向けた働き方の見直し（①労働時間の短縮、②仕事と家庭の両立支援の充実、③新たな働き方への対応） ・60歳以降の雇用の安定と処遇改善、退職金・企業年金 ・男女共同参画推進をはじめとするダイバーシティへの対応強化 ・安全衛生体制の強化、労働災害の根絶と労災付加補償の引上げ ・バリューチェーンにおける「付加価値の適正循環」構築
自動車総連	月例賃金	・働く者の底上げ・底支え、格差是正を図るべく、各単組の自ら取り組むべき賃金水準の実現に向け、引き続き「個別ポイント賃金の取組み」と、「平均賃金の取組み」を併せ持った「絶対額を重視した取組み」を進める
	一時金	・年間5ヵ月を基準とし、最低でも昨年獲得実績以上 ・最低保障制度を確立することとし、水準については40％以上とする
	有期雇用等 労働者	・一般組合員との関連性を強く意識し、これまでの取組みを踏まえ自ら取り組むべき賃金水準を設定し要求。一時金が設定されている場合は、一般組合員に準じて取り組む ・正社員登用制度の促進や無期契約への転換、能力開発・スキルアップ制度の充実などにも取り組む

出典：1. 各産別の中央委員会などで決定された、または検討されている方針等をもとに経団連事務局にて作成

◆月例賃金に関する取組み

　金属労協は、実質賃金が低迷し続け、国際的にも低水準となっていることや、金属産業の賃金水準が付加価値生産性の高さに見合っていないことを踏まえ、日本の基幹産業である金属産業にふさわしい賃金水準確立に取り組んでいくとの方針を示している。その上で、すべての組合で定期昇給など賃金構造維持分を確保した上で、6,000円以上の賃金引上げ（ベア分）に取り組むことを基本に、各産別のおかれている状況を踏まえて具体的な要求基準を決定するとしている。さらに、賃金の底上げ・格差是正に向けて、金属労協の目指す個別賃金水準として、目標基準、到達基準、最低基準をそれぞれ設定している。自動車総連は、働く者の底上げ・底支え、格差是正を図るべく、各単組の自ら取り組むべき賃金水準の実現に向け、「個別ポイント賃金の取組み」と、「平均賃金の取組み」を併せ持った「絶対額を重視した取組み」を進めていくとしている。電機連合は、賃金体系の維持（現行個別賃金水準の確保）を図った上で、水準改善額として7,000円以上を掲げている。2年サイクルの個別改善年度(2年目)にあたる基幹労連は、3,500円以上を基本水準に設定している。中小組合が多数を占めるJAMは、賃金構造維持分を確保した上で、所定内賃金の引上げを中心に、9,000円を基準（平均賃上げ要求基準は13,500円以上）に要求するとしている。UAゼンセンは、実質賃金が大幅に減少する見込みとの現実を重く受け止め、産業、職種、雇用形態にかかわらず、すべての組合員の実質賃金が安定的に向上する賃金引上げに取り組むとの認識を示している。具体的には、ミニマム水準未達または水準不明の組合は、賃金体系維持分に加えて3％以上を基準（賃金体系が維持されていない組合は要求総額5％基準）とし、さらに、人への投資、人材不足への対応、産業間・規模間格差是正に向け、積極的に1％程度の上積み要求に取り組むとしている。

2. 主要産業別労働組合の主な要求方針

組合名		取組み事項
電機連合	月例賃金	・賃金体系の維持を図ったうえで、賃金水準の改善（水準改善額7,000円以上）を要求
	一時金	・平均で年間5ヵ月分を中心とし、「産別ミニマム基準」は年間4ヵ月分を確保
	有期雇用等労働者	・「直接雇用」は、産業別最低賃金（18歳見合い）の適用を図り、これを上回る水準を確保 ・「間接雇用」は、雇用の安定や処遇の改善、技術・技能の向上などに十分に配慮し、特定（産業別）最低賃金の適用、社会保険の加入について確認するなど、労働者の権利保護に努める
基幹労連	月例賃金	・AP22春季取組み方針に基づき、要求額は3,500円以上を基本とする
	一時金	・「金額」要求方式⇒生活考慮要素120万円ないし130万円＋成果反映要素40万円を基本 ・「金額＋月数」要求方式⇒40万円＋4ヵ月を基本 ・「月数」要求方式⇒5ヵ月を基本
JAM	月例賃金	・賃金構造維持分を確保した上で、所定内賃金の引上げを中心に、9,000円を基準とし「人への投資」を要求 ※平均賃上げ要求基準は、JAMの賃金構造維持分平均4,500円に9,000円を加え、13,500円以上
	一時金	・年間5ヵ月または半期2.5ヵ月を基準とし、最低到達基準は年間4ヵ月または半期2ヵ月
UAゼンセン	月例賃金（正社員）	・ミニマム水準未達の組合、水準不明の組合は、賃金体系維持分に加え、3%基準で賃金を引き上げる。賃金体系が維持されていない組合は、賃金体系維持分を含め5%基準で賃金を引き上げる。加えて、人への投資、人材不足への対応、産業間・規模間格差は正に向け、積極的に1%程度の上積み要求に取り組む。 ・到達水準未達の組合は、格差是正の必要性を踏まえ、部門ごとに各部会・業種のおかれた環境に応じた要求基準を設定 ・到達水準以上の組合は、目標水準に向け部門ごとに要求基準を設定する
	月例賃金（短時間）	・制度昇給分に加え、時間額を3%以上引上げ。制度昇給分が明確でない場合は、制度昇給分を含めた要求総率として5%基準、総額として時間あたり50円を目安に要求 ・雇用形態間の不合理な格差の是正に向けて要求する手当についても総額に含める
	一時金（正社員）	・年間5ヵ月を基準（平均月数の85%以上を最低保障月数とし、年間4ヵ月以下の場合は90%以上）
	一時金（短時間）	・短時間労働者は年間2ヵ月以上（正社員と同視すべき場合は、正社員と同じ要求）

出典：2. 各産別の中央委員会などで決定された、または検討されている方針等をもとに経団連事務局にて作成

◆一時金に関する取組み

　金属労協の「年間5ヵ月分以上（最低獲得水準4ヵ月分以上）を基本」とする方針を踏まえ、自動車総連は年間5ヵ月を基準（最低でも昨年獲得実績以上）、電機連合は平均で年間5ヵ月分を中心（産別ミニマム基準は年間4ヵ月分）とする要求を掲げている。基幹労連は「金額（120万円ないし130万円＋成果反映要素40万円）」「金額＋月数（40万円＋4ヵ月）」「月数（5ヵ月）」など要求方式ごとの基本水準を設定している。JAMは年間5ヵ月または半期2.5ヵ月を基準として最低到達基準は年間4ヵ月または半期2ヵ月としている。UAゼンセンは年間5ヵ月、短時間組合員年間2ヵ月以上の基準を示した。

◆有期雇用等労働者に関する取組み

　金属労協は、労使交渉・協議の基盤整備として、非正規雇用での採用・受入れに関する協議の徹底、組織化の強化に取り組みながら、正社員への転換促進や賃金・労働諸条件の引上げに取り組むとしている。自動車総連は、一般組合員との関連性を強く意識し、自ら取り組むべき賃金水準を設定し要求するほか、一時金が設定されている場合は一般組合員に準じた取組みや、正社員登用制度の促進などを掲げている。電機連合は、「同一価値労働同一賃金」の観点から、働き方の多様化に対応した均等・均衡処遇の実現を目指し、直接雇用と間接雇用に区分して賃金などの処遇改善に取り組むとしている。有期雇用等労働者が多いUAゼンセンは、雇用区分ごとの待遇が均等・均衡あるものとなるよう、不合理な待遇差は改善するとして、制度昇給分に加えて時間額を3%以上引き上げることを目標とする要求（制度昇給分が明確でない場合は要求総率5%以上、総額50円を目安）を示している。一時金は年間2ヵ月以上とし、正社員と同視すべき場合は正社員と同じ要求とする方針を掲げている。

⑩2023年春季労使交渉・協議における経営側の基本スタンス

2023年春季労使交渉・協議における経営側の基本スタンス

「賃金引上げのモメンタム」維持・強化の必要性

・足下の物価上昇を契機として、長らくわが国社会に染みついたデフレマインドを払拭し、賃金と物価が適切に上昇する「賃金と物価の好循環」を形成していく必要がある
・中期的な観点から、働き手との価値協創による成長とその適切な分配としての「人への投資」を通じて賃金引上げの機運をさらに醸成し、そのモメンタムの維持・強化を図り、「構造的な賃金引上げ」「分厚い中間層の形成」につなげることが望まれる
・2023年の春季労使交渉においても、自社の実情に適した対応を行う「賃金決定の大原則」に則って検討する方針に変わりはない。その上で、様々な考慮要素のうち「物価動向」を特に重視しながら、企業の社会的な責務として、賃金引上げのモメンタムの維持・強化に向けた積極的な対応を呼びかけていく

多様な方法による「人への投資」

・約30年ぶりの物価上昇という特別な状況の下、物価を重要な要素と考え、「成長と分配の好循環」の形成に向けた正念場との認識を企業労使で深く共有しながら、「人への投資」として「賃金引上げ」と「総合的な処遇改善・人材育成」を積極的に検討し、成長の果実を働き手に適切に分配していくことが重要
・「賃金引上げ」では、月例賃金（基本給）、諸手当、賞与・一時金（ボーナス）を柱として、多様な選択肢の中から自社の実情に適した方法の前向きな検討・実施を求めたい
・基本給の引上げにあたっては、制度昇給に加え、ベースアップの目的・役割を再確認しながら、前向きに検討することが望まれる
・「総合的な処遇改善・人材育成」では、エンゲージメント向上を軸に「働きがい」と「働きやすさ」に資する諸施策の導入・拡充が重要
・特に、イノベーション創出による生産性向上と付加価値の最大化の観点からは、働き手の能力開発・スキルアップ支援等の人材育成施策の拡充が不可欠

　経団連は2023年版「経営労働政策特別委員会報告」（経労委報告）において、2023年春季労使交渉・協議にあたっての経営側の基本スタンスを、以下のとおり示した。

◆「賃金引上げのモメンタム」維持・強化の必要性

　足下の物価上昇を契機として、デフレマインドを払拭し、賃金と物価が適切に上昇する「賃金と物価の好循環」の形成が必要となる。中期的な観点から、「人への投資」を通じて賃金引上げの機運をさらに醸成し、そのモメンタムの維持・強化を図り、「構造的な賃金引上げ」「分厚い中間層の形成」につなげることが望まれる。2023年春季労使交渉・協議においても、各企業が自社の実情に適した対応を行う「賃金決定の大原則」に則って検討する方針に変わりはない。その上で、経団連は、様々な考慮要素のうち「物価動向」を特に重視しながら、企業の社会的な責務として、賃金引上げのモメンタムの維持・強化に向けた積極的な対応を呼びかけていく。

◆多様な方法による「人への投資」

　「成長と分配の好循環」の形成に向けた正念場との認識を企業労使で共有しながら、「人への投資」として、「賃金引上げ」と「総合的な処遇改善・人材育成」を積極的に検討し、成長の果実を働き手に適切に分配していくことが重要である。「賃金引上げ」では、月例賃金（基本給）、諸手当、賞与・一時金（ボーナス）を柱に、多様な選択肢の中から自社の実情に適した方法の前向きな検討・実施が求められる。「総合的な処遇改善・人材育成」では、「働きがい」の向上策として、働き手の能力開発・スキルアップ支援等の人材育成施策の拡充が不可欠となる。「働きやすさ」の向上策としては、ワーク・ライフ・バランス向上や心身の健康確保に向けた施策、働き方・職場環境の整備が基本となる。

統計資料

統計資料　目次

8　労働組合の組織状況・労働争議

9　社会保障制度の概況

❶ 経済動向

第1表　主要経済・労働関連指標

(1)　主要経済関連指標

| | ① 国内総生産 | | | | ② 雇用者報酬（名目） | | ③ 家計消費支出 | | 平均消費性向 | ④ 設備投資 | |
| | 名目 | | 実質 | | | | | | | | |
年度	億円	%	億円	%	億円	前年度比 %	円	前年度比 %	%	億円	前年度比 %
2012	4,994,206	△0.1	5,179,193	0.6	2,514,310	△0.2	317,104	2.2	74.8	346,431	4.0
13	5,126,775	2.7	5,320,723	2.7	2,537,051	0.9	322,027	1.6	75.5	369,290	6.6
14	5,234,228	2.1	5,301,953	△0.4	2,584,352	1.9	315,342	△2.1	74.2	398,228	7.8
15	5,407,408	3.3	5,394,135	1.7	2,620,035	1.4	313,760	△0.5	73.6	426,365	7.1
16	5,448,299	0.8	5,434,791	0.8	2,682,513	2.4	309,401	△1.4	72.1	429,380	0.7
17	5,557,125	2.0	5,531,735	1.8	2,737,104	2.0	313,017	1.2	71.7	454,475	5.8
18	5,565,705	0.2	5,545,463	0.2	2,824,240	3.2	318,283	1.7	69.2	491,277	8.1
19	5,568,363	0.0	5,501,310	△0.8	2,879,947	2.0	320,573	0.7	66.9	440,394	△10.4
20	5,375,615	△3.5	5,273,884	△4.1	2,835,501	△1.5	304,508	△5.0	61.3	418,314	△5.0
21	5,505,304	2.4	5,407,961	2.5	2,895,081	2.1	311,207	2.2	62.8	456,613	9.2

注：1）△印はマイナスを示す
　　2）①は2015年基準（2008SNA）、⑦⑧は2015年基準（2012年度以前は接続指数により算出した値）、⑨は2020年基準
　　3）③は2人以上の世帯のうち勤労者世帯、④は金融業、保険業を除く
　　4）⑪⑫は日次データの平均値
　　5）⑫は東京市場インターバンク直物中心相場

(2)　主要労働関連指標

| | ① 労働力人口 | 労働力人口比率 | ② 就業者数 | ③ 雇用者数 | ④ 正規雇用労働者数 | 非正規雇用労働者数 | ⑤ 完全失業者数 | 完全失業率 | ⑥ 有効求人倍率 | 新規求人倍率 |
年度	万人	%	万人	万人	万人	万人	万人	%	倍	倍
2012	6,567	59.1	6,286	5,520	3,333	1,832	280	4.3	0.82	1.32
13	6,595	59.4	6,338	5,579	3,288	1,935	256	3.9	0.97	1.53
14	6,616	59.6	6,381	5,627	3,300	1,970	233	3.5	1.11	1.69
15	6,632	59.7	6,413	5,685	3,333	1,993	218	3.3	1.23	1.86
16	6,681	60.1	6,479	5,764	3,386	2,026	203	3.0	1.39	2.08
17	6,750	60.7	6,566	5,848	3,445	2,066	183	2.7	1.54	2.29
18	6,847	61.6	6,681	5,955	3,502	2,138	166	2.4	1.62	2.42
19	6,895	62.1	6,733	6,020	3,530	2,171	162	2.3	1.55	2.35
20	6,863	61.8	6,664	5,962	3,567	2,076	198	2.9	1.10	1.90
21	6,897	62.3	6,706	6,013	3,584	2,077	191	2.8	1.16	2.08

注：1）△印はマイナスを示す
　　2）①労働力人口比率＝労働力人口／15歳以上人口×100％
　　　　⑦労働生産性＝国内総生産／就業者数
　　　　⑧労働分配率＝雇用者報酬／国民所得（要素費用表示）×100％
　　3）①労働力人口比率の算出に用いる年度別の15歳以上人口は、月別データを用いて算出。④は四半期別データを用いて算出
　　4）④正規雇用労働者：勤め先での呼称が「正規の職員・従業員」である者
　　　　非正規雇用労働者：勤め先での呼称が「パート」「アルバイト」「労働者派遣事業所の派遣社員」「契約社員」「嘱託」「その他」である者
　　5）⑥新規学卒者を除きパートタイムを含む
　　6）⑨⑩⑪⑫の調査対象は、事業所規模5人以上（調査産業計、就業形態計）
　　7）⑨⑪⑫は各指数（現金給与総額指数、総実労働時間指数、所定外労働時間指数）に基準数値（2020年平均値）を乗じて時系列接続が可能となるように修正した値。⑩は2020年基準

⑤国際収支		⑥新設住宅着工戸数		⑦鉱工業生産指数		⑧第3次産業活動指数（総合）		⑨消費者物価指数（生鮮食品を除く総合）		⑩新発10年国債流通利回り（期末）	⑪日経平均株価	⑫円相場（対米ドル）
経常収支	貿易・サービス収支		前年度比		前年度比		前年度比		前年度比			
億円	億円	戸	%		%		%		%	%	円	円
42,495	△92,753	893,002	6.2	97.5	△2.9	99.6	1.3	95.0	△0.2	0.560	9,612.07	82.89
23,929	△144,785	987,254	10.6	101.1	2.6	100.8	1.2	95.8	0.8	0.640	14,406.76	100.16
87,031	△94,116	880,470	△10.8	100.5	△0.6	99.2	△1.6	98.5	2.8	0.400	16,253.25	109.75
182,957	△10,141	920,537	4.6	99.8	△0.7	100.3	1.1	98.5	0.0	△0.050	18,855.40	120.13
216,771	44,084	974,137	5.8	100.6	0.8	100.5	0.2	98.2	△0.2	0.065	17,518.52	108.33
223,995	40,397	946,396	△2.8	103.5	2.9	101.9	1.4	98.9	0.7	0.045	20,960.67	110.81
193,837	△6,514	952,936	0.7	103.8	0.3	103.0	1.1	99.7	0.8	△0.095	21,995.01	110.90
186,286	△13,548	883,687	△7.3	99.9	△3.8	102.3	△0.7	100.3	0.6	0.005	21,890.25	108.65
167,492	2,364	812,164	△8.1	90.3	△9.6	95.3	△6.8	99.9	△0.4	0.120	24,459.20	106.09
202,747	△64,620	865,909	6.6	95.5	5.8	97.5	2.3	99.9	0.1	0.210	28,389.64	112.38

出典：①②内閣府「国民経済計算」、③総務省「家計調査」、④財務省「法人企業統計」
　　　⑤財務省・日本銀行「国際収支状況」、⑥国土交通省「建築着工統計調査」
　　　⑦経済産業省「鉱工業指数」、⑧経済産業省「第3次産業活動指数」、⑨総務省「消費者物価指数」
　　　⑩日本相互証券、⑪日本経済新聞、⑫日本銀行

⑦労働生産性		⑧労働分配率	⑨現金給与総額		⑩実質賃金指数		⑪1人平均月間総実労働時間		⑫1人平均月間所定外労働時間	
名目	実質			前年度比		前年度比		前年度比		前年度比
千円	千円	%	円	%		%	時間	%	時間	%
7,945	8,239	70.2	313,947	△1.0	105.9	△0.7	145.9	△0.7	10.4	0.4
8,089	8,395	68.1	313,629	0.0	104.6	△1.1	145.6	△0.3	10.9	4.8
8,203	8,309	68.6	315,539	0.5	101.6	△2.9	145.2	△0.2	11.1	2.2
8,432	8,411	66.7	316,176	0.2	101.5	△0.1	144.6	△0.5	10.9	△1.6
8,409	8,388	68.4	317,768	0.5	102.0	0.5	143.2	△0.8	10.9	△0.5
8,463	8,425	68.3	319,997	0.7	101.8	△0.2	142.9	△0.2	10.9	0.4
8,331	8,300	70.1	322,863	0.9	101.8	0.0	141.4	△1.0	10.8	△1.7
8,270	8,171	71.6	322,863	0.0	101.2	△0.6	138.7	△1.9	10.5	△2.5
8,067	7,914	75.5	318,087	△1.5	100.1	△1.1	134.6	△3.0	9.0	△13.9
8,210	8,064	73.1	320,315	0.7	100.6	0.5	135.9	1.0	9.8	8.2

出典：①②③④⑤総務省「労働力調査」、⑥厚生労働省「職業安定業務統計」
　　　⑦内閣府「国民経済計算」、総務省「労働力調査」、⑧内閣府「国民経済計算」
　　　⑨⑩⑪⑫厚生労働省「毎月勤労統計調査」

第2表　民間企業、国家公務員の賃金引上げ状況の推移

年度	民間企業 経団連調査 大企業			民間企業 経団連調査 中小企業		
	基準内賃金	引上げ額	引上げ率	基準内賃金	引上げ額	引上げ率
	円	円	%	円	円	%
2010	317,033	5,886	1.86 (1.76)	251,928	3,824	1.52 (1.42)
11	315,606	5,842	1.85 (1.78)	259,496	4,262	1.64 (1.52)
12	317,304	5,752	1.81 (1.72)	250,106	3,880	1.55 (1.50)
13	318,659	5,830	1.83 (1.76)	250,788	4,085	1.63 (1.59)
14	323,262	7,370	2.28 (2.02)	251,108	4,416	1.76 (1.75)
15	326,242	8,235	2.52 (2.24)	251,907	4,702	1.87 (1.79)
16	329,956	7,497	2.27 (2.07)	254,733	4,651	1.83 (1.75)
17	331,872	7,755	2.34 (2.11)	252,907	4,586	1.81 (1.80)
18	338,056	8,539	2.53 (2.27)	254,649	4,804	1.89 (1.84)
19	337,793	8,200	2.43 (2.15)	255,042	4,815	1.89 (1.85)
20	335,400	7,096	2.12 (2.04)	257,399	4,371	1.70 (1.67)
21	332,806	6,124	1.84 (1.86)	259,902	4,376	1.68 (1.65)
22	333,407	7,562	2.27 (2.26)	261,846	5,036	1.92 (1.88)

注：1）民間企業について、（ ）内は単純平均による数値であり、それ以外の数値は加重平均によるものである
　　2）国家公務員の平均給与月額は官民の比較を行っている月額（俸給、地域手当等、俸給の特別調整額、扶養手当、住居手当、その他諸手当の合計）であり、行政職（一）のみを対象
　　3）2012、13年度の国家公務員の平均給与月額は、「給与改定・臨時特例法」による給与減額支給措置後の金額
　　4）民間企業は引上げ額、率に定昇分を含む

民 間 企 業			国 家 公 務 員 (行 政 職)		
厚 生 労 働 省 調 査			平均給与月　　額	増減額	増減率
大 企 業					
基準内賃金	引上げ額	引上げ率			
円	円	%	円	円	%
303,151	5,516	1.82	395,666	3,896	0.99
303,453	5,555	1.83	397,723	2,057	0.52
303,238	5,400	1.78	372,906	△24,817	△6.24
304,330	5,478	1.80	376,257	3,351	0.90
306,469	6,711	2.19	408,472	32,215	8.56
309,431	7,367	2.38	408,996	524	0.13
310,671	6,639	2.14	410,984	1,988	0.49
311,022	6,570	2.11	410,719	△265	△0.06
311,183	7,033	2.26	410,940	221	0.05
311,255	6,790	2.18	411,123	183	0.04
315,051	6,286	2.00	408,868	△2,255	△0.55
314,357	5,854	1.86	407,153	△1,715	△0.42
313,728	6,898	2.20	405,049	△2,104	△0.52

5）民間企業の調査対象は、経団連の大手企業調査は原則として東証一部上場・従業員500人以上、中小企業調査は従業員500人未満、厚生労働省の大企業調査は原則として資本金10億円以上かつ従業員1,000人以上の労働組合のある企業

6）経団連調査の詳細は第3表を参照

出典：民間企業－経団連「春季労使交渉・大手企業業種別妥結結果」「春季労使交渉・中小企業業種別妥結結果」
　　　　厚生労働省「民間主要企業春季賃上げ要求・妥結状況」
　　　国家公務員－人事院「人事院勧告参考資料」

第3表　民間企業における賃金引上げ妥結結果の推移（業種別・加重平均）

(1)　大企業

業　　種	2019年				2020年		
	社数	基準内賃金	妥結額	引上げ率	社数	基準内賃金	妥結額
	社	円	円	%	社	円	円
非 鉄 ・ 金 属	9	314,197	6,023	1.92	9	316,183	5,865
食　　　　品	8	331,967	6,717	2.02	8	323,290	6,073
繊　　　　維	15	314,438	7,832	2.49	16	316,801	7,522
紙 ・ パ ル プ	6	304,588	5,363	1.76	6	303,608	5,821
印　　　　刷	1	—	—	—	1	—	—
化学［硫安含む］	20	331,168	7,556	2.28	24	333,758	7,009
［化　学］	[16]	[336,619]	[7,628]	[2.27]	[20]	[336,751]	[7,050]
［硫　安］	[4]	[305,045]	[7,211]	[2.36]	[4]	[319,192]	[6,809]
ゴ　　　　ム	3	284,409	6,170	2.17	3	286,590	5,520
鉄　　　　鋼	10	295,525	5,226	1.77	9	295,947	3,835
機 械 金 属	3	307,238	7,680	2.50	5	310,091	6,725
電　　　　機	1	—	—	—	9	336,283	6,326
自　　動　　車	17	335,104	8,770	2.62	18	334,789	7,610
造　　　　船	8	321,760	8,743	2.72	8	309,801	6,794
建　　　　設	7	505,455	13,484	2.67	8	497,237 （従）	13,013
商　　　　業	2	368,907 （従）	6,196	1.68	2	395,916	9,035
私　鉄　［JR］	2	328,643 （従）	7,148	2.18	2	326,582 （従）	6,830
通　　　　運	1	—	—	—	1	—	—
ホ　テ　ル	1	—	—	—	1	—	—
平　　　　均	114	337,793	8,200	2.43(2.15)	130	335,400	7,096
製 造 業 平 均	101	325,472	7,974	2.45(2.09)	116	327,601	6,842
非 製 造 業 平 均	13	396,173	9,270	2.34(2.54)	14	375,309	8,397

注：1）調査対象は、原則として東証一部上場、従業員500人以上、主要21業種大手252社
　　2）平均欄の（　）内は1社当たりの単純平均
　　3）（従）＝従業員平均（一部組合員平均を含む）
　　4）集計社数が2社に満たない場合など数字を伏せた業種があるが、平均には含まれる
　　5）妥結額は、定期昇給（賃金体系維持分）等を含む
出典：経団連「春季労使交渉・大手企業業種別妥結結果」

引上げ率	2021年				2022年			
	社数	基準内賃金	妥結額	引上げ率	社数	基準内賃金	妥結額	引上げ率
％	社	円	円	％	社	円	円	％
1.85	10	313,895	5,739	1.83	11	313,541	6,608	2.11
1.88	6	327,834	5,642	1.72	5	328,017	6,219	1.90
2.37	15	318,704	6,390	2.00	15	320,002	8,315	2.60
1.92	6	304,832	4,849	1.59	5	303,307	5,455	1.80
—	1	—	—	1.98	1	—	—	2.10
2.10	23	327,157	6,062	1.85	30	335,175	8,317	2.48
[2.09]	[18]	[330,424]	[5,818]	[1.76]	[24]	[337,885]	[7,966]	[2.36]
[2.13]	[5]	[318,098]	[6,738]	[2.12]	[6]	[327,652]	[9,294]	[2.84]
1.93	3	285,545	4,880	1.71	3	285,495	6,592	2.31
1.30	9	295,577	3,742	1.27	9	301,343	8,973	2.98
2.17	4	312,080	6,239	2.00	5	315,211	8,084	2.56
1.88	11	334,983	5,827	1.74	11	335,683	7,195	2.14
2.27	16	338,837	6,937	2.05	13	330,777	7,656	2.31
2.19	14	323,157	5,620	1.74	14	329,641	6,110	1.85
2.62	7	474,438	(従) 11,550	2.43	7	500,154	(従) 14,871	2.97
2.28	2	392,512	8,269	2.11	3	399,897	(従) 6,466	1.62
2.09	2	323,052	(従) 3,416	1.06	2	323,741	(従) 6,301	1.95
—	1	—	—	1.32	1	—	—	1.28
—	0	—	—	—	0	—	—	—
2.12	130	332,806	6,124	1.84	130	333,407	7,562	2.27
2.09	118	328,841	6,153	1.87	118	326,216	7,451	2.28
2.24	12	355,632	5,959	1.68	12	366,931	8,076	2.20

(2) 中小企業

業　　　種		2019年				2020年		
		社数	基準内賃金	妥結額	引上げ率	社数	基準内賃金	妥結額
		社	円	円	%	社	円	円
製造業	鉄鋼・非鉄金属	14	261,052	5,156	1.98	17	263,198	4,441
	機 械 金 属	89	263,821	5,475	2.08	87	259,004	4,961
	電 気 機 器	20	254,493	4,933	1.94	12	262,003	5,630
	輸 送 用 機 器	12	254,448	4,725	1.86	15	258,405	4,228
	化　　　学	21	257,115	5,678	2.21	23	262,227	4,520
	紙 ・ パ ル プ	13	244,962	3,927	1.60	11	247,206	4,370
	窯　　　業	11	264,523	5,220	1.97	8	276,449	4,294
	繊　　　維	17	220,515	3,605	1.63	16	227,039	3,314
	印 刷 ・ 出 版	9	295,570	5,425	1.84	10	292,368	4,913
	食　　　品	19	239,897	4,520	1.88	20	249,196	4,441
	その他製造業	18	269,852	5,109	1.89	18	277,012	4,628
製 造 業 平 均		243	259,632	5,159	1.99	237	260,223	4,716
非製造業	商　　　業	41	252,835	4,622	1.83	40	255,869	4,093
	金 融 業	4	245,868	4,314	1.75	3	268,277	4,511
	運 輸 ・ 通 信 業	43	235,304	3,343	1.42	41	235,978	3,119
	土 木 ・ 建 設 業	22	269,683	5,353	1.98	20	273,668	4,524
	ガ ス ・ 電 気 業	16	269,442	4,212	1.56	15	275,358	3,622
	その他非製造業	27	233,780	4,566	1.95	26	253,602	4,236
非 製 造 業 平 均		153	247,986	4,286	1.73	145	253,088	3,844
全 産 業 平 均		396	255,042	4,815	1.89	382	257,399	4,371
規模別	100 人 未 満	117	244,104	4,414	1.81	118	248,000	4,234
	100〜300人未満	190	253,123	4,692	1.85	184	256,086	4,150
	300 人 以 上	89	259,007	5,012	1.94	80	260,641	4,622

注：1）調査対象は、原則として従業員数500人未満、17業種754社
　　2）妥結額は、定期昇給（賃金体系維持分）等を含む
出典：経団連「春季労使交渉・中小企業妥結結果」

引上げ率	2021年				2022年			
	社数	基準内賃金	妥結額	引上げ率	社数	基準内賃金	妥結額	引上げ率
%	社	円	円	%	社	円	円	%
1.69	16	268,870	4,868	1.81	14	266,782	5,481	2.05
1.92	89	265,984	4,764	1.79	84	264,420	5,486	2.07
2.15	7	239,508	4,512	1.88	9	275,612	5,983	2.17
1.64	11	253,771	4,428	1.74	13	258,277	5,468	2.12
1.72	19	268,068	4,837	1.80	21	268,340	5,515	2.06
1.77	9	236,162	4,348	1.84	10	262,508	4,602	1.75
1.55	11	274,107	4,189	1.53	10	279,791	4,540	1.62
1.46	17	222,098	3,263	1.47	15	239,343	3,990	1.67
1.68	6	301,773	5,157	1.71	8	299,905	5,703	1.90
1.78	18	246,740	4,763	1.93	17	258,138	4,560	1.77
1.67	33	276,102	4,451	1.61	38	275,897	5,229	1.90
1.81	236	264,410	4,633	1.75	239	269,930	5,312	1.99
1.60	39	254,632	3,942	1.55	40	252,906	4,898	1.94
1.68	4	256,238	5,208	2.03	4	226,265	3,453	1.53
1.32	36	246,736	3,372	1.37	38	250,364	3,741	1.49
1.65	16	259,104	4,762	1.84	17	255,260	6,295	2.47
1.32	11	278,961	4,303	1.54	9	286,073	4,556	1.59
1.67	28	246,682	4,469	1.81	30	254,951	4,969	1.95
1.52	134	252,781	3,971	1.57	138	253,262	4,571	1.80
1.70	370	259,902	4,376	1.68	377	261,846	5,036	1.92
1.71	122	251,456	4,162	1.66	123	249,927	4,497	1.80
1.62	170	258,763	4,267	1.65	176	261,099	5,059	1.94
1.77	78	262,883	4,529	1.72	78	265,360	5,135	1.94

❷ 労働力事情

第4表　労働力状態

（単位：万人）

年	総人口	15歳以上人口	うち65歳以上人口	労働力人口						完全失業者	完全失業率
				総数	就業者数						
					総数	自営業主	家族従業者	雇用者			
											%
2010	12,806	11,111	2,941	6,632	6,298	582	190	5,500		334	5.1
11	12,783	11,117	2,967	6,596	6,293	568	188	5,512		302	4.6
12	12,759	11,110	3,055	6,565	6,280	560	180	5,513		285	4.3
13	12,741	11,107	3,168	6,593	6,326	555	174	5,567		265	4.0
14	12,724	11,109	3,278	6,609	6,371	559	168	5,613		236	3.6
15	12,710	11,110	3,370	6,625	6,402	546	162	5,663		222	3.4
16	12,693	11,115	3,443	6,678	6,470	530	154	5,755		208	3.1
17	12,671	11,118	3,498	6,732	6,542	529	151	5,830		190	2.8
18	12,644	11,116	3,540	6,849	6,682	535	151	5,954		167	2.4
19	12,617	11,112	3,570	6,912	6,750	532	144	6,028		162	2.4
20	12,615	11,108	3,597	6,902	6,710	527	140	6,005		192	2.8
21	12,550	11,087	3,618	6,907	6,713	523	139	6,016		195	2.8
2022年											
1月	12,531	11,065	3,625	6,830	6,646	502	131	5,977		185	2.8
2	12,519	11,060	3,626	6,838	6,658	500	125	6,005		180	2.7
3	12,510	11,054	3,627	6,864	6,684	494	132	6,025		180	2.6
4	12,507	11,041	3,627	6,915	6,727	506	138	6,050		188	2.5
5	12,507	11,032	3,626	6,921	6,730	526	134	6,036		191	2.6
6	12,493	11,026	3,626	6,945	6,759	528	146	6,048		186	2.6
7	12,484	11,023	3,626	6,931	6,755	531	139	6,052		176	2.6
8	12,478	11,022	3,627	6,929	6,751	534	138	6,044		177	2.5
9	12,475	11,033	3,627	6,953	6,766	526	138	6,070		187	2.6
10	12,483	11,037	3,625	6,933	6,755	517	128	6,081		178	2.6

注：1）総人口については、「人口推計」の数値による。2022年6月～10月は概算値
　　2）2011年の総人口以外の数値は、補完的に推計した値
出典：総務省統計局「人口推計」、「労働力調査」

第5表　産業別雇用者数

（単位：万人）

	総数	建設業	製造業	情報通信業	運輸・郵便業	卸売・小売業	金融・保険業	不動産・物品賃貸業	学術研究等	飲食サービス業等	生活関連サービス等	教育学習支援業	医療・福祉	公務	その他
2014年	5613	412	990	195	323	964	149	101	163	324	180	274	727	235	506
15	5663	410	988	201	323	966	150	107	166	325	176	278	754	231	518
16	5755	403	1000	200	327	977	160	111	171	334	180	283	779	231	529
17	5830	408	1008	204	329	990	165	112	176	338	181	289	787	230	539
18	5954	411	1017	211	331	996	162	116	186	361	185	297	805	233	550
19	6028	410	1021	219	337	989	164	116	187	365	189	310	818	243	559
20	6005	404	1009	229	337	988	164	124	190	340	181	315	837	249	556
21	6016	396	1007	244	339	996	165	125	200	319	169	321	859	250	558

注：「その他」は、「鉱業，採石業，砂利採取業」「電気・ガス・熱供給・水道業」「複合サービス業」「サービス業（他に分類されないもの）」「農業、林業」および「漁業」からなる
出典：総務省「労働力調査」

第6表　年齢階級別雇用者数

（単位：万人）

		総計		15～24歳	(%)	25～34歳	(%)	35～44歳	(%)	45～54歳	(%)	55～64歳	(%)	65歳以上	(%)
男女計	2014年	5,603	(100.0)	470	(8.4)	1103	(19.7)	1404	(25.1)	1234	(22.0)	977	(17.4)	415	(7.4)
	15	5,653	(100.0)	472	(8.3)	1084	(19.2)	1393	(24.6)	1271	(22.5)	973	(17.2)	459	(8.1)
	16	5,748	(100.0)	495	(8.6)	1081	(18.8)	1377	(24.0)	1319	(22.9)	974	(16.9)	501	(8.7)
	17	5,824	(100.0)	503	(8.6)	1080	(18.5)	1359	(23.3)	1364	(23.4)	989	(17.0)	530	(9.1)
	18	5,948	(100.0)	542	(9.1)	1079	(18.1)	1340	(22.5)	1407	(23.7)	1006	(16.9)	575	(9.7)
	19	6,024	(100.0)	558	(9.3)	1074	(17.8)	1306	(21.7)	1449	(24.1)	1026	(17.0)	610	(10.1)
	20	6,000	(100.0)	543	(9.1)	1067	(17.8)	1266	(21.1)	1466	(24.4)	1040	(17.3)	618	(10.3)
	21	6,007	(100.0)	537	(8.9)	1068	(17.8)	1240	(20.6)	1490	(24.8)	1043	(17.4)	628	(10.5)
男性	2014年	3,161	(100.0)	234	(7.4)	620	(19.6)	803	(25.4)	682	(21.6)	569	(18.0)	255	(8.1)
	15	3,172	(100.0)	237	(7.5)	607	(19.1)	791	(24.9)	698	(22.0)	562	(17.7)	279	(8.8)
	16	3,205	(100.0)	248	(7.7)	601	(18.8)	779	(24.3)	720	(22.5)	556	(17.3)	300	(9.4)
	17	3,228	(100.0)	252	(7.8)	596	(18.5)	763	(23.6)	740	(22.9)	561	(17.4)	315	(9.8)
	18	3,267	(100.0)	269	(8.2)	591	(18.1)	743	(22.7)	760	(23.3)	565	(17.3)	337	(10.3)
	19	3,290	(100.0)	276	(8.4)	585	(17.8)	719	(21.9)	778	(23.6)	571	(17.4)	359	(10.9)
	20	3,278	(100.0)	269	(8.2)	579	(17.7)	700	(21.4)	789	(24.1)	578	(17.6)	362	(11.0)
	21	3,269	(100.0)	265	(8.1)	576	(17.6)	684	(20.9)	802	(24.5)	579	(17.7)	363	(11.1)
女性	2014年	2,442	(100.0)	237	(9.7)	484	(19.8)	601	(24.6)	552	(22.6)	407	(16.7)	161	(6.6)
	15	2,482	(100.0)	236	(9.5)	478	(19.3)	602	(24.3)	573	(23.1)	411	(16.6)	181	(7.3)
	16	2,543	(100.0)	247	(9.7)	480	(18.9)	598	(23.5)	599	(23.6)	418	(16.4)	201	(7.9)
	17	2,596	(100.0)	251	(9.7)	483	(18.6)	595	(22.9)	624	(24.0)	428	(16.5)	215	(8.3)
	18	2,682	(100.0)	273	(10.2)	487	(18.2)	598	(22.3)	646	(24.1)	441	(16.4)	237	(8.8)
	19	2,735	(100.0)	283	(10.3)	489	(17.9)	587	(21.5)	671	(24.5)	455	(16.6)	251	(9.2)
	20	2,722	(100.0)	273	(10.0)	487	(17.9)	566	(20.8)	677	(24.9)	462	(17.0)	256	(9.4)
	21	2,737	(100.0)	272	(9.9)	492	(18.0)	556	(20.3)	688	(25.1)	465	(17.0)	265	(9.7)

注：（　）内は、男女計・男女別それぞれの雇用者総数に占める割合
出典：総務省「労働力調査」

第7表　職業別雇用者数

（単位：万人）

年（平均）	総数	専門的・技術的職業従事者	管理的職業従事者	事務従事者	販売従事者	保安、サービス職業従事者	農林漁業従事者	生産工程従事者	輸送・機械運転、建設・採掘従事者	運搬・清掃・包装等従事者
2014	5,613	920	139	1,215	777	802	58	806	443	397
15	5,663	952	143	1,228	780	804	57	794	435	412
16	5,750	978	143	1,249	784	825	57	798	433	422
17	5,819	1,002	140	1,262	791	831	61	804	437	427
18	5,936	1,022	130	1,280	799	872	60	828	431	435
19	6,004	1,061	124	1,290	795	879	63	824	432	448
20	5,973	1,099	125	1,320	786	857	62	790	426	440
21	5,973	1,137	126	1,347	780	826	59	784	413	446

注：職業は「日本標準職業分類」に基づく
出典：総務省「労働力調査」

第8表　職業別有効求人倍率

（単位：倍）

年	職業計	管理的職業	専門的・技術的職業	事務的職業	販売の職業	サービスの職業	保安の職業	農林漁業の職業	生産工程の職業	輸送・機械運転の職業	建設・採掘の職業	運搬・清掃・包装等の職業	介護関係職種
2014	0.97	0.89	1.64	0.31	1.27	2.06	4.67	1.05	0.99	1.62	2.84	0.56	2.22
15	1.08	1.13	1.77	0.35	1.47	2.45	5.01	1.16	1.10	1.73	2.91	0.61	2.59
16	1.22	1.35	1.92	0.39	1.76	2.89	5.96	1.28	1.27	1.93	3.22	0.69	3.02
17	1.35	1.55	2.05	0.44	2.01	3.21	7.23	1.45	1.59	2.26	3.92	0.76	3.50
18	1.45	1.52	2.16	0.49	2.28	3.49	7.85	1.57	1.83	2.51	4.72	0.80	3.90
19	1.45	1.63	2.18	0.50	2.30	3.59	7.77	1.56	1.74	2.63	5.23	0.77	4.20
20	1.08	1.32	1.83	0.39	1.74	2.69	6.48	1.34	1.23	1.96	4.99	0.65	3.99

注：1）パートタイムを含む常用労働者
　　2）職業は「厚生労働省職業分類」に基づく
　　3）「介護関係職種」は「福祉施設指導専門員」「その他の社会福祉の専門的職業」「家政婦（夫）、家事手伝」「介護サービスの職業」の合計
出典：厚生労働省「職業安定業務統計」

第9表　雇用形態別役員を除く雇用者数

（単位：実数は万人、割合は％）

	役員を除く雇用者数	正規の職員・従業員		非正規の職員・従業員		パート・アルバイト		労働者派遣事業所からの派遣社員		契約社員		嘱託・その他	
2015年	5,303	3,317	(62.5)	1,986	(37.5)	1,370	(25.8)	127	(2.4)	288	(5.4)	202	(3.8)
16	5,391	3,367	(62.5)	2,023	(37.5)	1,403	(26.0)	133	(2.5)	287	(5.3)	200	(3.7)
17	5,460	3,423	(62.7)	2,036	(37.3)	1,414	(25.9)	134	(2.5)	291	(5.3)	198	(3.6)
18	5,596	3,476	(62.1)	2,120	(37.9)	1,490	(26.6)	136	(2.4)	294	(5.3)	200	(3.6)
19	5,660	3,494	(61.7)	2,165	(38.3)	1,519	(26.8)	141	(2.5)	294	(5.2)	211	(3.7)
20	5,620	3,529	(62.8)	2,090	(37.2)	1,473	(26.2)	138	(2.5)	279	(5.0)	201	(3.6)
21	5,620	3,555	(63.3)	2,064	(36.7)	1,455	(25.9)	140	(2.5)	275	(4.9)	194	(3.5)
2022年1〜3月	5,640	3,568	(63.3)	2,073	(36.8)	1,455	(25.8)	138	(2.4)	280	(5.0)	199	(3.5)
4〜6月	5,701	3,617	(63.4)	2,084	(36.6)	1,455	(25.5)	154	(2.7)	280	(4.9)	195	(3.4)
7〜9月	5,706	3,586	(62.8)	2,120	(37.2)	1,494	(26.2)	153	(2.7)	285	(5.0)	188	(3.3)

注：（　）内は、役員を除く雇用者数に占める割合
出典：総務省「労働力調査」

第10表　地域別の失業率・有効求人倍率

年	全国 完全失業率	全国 有効求人倍率	北海道 完全失業率	北海道 有効求人倍率	東北 完全失業率	東北 有効求人倍率	南関東 完全失業率	南関東 有効求人倍率	北関東・甲信 完全失業率	北関東・甲信 有効求人倍率	北陸 完全失業率	北陸 有効求人倍率
	%	倍	%	倍	%	倍	%	倍	%	倍	%	倍
2015	3.4	1.20	3.4	0.96	3.6	1.21	3.3	1.27	3.2	1.15	2.7	1.37
16	3.1	1.36	3.6	1.04	3.1	1.31	3.2	1.46	2.9	1.29	2.7	1.50
17	2.8	1.50	3.3	1.11	2.8	1.44	2.9	1.57	2.5	1.48	2.5	1.70
18	2.4	1.61	2.9	1.18	2.5	1.53	2.5	1.63	2.2	1.59	2.0	1.86
19	2.4	1.60	2.6	1.24	2.5	1.48	2.3	1.61	2.3	1.56	1.9	1.81
20	2.8	1.18	3.0	1.03	2.8	1.18	3.0	1.16	2.4	1.19	2.2	1.34
21	2.8	1.13	3.0	1.00	2.8	1.25	3.0	1.00	2.7	1.24	2.2	1.40

年	東海 完全失業率	東海 有効求人倍率	近畿 完全失業率	近畿 有効求人倍率	中国 完全失業率	中国 有効求人倍率	四国 完全失業率	四国 有効求人倍率	九州 完全失業率	九州 有効求人倍率	沖縄 完全失業率	沖縄 有効求人倍率
	%	倍	%	倍	%	倍	%	倍	%	倍	%	倍
2015	2.6	1.41	3.8	1.11	3.2	1.37	3.2	1.19	3.8	1.04	5.1	0.84
16	2.5	1.53	3.5	1.27	2.8	1.56	3.2	1.38	3.2	1.22	4.4	0.97
17	2.4	1.71	3.0	1.44	2.5	1.71	3.1	1.47	3.1	1.39	3.8	1.11
18	1.8	1.85	2.8	1.59	2.4	1.87	2.2	1.55	2.6	1.49	3.4	1.17
19	1.9	1.81	2.6	1.61	2.4	1.90	2.3	1.58	2.7	1.47	2.7	1.19
20	2.3	1.18	3.0	1.18	2.5	1.43	2.6	1.26	2.9	1.14	3.3	0.81
21	2.4	1.19	3.1	1.06	2.4	1.36	2.6	1.24	2.8	1.15	3.7	0.73

出典：厚生労働省「職業安定業務統計」、総務省「労働力調査」

第11表　主要国の失業率の推移

(単位：%)

	日　本	アメリカ	イギリス	ドイツ	フランス	韓　国
2017年	2.8	4.4	4.4	3.6	9.4	3.7
18	2.4	3.9	4.1	3.2	9.0	3.8
19	2.4	3.7	3.8	3.0	8.4	3.8
20	2.8	8.1	4.6	3.7	8.0	4.0
21	2.8	5.3	4.5	3.6	7.9	3.7
2022年1月	2.8	4.0	4.0	3.1		3.6
2	2.7	3.8	3.8	3.1	7.1	2.7
3	2.6	3.6	3.7	3.0		2.7
4	2.5	3.6	3.8	3.0		2.7
5	2.6	3.6	3.8	3.0	7.2	2.8
6	2.6	3.6	3.8	3.0		2.9
7	2.6	3.5	3.6	3.0		2.9
8	2.5	3.7	3.5	3.0	7.1	2.5
9	2.6	3.5	3.6	3.0		2.8
10	2.6	3.7	3.7	3.0	—	2.8

注：1）主要国の失業率は、各国にて毎月実施する労働力調査の結果。ただし、フランスは四半期ごとの公表
　　2）労働力人口の範囲は、日本、イギリス、ドイツ、フランスは全労働力人口。アメリカ、韓国は軍人を除く労働力人口
　　3）イギリスは、当月を含む前3ヵ月の平均値。フランスは、海外領土を除く本土の失業率
出典：日本−総務省統計局「労働力調査」
　　　アメリカ−U.S. Bureau of Labor Statistics
　　　イギリス−Office for National Statistics
　　　ドイツ−Federal Statistical Office of Germany
　　　フランス−National Institute of Statistics and Economic Studies
　　　韓国−Korean Statistical Information Service

第12表　雇用調整実施事業所割合の推移

（単位：%）

		雇用調整実施	雇用調整の方法（複数回答）									実施していないまたは予定がない
			残業規制	休日の振替、夏季休暇等の休日・休暇の増加	臨時、パートタイム労働者の再契約停止・解雇	新規学卒者の採用の抑制・停止	中途採用の削減・停止	配置転換	出向	一時休業（一時帰休）	希望退職者の募集・解雇	
2015年	1～3	28	10	8	2	1	1	15	7	0	1	72
	4～6	28	9	9	1	2	2	15	7	1	1	72
	7～9	28	10	10	1	1	1	13	7	1	1	72
	10～12	25	10	7	1	1	1	13	6	1	1	75
16年	1～3	26	11	8	1	1	1	12	6	1	2	74
	4～6	28	10	9	1	1	1	14	7	1	1	72
	7～9	27	10	10	1	1	1	12	6	1	1	73
	10～12	25	10	8	1	1	1	12	6	1	1	75
17年	1～3	27	12	8	1	1	1	13	6	0	1	73
	4～6	30	12	10	1	1	1	15	7	1	1	70
	7～9	29	12	12	1	1	1	14	6	1	1	71
	10～12	32	15	12	1	1	1	15	7	0	1	68
18年	1～3	29	13	9	2	1	1	15	6	1	1	71
	4～6	30	14	11	1	1	1	15	7	1	0	70
	7～9	30	13	10	1	1	1	15	7	1	0	70
	10～12	26	13	9	1	1	1	12	6	1	0	74
19年	1～3	34	18	11	1	1	1	16	6	1	1	66
	4～6	36	18	16	1	1	2	17	8	1	1	64
	7～9	35	19	15	1	1	2	15	7	1	1	65
	10～12	31	17	12	1	1	1	12	5	0	0	69
20年	1～3	37	20	13	2	2	4	15	6	4	1	63
	4～6	49	23	17	3	3	8	16	6	17	1	51
	7～9	44	22	13	2	3	7	14	5	12	1	56
	10～12	34	16	10	2	2	6	12	5	8	1	66
21年	1～3	33	13	8	1	3	4	13	5	8	2	67
	4～6	32	13	8	1	4	4	13	5	7	1	68
	7～9	29	11	8	1	2	3	11	5	5	1	71
	10～12	27	10	7	1	2	3	10	5	5	1	73
22年	1～3	28	11	7	1	2	2	11	5	5	1	72
	4～6	28	11	7	1	2	2	13	6	4	0	72
	7～9	26	10	8	1	1	1	11	5	3	1	74
	10～12	22	8	6	1	1	1	9	4	2	0	78

注：1）調査産業計。常用労働者数30人以上の事業所が調査対象
　　2）数値は、集計事業所数を100とした割合
　　3）2022年10～12月は実施予定の数値
出典：厚生労働省「労働経済動向調査」

第13表　産業別欠員率

（単位：%）

	調査産業計	建設業	製造業	情報通信業	運輸・郵便業	卸売・小売業	金融・保険業	不動産・物品賃貸業	学術研究等	宿泊・飲食サービス業等	生活関連サービス等	医療・福祉	サービス業
2020年2月	2.8	3.3	1.5	1.7	5.8	2.5	0.5	2.4	1.7	4.5	4.2	2.3	4.8
5	2.2	2.4	1.0	1.2	2.5	2.2	0.5	2.0	1.1	3.3	2.4	2.2	3.6
8	2.0	2.3	0.9	1.0	1.3	1.7	0.6	1.8	1.2	2.6	2.3	2.0	3.3
11	2.1	2.3	1.0	1.0	3.3	1.4	0.5	1.6	1.9	2.7	2.2	2.3	3.1
21年2月	2.3	2.6	1.2	1.0	3.5	1.7	0.3	1.3	1.8	3.1	2.7	2.9	4.6
5	2.4	2.5	1.3	1.6	4.1	1.9	0.3	1.3	1.4	4.3	2.4	2.6	4.0
8	2.2	2.2	1.5	1.6	4.1	1.5	0.3	1.2	1.5	2.8	2.3	2.6	3.6
11	2.3	2.5	1.8	1.7	3.5	1.7	0.3	1.0	1.4	3.5	2.7	2.6	3.6
22年2月	2.8	2.6	2.0	1.8	4.5	2.0	0.5	1.7	1.7	4.3	2.9	2.8	5.2
5	2.9	2.9	2.0	2.1	4.2	2.0	0.5	1.4	1.9	4.6	3.0	2.9	5.2
8	2.9	2.6	2.0	1.7	4.8	2.2	0.3	1.8	1.7	5.3	3.8	2.8	4.7
11	3.1	2.4	2.4	2.0	4.4	2.1	0.3	1.8	2.1	6.3	3.4	3.0	5.6

注：1）欠員率＝未充足求人数／常用労働者数×100%
　　2）常用労働者数30人以上を雇用する事業所が調査対象
　　3）未充足求人がない事業所も含めて集計
出典：厚生労働省「労働経済動向調査」

❸ 企業経営の動き

第14表　決算実績の推移

(1)　大企業

年度	対象会社数	売上高 （前年度比）	経常利益 （前年度比）	売上高営 業利益率	売上高経 常利益率	総資本 回転率	総資本経 常利益率
	社	%	%	%	%	回	%
2010	5,345	4.92	44.90	4.2	4.8	0.77	3.7
11	5,274	△0.84	△7.53	3.7	4.5	0.75	3.3
12	5,205	△0.51	8.29	3.8	4.9	0.74	3.6
13	5,156	4.58	34.07	5.0	6.2	0.75	4.6
14	5,132	0.99	7.47	5.2	6.6	0.73	4.8
15	5,074	△3.19	7.52	5.9	7.4	0.69	5.1
16	5,098	△1.82	5.46	5.8	7.9	0.65	5.1
17	5,067	5.86	9.11	6.3	8.1	0.66	5.4
18	5,026	3.72	4.19	6.4	8.2	0.65	5.3
19	5,014	△4.34	△13.55	5.5	7.4	0.60	4.5
20	4,959	△9.21	△11.10	5.0	7.2	0.53	3.8
21	4,807	6.12	33.62	6.4	9.1	0.53	4.8

(2)　中堅企業

年度	対象会社数	売上高 （前年度比）	経常利益 （前年度比）	売上高営 業利益率	売上高経 常利益率	総資本 回転率	総資本経 常利益率
	社	%	%	%	%	回	%
2010	27,041	3.59	24.85	3.0	3.1	1.36	4.3
11	26,644	3.49	4.71	3.1	3.2	1.39	4.4
12	26,059	△2.81	3.67	3.2	3.4	1.34	4.5
13	25,480	△0.17	8.67	3.4	3.7	1.32	4.9
14	25,235	9.78	13.64	3.5	3.8	1.27	4.9
15	24,862	1.29	4.00	3.6	3.9	1.30	5.1
16	24,912	5.47	11.92	3.8	4.2	1.32	5.5
17	24,891	6.74	16.35	4.0	4.5	1.31	5.9
18	24,961	3.80	5.05	4.1	4.6	1.30	6.0
19	25,322	△2.55	△15.60	3.5	4.0	1.28	5.1
20	25,703	△8.76	△9.61	3.3	3.9	1.14	4.5
21	25,885	6.64	34.52	4.2	5.0	1.09	5.4

(3)　中小企業

年度	対象会社数	売上高 （前年度比）	経常利益 （前年度比）	売上高営 業利益率	売上高経 常利益率	総資本 回転率	総資本経 常利益率
	社	%	%	%	%	回	%
2010	2,728,758	△2.48	25.30	1.5	1.7	1.08	1.9
11	2,719,933	△1.32	29.74	2.0	2.3	1.07	2.4
12	2,708,546	0.47	6.69	2.0	2.4	1.16	2.8
13	2,710,645	1.73	11.25	2.1	2.6	1.07	2.8
14	2,719,252	1.73	7.29	2.4	2.8	1.10	3.1
15	2,736,032	△0.25	2.47	2.4	2.9	1.07	3.1
16	2,745,974	3.22	18.78	2.7	3.3	1.06	3.5
17	2,763,849	5.97	13.44	2.9	3.5	1.08	3.8
18	2,785,724	△5.96	△9.20	2.8	3.4	1.02	3.5
19	2,804,040	△3.11	△17.30	2.2	2.9	1.01	2.9
20	2,815,485	△6.70	△15.64	1.2	2.6	0.93	2.4
21	2,859,364	6.23	32.61	1.2	3.3	0.91	3.0

注：1）大企業は資本金10億円以上、中堅企業は資本金1億円以上10億円未満、中小企業は資本金1億円未満
　　2）調査対象は、金融業、保険業を除く全産業
　　3）△印はマイナス
出典：財務省「法人企業統計」

第15表　経営指標の規模別比較

(1)　1企業当たりの収益率

①製造業

| 年度 | 資本金10億円以上 | | | | | | 資本金1億円 | | |
	売上高前年度比	経常利益前年度比	売上高経常利益率	総資本経常利益率	売上高人件費比率	総資本回転率	売上高前年度比	経常利益前年度比	売上高経常利益率
	%	%	%	%	%	回	%	%	%
2010	7.9	86.2	4.5	4.0	10.8	0.88	10.2	36.4	4.0
11	1.0	△5.5	4.3	3.7	10.9	0.86	2.5	△4.8	3.7
12	△1.2	9.9	4.7	4.0	11.1	0.85	2.0	12.7	4.1
13	5.4	51.2	6.8	5.9	10.5	0.87	1.3	11.0	4.5
14	2.9	11.9	7.4	6.3	10.3	0.85	4.7	13.7	4.9
15	△2.1	△2.6	7.3	5.9	10.6	0.83	8.1	△3.1	4.4
16	△3.3	△2.0	7.4	5.7	11.2	0.76	3.6	31.3	5.5
17	6.5	26.8	8.8	6.8	10.8	0.77	2.1	3.3	5.6
18	4.2	△3.8	8.2	6.2	10.7	0.76	4.1	△2.6	5.2
19	△2.3	△15.6	7.1	5.1	11.3	0.72	△5.7	△18.3	4.5
20	△7.4	△0.1	7.6	4.9	12.0	0.64	△1.2	8.8	5.0
21	13.3	57.5	10.6	7.1	11.1	0.67	15.9	49.0	6.4

②非製造業

| 年度 | 資本金10億円以上 | | | | | | 資本金1億円 | | |
	売上高前年度比	経常利益前年度比	売上高経常利益率	総資本経常利益率	売上高人件費比率	総資本回転率	売上高前年度比	経常利益前年度比	売上高経常利益率
	%	%	%	%	%	回	%	%	%
2010	6.4	29.6	5.0	3.5	8.7	0.70	5.8	25.4	2.8
11	0.1	△6.8	4.6	3.1	8.8	0.68	5.9	11.5	3.0
12	2.4	9.6	4.9	3.3	8.3	0.67	△1.5	3.3	3.1
13	5.7	24.4	5.8	3.9	8.0	0.68	2.4	11.1	3.4
14	0.4	4.8	6.1	4.0	8.2	0.66	12.9	15.1	3.5
15	△2.0	18.9	7.4	4.6	8.6	0.62	1.2	9.4	3.8
16	△1.5	9.9	8.2	4.9	8.5	0.59	5.8	4.3	3.7
17	6.5	△0.7	7.7	4.6	8.3	0.60	8.3	22.9	4.2
18	4.9	12.0	8.2	4.8	8.1	0.59	3.3	7.8	4.4
19	△5.3	△11.8	7.6	4.1	8.6	0.54	△3.5	△16.2	3.8
20	△8.7	△16.4	7.0	3.3	9.1	0.47	△12.6	△17.5	3.6
21	6.8	22.9	8.0	3.7	8.9	0.46	2.8	27.1	4.4

注：1）売上高経常利益率＝$\dfrac{経常利益}{売上高} \times 100\%$　　総資本経常利益率＝$\dfrac{経常利益}{総資本（前期末・当期末平均）} \times 100\%$

売上高人件費比率＝$\dfrac{人件費（役員給与・賞与＋従業員給与・賞与＋福利厚生費）}{売上高} \times 100\%$

総資本回転率＝$\dfrac{売上高}{総資本（前期末・当期末平均）}$

2）非製造業は金融・保険業を除く

3）△印はマイナス

出典：財務省「法人企業統計」、以下各表同じ

| 以上10億円未満 | | | 資本金1億円未満 | | | | | |
総資本経常利益率	売上高人件費比率	総資本回転率	売上高前年度比	経常利益前年度比	売上高経常利益率	総資本経常利益率	売上高人件費比率	総資本回転率
%	%	回	%	%	%	%	%	回
5.0	14.1	1.25	5.3	83.3	2.6	2.7	21.3	1.05
4.8	13.7	1.29	0.5	△2.6	2.5	2.7	21.0	1.10
5.0	13.9	1.22	△3.7	△0.0	2.6	2.7	20.9	1.06
5.4	14.1	1.20	△0.1	20.3	3.1	3.3	21.2	1.06
5.7	13.8	1.17	5.5	0.7	3.0	3.2	20.2	1.07
5.2	13.5	1.20	△0.1	19.4	3.6	3.6	20.5	1.02
6.6	13.5	1.19	6.8	11.1	3.7	4.1	20.3	1.10
6.2	13.2	1.11	0.6	4.4	3.8	4.0	21.1	1.05
5.9	13.0	1.13	0.6	5.1	4.0	4.1	20.4	1.03
5.1	13.3	1.12	△2.5	△17.8	3.4	3.4	19.7	1.00
5.2	13.3	1.04	△9.9	△22.4	2.9	2.6	21.0	0.90
7.0	12.1	1.08	7.8	53.5	4.1	3.6	20.6	0.88

| 以上10億円未満 | | | 資本金1億円未満 | | | | | |
総資本経常利益率	売上高人件費比率	総資本回転率	売上高前年度比	経常利益前年度比	売上高経常利益率	総資本経常利益率	売上高人件費比率	総資本回転率
%	%	回	%	%	%	%	%	回
4.0	12.4	1.40	△3.6	12.7	1.5	1.7	17.8	1.09
4.3	12.0	1.42	△1.2	42.5	2.2	2.4	19.2	1.06
4.4	12.3	1.39	2.0	9.0	2.4	2.8	18.8	1.18
4.7	11.7	1.37	2.1	9.3	2.5	2.7	17.6	1.07
4.5	12.1	1.31	0.7	8.6	2.7	3.1	17.5	1.11
5.0	12.4	1.34	△0.9	△1.8	2.7	2.9	17.7	1.08
5.1	11.7	1.37	2.2	20.5	3.2	3.4	17.7	1.06
5.8	11.1	1.39	6.4	14.8	3.5	3.8	16.8	1.09
6.0	11.1	1.37	△7.9	△12.8	3.3	3.3	18.2	1.01
5.1	11.5	1.33	△3.8	△17.7	2.8	2.8	17.7	1.01
4.2	13.0	1.17	△6.4	△14.2	2.6	2.4	18.0	0.94
4.9	13.3	1.09	4.2	26.2	3.1	2.8	18.4	0.91

⑵　従業員1人当たりの経営指標

①製造業

年度	資本金10億円以上							資本金1億円		
	従業員1人当たり売上高	従業員1人当たり経常利益	従業員1人当たり付加価値額	従業員1人当たり人件費	労働装備率	設備投資効率	付加価値率	従業員1人当たり売上高	従業員1人当たり経常利益	従業員1人当たり付加価値額
	万円	万円	万円	万円	万円	%	%	万円	万円	万円
2010	7,584	345	1,172	804	1,876	62.5	15.5	3,893	156	781
11	7,580	323	1,134	813	1,845	61.5	15.0	4,054	151	763
12	7,492	355	1,140	816	1,789	63.7	15.2	4,071	167	774
13	7,969	541	1,305	825	1,766	73.9	16.4	4,010	180	787
14	8,162	602	1,330	829	1,786	74.5	16.3	4,077	199	791
15	7,862	577	1,307	824	1,782	73.3	16.6	4,236	186	808
16	7,620	567	1,320	838	1,802	73.2	17.3	4,258	236	854
17	7,883	697	1,403	838	1,791	78.4	17.8	4,469	251	879
18	8,022	656	1,367	846	1,812	75.4	17.0	4,564	239	872
19	7,641	539	1,238	848	1,821	68.0	16.2	4,372	199	828
20	7,030	535	1,180	828	1,871	63.0	16.8	4,360	218	827
21	7,807	826	1,460	856	1,882	77.6	18.7	4,915	317	931

②非製造業

年度	資本金10億円以上							資本金1億円		
	従業員1人当たり売上高	従業員1人当たり経常利益	従業員1人当たり付加価値額	従業員1人当たり人件費	労働装備率	設備投資効率	付加価値率	従業員1人当たり売上高	従業員1人当たり経常利益	従業員1人当たり付加価値額
	万円	万円	万円	万円	万円	%	%	万円	万円	万円
2010	6,983	346	1,186	596	2,896	41.0	17.0	3,813	109	676
11	6,776	313	1,111	587	2,834	39.2	16.4	4,119	123	715
12	7,251	358	1,160	594	2,961	39.2	16.0	4,035	127	712
13	7,351	427	1,181	581	2,885	40.9	16.1	4,233	144	727
14	7,243	439	1,212	584	2,854	42.5	16.7	4,177	145	736
15	6,898	508	1,296	580	2,848	45.5	18.8	3,948	148	731
16	7,240	595	1,327	608	3,043	43.6	18.3	4,303	160	761
17	7,278	557	1,325	596	2,840	46.7	18.2	4,502	189	762
18	7,593	621	1,394	602	2,937	47.4	18.4	4,429	194	761
19	7,327	558	1,363	616	3,052	44.6	18.6	4,347	165	748
20	6,865	479	1,267	610	3,149	40.2	18.5	3,748	135	702
21	6,934	556	1,305	605	3,092	42.2	18.8	3,743	166	745

注：従業員1人当たり人件費＝（従業員給与＋従業員賞与＋福利厚生費）／従業員数
　　労働装備率＝有形固定資産（建設仮勘定を除く、期首・期末平均）／従業員数
　　設備投資効率＝付加価値額／有形固定資産（建設仮勘定を除く、期首・期末平均）×100％
　　付加価値率＝付加価値額／売上高×100％

以上10億円未満				資本金1億円未満						
従業員1人当たり人件費	労働装備率	設備投資効率	付加価値率	従業員1人当たり売上高	従業員1人当たり経常利益	従業員1人当たり付加価値額	従業員1人当たり人件費	労働装備率	設備投資効率	付加価値率
万円	万円	%	%	万円	万円	万円	万円	万円	%	%
528	915	85.3	20.1	2,033	52	524	351	641	81.8	25.8
534	889	85.9	18.8	2,088	52	524	358	623	84.1	25.1
544	928	83.3	19.0	2,056	53	516	352	629	82.1	25.1
543	891	88.3	19.6	2,044	64	524	352	608	86.2	25.7
541	929	85.1	19.4	2,147	64	525	353	621	84.6	24.5
552	921	87.7	19.1	2,154	77	549	362	645	85.1	25.5
557	950	90.0	20.1	2,165	80	549	362	592	92.8	25.4
568	1,081	81.3	19.7	2,116	81	556	369	616	90.2	26.3
572	1,035	84.2	19.1	2,165	87	554	365	631	87.8	25.6
562	1,048	78.9	18.9	2,205	74	535	357	676	79.2	24.3
558	1,080	76.6	19.0	2,130	62	520	366	733	70.9	24.4
575	1,122	82.9	18.9	2,188	90	542	373	720	75.4	24.8

以上10億円未満				資本金1億円未満						
従業員1人当たり人件費	労働装備率	設備投資効率	付加価値率	従業員1人当たり売上高	従業員1人当たり経常利益	従業員1人当たり付加価値額	従業員1人当たり人件費	労働装備率	設備投資効率	付加価値率
万円	万円	%	%	万円	万円	万円	万円	万円	%	%
454	836	80.8	17.7	2,330	36	522	325	817	63.9	22.4
473	866	82.5	17.4	2,197	49	534	333	776	68.9	24.3
475	802	88.8	17.6	2,211	53	529	328	662	80.0	23.9
477	874	83.3	17.2	2,336	59	535	322	813	65.8	22.9
486	901	81.7	17.6	2,392	66	546	329	775	70.5	22.8
472	776	94.2	18.5	2,407	66	558	337	787	70.9	23.2
485	814	93.5	17.7	2,399	77	558	334	728	76.6	23.3
481	874	87.2	16.9	2,509	87	563	332	738	76.3	22.4
476	799	95.2	17.2	2,266	74	543	326	760	71.4	24.0
484	807	92.7	17.2	2,350	66	534	324	777	68.8	22.7
471	820	85.6	18.7	2,329	60	520	327	816	63.7	22.3
480	784	94.9	19.9	2,323	72	524	336	835	62.8	22.6

(3) 付加価値構成

①製造業

| 年度 | 資本金10億円以上 | | | | | | 資本金１億円以上10億円 | | | |
	人件費	支払利息・割引料	動産・不動産賃借料	租税公課	営業純益	付加価値額　計	人件費	支払利息・割引料	動産・不動産・賃借料	租税公課
2010	69.7	2.5	4.7	2.8	20.2	100.0	70.5	1.8	7.5	2.8
11	72.8	2.7	4.7	2.7	17.0	100.0	72.9	1.6	6.4	2.0
12	72.7	2.3	4.2	2.9	17.9	100.0	73.1	1.5	5.6	2.0
13	64.2	2.1	3.5	2.3	27.9	100.0	71.7	1.5	5.1	3.2
14	63.4	1.8	3.8	2.4	28.7	100.0	71.1	1.3	5.2	2.2
15	64.0	1.7	3.6	2.5	28.1	100.0	70.8	1.3	6.3	2.2
16	64.5	1.3	3.4	4.8	25.9	100.0	67.5	1.1	5.1	2.2
17	60.7	1.2	3.2	2.7	32.1	100.0	67.0	1.3	4.3	2.4
18	62.9	1.9	3.7	2.8	28.8	100.0	68.1	1.1	5.1	2.3
19	69.5	1.5	4.1	3.1	21.9	100.0	70.5	1.0	6.0	2.3
20	71.2	1.5	3.9	3.3	20.1	100.0	70.1	1.2	5.3	2.5
21	59.5	1.3	3.8	2.8	32.6	100.0	64.0	1.0	4.9	2.3

②非製造業

| 年度 | 資本金10億円以上 | | | | | | 資本金１億円以上10億円 | | | |
	人件費	支払利息・割引料	動産・不動産賃借料	租税公課	営業純益	付加価値額　計	人件費	支払利息・割引料	動産・不動産・賃借料	租税公課
2010	51.1	4.5	15.3	5.4	23.6	100.0	70.1	2.5	12.4	2.1
11	53.7	4.4	15.4	5.3	21.2	100.0	68.9	1.9	12.2	2.1
12	52.1	4.4	15.3	5.3	23.0	100.0	69.6	1.8	11.6	1.9
13	50.1	7.5	14.0	4.9	23.5	100.0	68.4	1.5	11.1	2.0
14	49.0	3.7	13.6	5.2	28.5	100.0	68.4	1.4	11.1	2.2
15	45.6	3.3	13.8	5.9	31.4	100.0	67.0	1.2	12.2	1.8
16	46.6	3.5	12.7	4.9	32.2	100.0	66.1	1.1	11.7	2.8
17	45.8	3.4	13.2	4.7	32.8	100.0	65.3	0.9	10.9	2.2
18	44.0	3.6	12.6	4.5	35.3	100.0	64.7	0.8	10.5	2.0
19	46.1	3.1	12.9	5.4	32.5	100.0	66.9	0.8	11.1	2.3
20	49.0	4.2	13.1	5.3	28.4	100.0	69.5	1.1	11.8	2.3
21	47.2	4.8	13.4	5.1	29.4	100.0	66.7	1.1	11.9	2.3

（単位：％）

未満		資本金1億円未満					
営業純益	付加価値額　計	人件費	支払利息・割引料	動産・不動産・賃借料	租税公課	営業純益	付加価値額　計
17.4	100.0	82.8	2.5	6.5	2.8	5.5	100.0
17.1	100.0	83.6	2.5	5.8	2.7	5.4	100.0
17.8	100.0	83.1	2.5	5.6	2.7	6.0	100.0
18.5	100.0	82.7	2.4	5.4	2.8	6.6	100.0
20.2	100.0	82.3	2.3	5.0	2.8	7.5	100.0
19.3	100.0	80.6	2.1	4.7	3.0	9.7	100.0
24.1	100.0	79.9	1.9	4.4	3.0	10.7	100.0
24.9	100.0	80.4	1.6	4.9	2.7	10.4	100.0
23.4	100.0	79.8	1.9	4.7	2.6	10.9	100.0
20.2	100.0	81.4	1.5	5.2	2.7	9.2	100.0
20.8	100.0	86.0	1.6	5.7	3.1	3.5	100.0
27.8	100.0	83.2	1.5	5.1	2.9	7.3	100.0

未満		資本金1億円未満					
営業純益	付加価値額　計	人件費	支払利息・割引料	動産・不動産・賃借料	租税公課	営業純益	付加価値額　計
13.0	100.0	79.5	3.5	11.1	3.3	2.7	100.0
14.9	100.0	78.8	3.9	9.7	3.3	4.3	100.0
15.1	100.0	78.7	2.8	9.8	3.2	5.5	100.0
17.0	100.0	76.9	2.8	10.7	3.2	6.3	100.0
16.9	100.0	76.5	2.3	9.6	3.3	8.3	100.0
17.8	100.0	76.3	2.4	10.2	3.6	7.5	100.0
18.4	100.0	75.9	2.1	9.8	3.3	8.8	100.0
20.7	100.0	74.7	2.0	9.3	3.3	10.7	100.0
21.9	100.0	76.0	1.9	8.9	3.9	9.3	100.0
18.9	100.0	77.8	1.9	9.0	3.6	7.6	100.0
15.4	100.0	80.8	2.0	10.1	3.8	3.3	100.0
17.9	100.0	81.4	2.2	10.6	3.4	2.4	100.0

⑷ 資本構成

①製造業

| | 資本金10億円以上 | | | | | | 資本金1億円以上10億円 | | |
| | 負債 | | | 自己資本 | | | 負債 | | |
年度	流動負債	固定負債	小計	資本金	準備金等	小計	流動負債	固定負債	小計
2010	33.5	19.2	52.7	10.8	36.5	47.3	41.3	16.4	57.8
11	35.3	18.4	53.7	10.3	36.0	46.3	42.3	16.1	58.4
12	34.8	18.6	53.5	10.2	36.3	46.5	40.0	16.4	56.5
13	33.7	18.2	51.9	9.7	38.4	48.1	41.1	16.2	57.3
14	32.3	17.5	49.9	9.3	40.9	50.1	39.0	17.2	56.2
15	32.5	16.8	49.3	9.4	41.4	50.7	40.2	15.1	55.4
16	31.9	17.5	49.4	9.0	41.7	50.7	39.1	14.4	55.4
17	31.6	16.5	48.0	8.7	43.2	52.0	38.5	15.7	54.2
18	31.2	16.4	47.6	9.0	43.5	52.4	39.1	13.1	52.2
19	30.7	18.0	48.7	8.8	42.5	51.3	37.3	14.4	51.6
20	30.1	18.9	49.0	8.2	42.8	51.0	37.3	14.8	52.1
21	31.1	17.7	48.8	7.7	43.5	51.2	38.0	14.8	52.8

②非製造業

| | 資本金10億円以上 | | | | | | 資本金1億円以上10億円 | | |
| | 負債 | | | 自己資本 | | | 負債 | | |
年度	流動負債	固定負債	小計	資本金	準備金等	小計	流動負債	固定負債	小計
2010	27.6	32.2	59.8	10.5	29.7	40.2	44.1	23.9	68.0
11	28.1	32.0	60.1	10.4	29.5	39.9	44.9	23.1	68.0
12	28.1	31.3	59.3	10.3	30.4	40.7	42.6	21.6	64.2
13	27.6	31.4	59.0	9.9	31.0	41.0	41.7	22.3	64.1
14	27.2	31.2	58.4	9.7	31.9	41.6	42.4	21.5	63.9
15	27.0	31.0	58.0	9.5	32.5	42.0	42.3	20.5	62.8
16	26.2	32.0	58.2	9.0	32.8	41.8	41.3	21.2	62.6
17	26.1	32.1	58.3	8.4	33.3	41.7	40.9	21.1	61.9
18	25.9	32.2	58.1	8.3	33.6	41.9	39.3	20.8	60.0
19	25.4	33.0	58.4	8.1	33.4	41.6	39.2	19.9	59.1
20	25.9	34.9	60.8	7.7	31.5	39.2	37.3	22.5	59.7
21	26.8	34.5	61.3	7.4	31.3	38.7	37.5	20.9	58.4

第16表　企業倒産の状況

年	倒産件数	前年比	負債総額	前年比	1件当たり平均負債額	前年比
	件	％	百万円	％	百万円	％
2010	13,321	△13.9	7,160,773	3.3	538	20.1
11	12,734	△4.4	3,592,920	△49.8	282	△47.5
12	12,124	△4.8	3,834,563	6.7	316	12.1
13	10,855	△10.5	2,782,347	△27.4	256	△19.0
14	9,731	△10.4	1,874,065	△32.6	193	△24.9
15	8,812	△9.4	2,112,382	12.7	240	24.5
16	8,446	△4.2	2,006,119	△5.0	238	△0.9
17	8,405	△0.5	3,167,637	57.9	377	58.7
18	8,235	△2.0	1,485,469	△53.1	180	△52.1
19	8,383	1.8	1,423,238	△4.2	170	△5.9
20	7,773	△7.3	1,220,046	△14.3	157	△7.5
21	6,030	△22.4	1,150,703	△5.7	191	21.6

注：1）調査対象は、負債総額1,000万円以上の企業倒産
　　2）△印はマイナス
出典：東京商工リサーチ　「全国企業倒産白書」

(総資本＝100%、単位：%)

未満			資本金1億円未満					
自己資本			負債			自己資本		
資本金	準備金等	小計	流動負債	固定負債	小計	資本金	準備金等	小計
4.0	38.2	42.2	33.6	28.6	62.2	3.7	34.1	37.8
4.1	37.5	41.6	34.9	29.4	64.3	3.9	31.8	35.7
3.8	39.8	43.5	32.0	30.7	62.8	3.9	33.3	37.2
3.6	39.1	42.7	32.1	30.0	62.1	4.0	34.0	37.9
3.4	40.4	43.8	33.9	33.7	67.6	3.7	28.7	32.4
3.2	41.4	44.6	31.4	33.2	64.6	3.6	31.8	35.4
3.0	43.6	46.6	32.0	28.3	60.3	3.6	36.1	39.7
2.7	43.1	45.8	30.8	28.4	59.3	3.4	37.3	40.7
2.5	45.2	47.8	29.7	26.6	56.2	3.3	40.5	43.8
2.6	45.8	48.4	29.8	27.8	57.6	3.4	39.1	42.4
2.4	45.5	47.9	28.0	29.6	57.6	3.3	39.0	42.4
2.1	45.1	47.2	26.1	28.8	54.9	3.0	42.1	45.1

(単位：%)

未満			資本金1億円未満					
自己資本			負債			自己資本		
資本金	準備金等	小計	流動負債	固定負債	小計	資本金	準備金等	小計
4.1	27.9	32.0	33.9	41.9	75.8	4.4	19.8	24.2
3.9	28.1	32.0	33.6	42.8	76.5	4.2	19.3	23.5
3.8	32.0	35.8	36.7	35.2	71.9	4.6	23.5	28.1
3.5	32.4	35.9	34.6	37.0	71.6	4.0	24.4	28.4
3.1	33.1	36.1	34.6	34.2	68.8	4.1	27.1	31.2
3.1	34.1	37.2	33.1	33.9	67.0	4.0	29.0	33.0
2.9	34.5	37.4	31.1	35.1	66.2	4.0	29.8	33.8
2.7	35.4	38.1	31.7	31.5	63.2	3.6	33.2	36.8
2.5	37.5	40.0	29.8	34.5	64.3	3.6	32.1	35.7
2.4	38.4	40.9	30.0	33.1	63.2	3.6	33.2	36.8
2.4	37.9	40.3	28.9	36.0	64.9	3.6	31.5	35.1
2.1	39.5	41.6	27.1	38.8	65.9	3.3	30.8	34.1

第17表　企業倒産の原因別動向

年	不況型倒産		放漫経営		他社倒産の余波（連鎖倒産）		過小資本		不況型倒産の内訳					
									既往のシワ寄せ（赤字累積）		販売不振		売掛金等回収難	
	構成比		構成比		構成比		構成比		構成比		構成比		構成比	
	件	%	件	%	件	%	件	%	件	%	件	%	件	%
2010	11,054	83.0	524	3.9	771	5.8	664	5.0	1,042	7.8	9,962	74.8	50	0.4
11	10,498	82.4	522	4.1	709	5.6	662	5.2	1,079	8.5	9,363	73.5	56	0.4
12	9,943	82.0	566	4.7	712	5.9	563	4.6	1,321	10.9	8,574	70.7	48	0.4
13	8,890	81.9	508	4.7	612	5.6	526	4.8	1,372	12.6	7,468	68.8	50	0.5
14	7,922	81.4	484	5.0	555	5.7	438	4.5	1,174	12.1	6,708	68.9	40	0.4
15	7,149	81.1	376	4.3	553	6.3	397	4.5	1,136	12.9	5,959	67.6	54	0.6
16	6,870	81.3	423	5.0	398	4.7	448	5.3	1,082	12.8	5,759	68.2	29	0.3
17	6,888	81.9	422	5.0	447	5.3	390	4.6	1,044	12.4	5,813	69.2	31	0.4
18	6,793	82.5	409	5.0	374	4.5	342	4.2	967	11.7	5,799	70.4	27	0.3
19	6,961	83.0	434	5.2	370	4.4	337	4.0	844	10.1	6,079	72.5	38	0.5
20	6,526	84.0	390	5.0	361	4.6	205	2.6	771	9.9	5,729	73.7	26	0.3
21	5,095	84.5	284	4.7	299	5.0	101	1.7	674	11.2	4,403	73.0	18	0.3

注：1）調査対象は、負債総額1,000万円以上の企業倒産
　　2）構成比は、倒産件数全体に占める割合
出典：東京商工リサーチ「全国企業倒産白書」

第18表　労働分配率の推移

(単位：%)

年度	(1)財務省「法人企業統計」				(2)内閣府「国民経済計算」	
	規模計	大企業	中堅企業	中小企業	①	②
2010	71.7	58.7	70.2	80.2	68.9	79.5
11	72.7	61.6	70.0	79.7	70.5	80.9
12	72.3	60.5	70.5	79.5	70.2	79.1
13	69.5	56.0	69.3	78.0	68.1	76.0
14	68.8	55.0	69.1	77.6	68.6	75.1
15	67.5	52.8	68.0	77.1	66.7	72.2
16	67.6	53.7	66.5	76.6	68.4	73.6
17	66.2	51.7	65.8	75.8	68.3	73.2
18	66.3	51.3	65.6	76.7	70.1	74.0
19	68.6	54.9	67.8	78.4	71.6	77.0
20	71.5	57.6	69.6	81.7	75.5	80.0
21	68.9	52.4	66.0	81.7	73.1	76.7

注：1）(1)労働分配率＝人件費／付加価値×100%
　　　　付加価値＝人件費＋支払利息等＋動産・不動産賃借料＋租税公課＋営業純益
　　　　人件費＝役員給与＋役員賞与＋従業員給与＋従業員賞与＋福利厚生費
　　　(2)①労働分配率＝雇用者報酬／国民所得×100%
　　　　②労働分配率＝雇用者報酬／（雇用者報酬＋民間法人企業所得）×100%
　　　　国民所得は要素費用表示
　　2）(1)大企業は資本金10億円以上、中堅企業は資本金1億円以上10億円未満、中小企業は資本金1億円未満
　　　　調査対象は、金融・保険業を除く全産業

＜参考＞産業別労働分配率の推移

(単位：%)

年度	製造業	非製造業	建設業	情報通信業	運輸・郵便業	卸売・小売業	サービス業
2015	70.8	66.3	73.7	58.9	68.5	68.9	72.7
16	70.4	66.5	70.8	60.4	68.5	69.0	72.7
17	68.5	65.4	72.7	58.7	65.0	68.4	71.2
18	69.5	65.2	72.9	61.2	64.6	68.7	69.0
19	73.7	66.9	72.8	61.0	67.0	70.4	71.9
20	75.8	70.0	72.8	62.3	86.2	70.7	76.6
21	67.3	69.4	73.9	63.1	77.3	68.9	77.2

注：労働分配率＝人件費／付加価値×100%
出典：財務省「法人企業統計」

第19表　主要国の労働分配率の推移（国民経済計算ベース）

(単位：%)

年	日　本	アメリカ	イギリス	ドイツ	フランス
2010	69.3	67.4	67.5	67.8	72.4
11	70.7	66.8	67.1	66.9	72.4
12	70.1	65.9	67.6	68.8	73.7
13	68.5	66.1	68.4	69.2	74.1
14	68.9	65.9	67.0	69.1	73.9
15	66.9	66.8	67.6	69.4	72.8
16	68.0	67.5	67.6	69.2	73.4
17	67.8	67.5	66.3	69.3	73.9
18	69.9	67.4	67.2	69.8	73.9
19	71.5	67.9	66.5	71.1	72.9
20	75.0	68.1	68.9	71.9	75.8
21	73.7	67.5	67.6	69.8	72.8

注：1）各国の国民経済計算の基準が異なるため、数値の算出基準が同じでない場合がある
　　2）雇用者報酬／国民所得（要素費用表示）として算出
出典：日本－内閣府「国民経済計算」
　　　日本以外－OECD Database

第20表　産業別労働生産性の推移

（単位：万円）

年度	全産業	製造業	非製造業	建設業	情報通信業	運輸・郵便業	卸売・小売業	サービス業
2010	671	760	641	667	982	625	594	494
11	668	751	642	686	991	604	625	507
12	666	752	640	714	1,069	616	618	499
13	690	809	654	727	1,029	631	605	508
14	705	818	671	758	1,041	665	612	518
15	725	829	694	804	1,152	685	640	521
16	727	832	695	873	1136	662	644	527
17	739	865	702	858	1205	692	640	527
18	730	859	694	828	1,098	716	636	530
19	715	812	687	850	1,053	725	642	498
20	688	797	658	830	1,060	557	634	474
21	722	912	670	823	1,014	611	648	489

注：1）労働生産性＝付加価値額／従業員数
　　2）全産業と非製造業は「金融業、保険業」を除く
出典：財務省「法人企業統計」

第21表　主要国の時間当たり労働生産性の推移

（単位：購買力平価換算USドル）

年	日　　本	アメリカ	イギリス	ド イ ツ	フランス
2015	46.2	69.0	58.1	64.4	65.3
16	45.5	70.0	59.3	68.4	68.3
17	46.1	71.9	61.9	71.4	71.0
18	46.8	74.5	62.9	73.9	73.3
19	47.4	76.7	64.5	74.4	76.3
20	48.8	80.4	69.1	77.8	80.0
21	49.9	85.0	67.7	80.6	80.1
上昇率 （2015〜19年）	0.6%	0.9%	0.6%	1.0%	0.8%

注：1）日本生産性本部が、OECD.Statと各国統計局等のデータに基づいて作成
　　2）上昇率は、時間当たり実質労働生産性の上昇率
出典：日本生産性本部「労働生産性の国際比較」

❹ 物価・生計費の動き

第22表　物価指数の動き（全国）

	消費者物価指数							
	総合	前年(同月)比(%)	生鮮食品を除く総合	前年(同月)比(%)	生鮮食品及びエネルギーを除く総合	前年(同月)比(%)	食料（酒類を除く）及びエネルギーを除く総合	前年(同月)比(%)
2008年	96.8	1.4	97.6	1.5	97.7	0.8	100.1	0.0
09	95.5	△1.4	96.4	△1.3	97.4	△0.4	99.4	△0.7
10	94.8	△0.7	95.4	△1.0	96.1	△1.3	98.2	△1.2
11	94.5	△0.3	95.2	△0.3	95.3	△0.8	97.2	△1.0
12	94.5	0.0	95.1	△0.1	94.9	△0.4	96.7	△0.6
13	94.9	0.4	95.5	0.4	94.8	△0.2	96.5	△0.2
14	97.5	2.7	98.0	2.6	96.9	2.2	98.3	1.8
15	98.2	0.8	98.5	0.5	98.2	1.4	99.3	1.0
16	98.1	△0.1	98.2	△0.3	98.8	0.6	99.6	0.3
17	98.6	0.5	98.7	0.5	98.9	0.1	99.6	△0.1
18	99.5	1.0	99.5	0.9	99.2	0.4	99.7	0.1
19	100.0	0.5	100.2	0.6	99.8	0.6	100.1	0.4
20	100.0	0.0	100.0	△0.2	100.0	0.2	100.0	△0.1
21	99.8	△0.2	99.8	△0.2	99.5	△0.5	99.2	△0.8
2022年1月	100.3	0.5	100.1	0.2	99.0	△1.1	98.3	△1.9
2	100.7	0.9	100.5	0.6	99.2	△1.0	98.4	△1.8
3	101.1	1.2	100.9	0.8	99.5	△0.7	98.7	△1.6
4	101.5	2.5	101.4	2.1	99.9	0.8	99.0	0.1
5	101.8	2.5	101.6	2.1	100.1	0.8	99.2	0.2
6	101.8	2.4	101.7	2.2	100.1	1.0	99.1	0.2
7	102.3	2.6	102.2	2.4	100.6	1.2	99.5	0.4
8	102.7	3.0	102.5	2.8	100.9	1.6	99.7	0.7
9	103.1	3.0	102.9	3.0	101.1	1.8	99.8	0.9
10	103.7	3.7	103.4	3.6	101.7	2.5	100.1	1.5
11	103.9	3.8	103.8	3.7	102.0	2.8	100.1	1.5

注：1）消費者物価指数、国内企業物価指数は2020年基準、企業向けサービス価格指数は2015年基準、GDPデフレーターは2015年基準（2008SNA）
　　2）2022年のGDPデフレーターは四半期の値、2022年7－9月期2次速報による
　　3）2022年11月の国内企業物価指数と企業向けサービス価格指数は速報値
　　4）△印はマイナス

出典：総務省統計局「消費者物価指数」、日本銀行調査統計局「企業物価指数」「企業向けサービス価格指数」、内閣府「国民経済計算」

4 物価・生計費の動き

持家の帰属家賃を除く総合	前年(同月)比(％)	国内企業物価指数	前年(同月)比(％)	企業向けサービス価格指数	前年(同月)比(％)	GDPデフレーター	前年(同月)比(％)
95.7	1.6	102.6	4.6	100.4	0.2	101.5	△0.9
94.3	△1.5	97.2	△5.3	98.8	△1.6	100.9	△0.6
93.5	△0.8	97.1	△0.1	97.3	△1.4	99.0	△1.9
93.2	△0.3	98.5	1.4	96.7	△0.7	97.4	△1.6
93.3	0.0	97.7	△0.9	96.4	△0.3	96.6	△0.8
93.7	0.5	98.9	1.2	96.4	0.0	96.3	△0.4
96.8	3.3	102.1	3.2	98.9	2.6	97.9	1.7
97.8	1.0	99.7	△2.3	100.0	1.1	100.0	2.1
97.7	△0.1	96.2	△3.5	100.3	0.3	100.4	0.4
98.3	0.6	98.4	2.3	101.0	0.7	100.3	△0.1
99.5	1.2	101.0	2.6	102.2	1.2	100.3	0.0
100.0	0.6	101.2	0.2	103.3	1.1	101.0	0.6
100.0	0.0	100.0	△1.2	104.2	0.9	101.9	0.9
99.7	△0.3	104.6	4.6	105.1	0.9	101.7	△0.2
100.4	0.6	109.4	9.1	105.7	1.2	100.6	0.4
100.8	1.1	110.3	9.4	105.7	1.1		
101.3	1.5	111.4	9.4	106.6	1.2		
101.8	3.0	113.2	9.9	106.9	1.9	102.9	△0.2
102.1	2.9	113.3	9.4	106.8	1.9		
102.1	2.8	114.3	9.6	107.1	2.1		
102.7	3.1	115.2	9.3	107.3	2.0	99.8	△0.3
103.2	3.5	115.7	9.6	107.1	1.9		
103.6	3.5	116.9	10.3	107.2	2.0		
104.3	4.4	117.8	9.4	107.4	1.8		
104.6	4.5	118.5	9.3	107.6	1.7		

第23表　世帯人員別標準生計費（全国）の推移

（単位：円）

世帯人員　年	1人	2人	3人	4人	5人
2005	129,650	166,270	201,420	236,570	271,690
06	97,900	169,820	202,660	235,510	268,350
07	98,270	192,780	211,770	230,760	249,750
08	99,730	181,890	208,090	234,280	260,480
09	126,250	159,060	194,740	230,450	266,160
10	123,360	191,130	210,360	229,600	248,830
11	117,390	169,340	196,930	224,520	252,090
12	117,540	175,850	201,950	228,050	254,160
13	120,800	168,720	195,220	221,680	248,150
14	121,200	179,580	199,600	219,630	239,660
15	114,720	158,890	187,120	215,350	243,580
16	115,530	170,520	196,470	222,440	248,420
17	116,560	178,940	199,260	219,620	239,940
18	116,930	150,690	186,520	222,350	258,160
19	120,190	137,290	176,770	216,230	255,720
20	110,610	153,040	176,230	199,420	222,640
21	114,720	192,350	205,820	219,300	232,790
22	114,480	178,930	196,090	213,240	230,390

注：総務省「家計調査」等に基づき、人事院が、各年4月の標準生計費を算定
出典：人事院「人事院勧告　参考資料」

❺ 人件費の動き

第24表　年齢階級別所定内給与額の推移（全産業、製造業）

全産業

（単位：千円）

	2016年	2017年	2018年	2019年		2020年	2021年
年　齢　計	304.0	304.3	306.2	307.7	(306.0)	307.7	307.4
〜19歳	174.0	175.5	177.8	179.0	(179.5)	179.6	182.5
20〜24	204.5	206.7	209.7	210.9	(211.3)	212.0	213.1
25〜29	237.3	238.9	240.3	243.9	(243.6)	244.6	246.2
30〜34	271.7	272.2	273.5	275.9	(275.3)	274.4	275.8
35〜39	301.0	301.1	301.7	305.3	(304.5)	305.2	305.0
40〜44	328.6	327.4	327.4	329.6	(328.4)	329.8	328.0
45〜49	357.3	352.3	352.4	350.3	(348.6)	347.4	344.3
50〜54	374.8	372.5	373.8	373.5	(369.5)	368.0	366.2
55〜59	364.1	363.7	370.3	367.1	(363.7)	368.6	365.5
60〜64	271.5	274.5	278.4	283.0	(281.3)	289.3	292.8
65〜69	255.4	250.2	245.3	249.0	(247.5)	257.4	259.8
70〜	253.9	258.9	243.3	237.6	(234.3)	247.9	243.3

製造業

	2016年	2017年	2018年	2019年		2020年	2021年
年　齢　計	295.1	294.5	296.5	295.2	(293.6)	298.3	294.9
〜19歳	174.9	176.4	179.0	179.7	(179.6)	178.5	182.0
20〜24	196.6	197.9	198.3	198.2	(197.8)	197.8	199.0
25〜29	229.5	229.0	229.8	230.3	(229.5)	228.8	229.9
30〜34	259.2	261.1	260.4	259.6	(258.6)	258.4	260.3
35〜39	287.1	288.6	289.6	290.7	(289.1)	292.5	289.4
40〜44	317.0	314.1	314.3	313.1	(311.0)	316.6	311.3
45〜49	349.2	344.6	341.6	339.1	(336.7)	340.4	332.4
50〜54	366.3	366.1	368.4	366.1	(362.3)	369.0	359.8
55〜59	365.2	362.5	372.9	365.6	(362.0)	373.8	361.9
60〜64	240.5	243.8	253.5	253.1	(252.2)	263.8	265.7
65〜69	220.8	220.5	220.8	224.8	(225.7)	225.6	226.9
70〜	211.3	219.0	208.0	220.0	(220.0)	220.5	221.1

注：1）所定内給与額とは、きまって支給する現金給与額のうち、超過労働給与額（時間外勤務手当、深夜勤務手当、休日出勤手当、宿日直手当、交替手当の額）を差し引いたもの
　　2）全産業、製造業ともに民営のみの数値
　　3）調査対象は、10人以上の常用労働者を雇用する民営事業所
　　4）2019年以前と2020年以降では推計方法が異なる。
　　　　2019年の（　）内の数値は、2020年以降と同じ推計方法で集計した2019年の数値
出典：厚生労働省「賃金構造基本統計調査」

第25表　産業別賃金水準（一般労働者）の推移

	調査産業計	鉱業、採石業、砂利採取業	建設業	製			造		
				化学	鉄鋼	非鉄金属	金属製品	電子部品	電気機器
現金給与総額＝きまって支給する給与＋特別に支払われた給与									
2014年	452,384	525,304	478,428	453,943	552,057	470,530	475,058	400,486	475,851	485,776
15	447,814	426,763	474,929	446,741	529,358	461,218	452,073	389,015	466,314	475,057
16	452,322	433,180	491,480	449,327	531,727	460,786	461,935	394,604	465,639	472,011
17	454,330	441,764	499,914	452,904	516,636	466,094	461,478	403,954	478,003	477,520
18	459,433	512,131	510,102	457,388	543,779	485,639	476,860	412,419	488,369	484,856
19	460,930	526,815	531,595	458,568	541,584	472,809	465,488	409,169	473,296	486,572
20	451,346	515,669	525,422	440,513	516,987	473,333	422,840	377,171	462,478	462,836
21	454,208	538,057	520,734	449,667	529,790	455,172	442,763	381,548	477,904	477,664
きまって支給する給与									
2014年	356,381	387,694	384,993	351,405	410,640	364,815	365,482	323,336	363,768	366,780
15	354,080	333,142	382,094	346,221	390,692	351,942	357,802	311,130	358,711	362,757
16	355,488	337,642	385,923	347,413	388,760	355,896	359,627	314,782	363,538	359,336
17	356,676	343,333	388,699	349,064	379,536	366,705	363,729	320,385	369,342	360,556
18	358,732	388,561	386,156	351,412	396,575	368,352	365,189	321,153	374,401	367,317
19	360,685	395,807	399,691	352,856	406,971	358,482	353,975	319,999	364,809	370,806
20	356,157	387,732	398,105	343,182	391,052	361,018	334,968	304,083	359,367	358,015
21	359,639	403,662	400,484	350,339	399,704	362,896	349,641	308,312	363,467	362,230
所定内給与									
2014年	323,720	357,924	350,211	310,347	379,147	310,235	325,041	280,910	323,555	326,004
15	321,628	304,241	346,662	304,634	356,817	298,801	312,677	275,878	317,013	321,848
16	323,119	307,978	349,280	305,603	354,167	300,881	313,293	278,877	319,795	319,121
17	324,454	312,122	353,297	306,461	345,108	306,126	313,829	282,181	323,454	320,947
18	326,530	353,231	347,952	308,733	360,611	307,060	318,076	279,077	330,869	326,606
19	328,292	360,148	358,727	312,538	370,933	303,443	305,758	278,028	325,128	324,556
20	327,880	352,566	358,874	310,251	357,895	319,339	295,322	275,779	320,427	328,396
21	329,488	364,508	360,941	312,929	360,414	313,125	302,752	278,192	319,450	327,719

注：1）「現金給与総額」とは、労働の対償として使用者が労働者に通貨で支払うもので、所得税、社会保険料、組合費、購買代金などを差し引く前の総額

2）「きまって支給する給与」とは、労働協約、就業規則などによってあらかじめ定められている支給条件、算定方法によって支給される給与で、いわゆる基本給、家族手当、超過労働給与を含む

3）「所定内給与」とは、きまって支給する給与のうち超過労働給与以外のもの。「超過労働給与」とは、所定の労働時間を超える労働に対して支給される給与や、休日労働、深夜労働に対して支給される給与。時間外手当、早朝出勤手当、休日出勤手当、深夜手当などが該当する

4）「特別に支払われた給与」とは、労働協約、就業規則などによらず、一時的または突発的理由に基づき労働者に現実に支払われた給与または労働協約、就業規則などによりあらかじめ支給条件、算定方法が定められている給与で以下に該当するもの
①夏冬の賞与、期末手当などの一時金②支給事由の発生が不定期のもの③３ヵ月を超える期間で算定される手当など
④いわゆるベースアップの差額追給分

（単位：円）

業		電気・ガス・熱供給・水道業	情報通信業	運輸業、郵便業	卸売業、小売業	金融業、保険業	不動産業、物品賃貸業	宿泊業,飲食サービス業	サービス業
輸送用機器	情報通信機器								
499,985	518,511	576,215	564,603	421,426	467,714	570,816	475,432	352,017	429,362
497,082	554,198	585,152	541,599	419,357	466,795	586,098	474,589	334,064	428,645
503,672	538,189	596,137	547,359	424,630	471,718	573,226	488,592	341,346	435,105
506,902	542,258	597,172	543,237	420,630	475,133	580,146	491,281	338,485	433,875
516,186	545,866	609,458	551,793	435,773	503,338	584,347	490,780	325,530	440,454
526,776	542,706	620,208	546,837	442,330	487,532	586,587	479,074	331,724	444,776
500,251	519,564	619,480	535,235	409,078	485,864	588,510	480,850	306,825	437,984
510,330	531,605	623,094	532,214	403,612	491,271	571,203	497,939	303,380	436,472
379,159	392,914	466,589	430,296	343,682	361,445	422,440	368,402	306,930	340,578
375,013	414,314	478,656	415,563	344,674	362,049	431,937	371,940	287,417	340,777
379,165	408,271	482,417	413,629	346,737	362,148	428,467	379,592	291,242	342,774
383,070	403,479	475,377	412,367	343,972	366,160	430,707	376,151	290,403	342,182
389,151	406,216	474,325	416,606	353,632	378,678	437,981	376,740	281,555	347,970
392,151	404,427	481,117	415,888	355,295	374,745	437,089	365,320	285,536	352,534
380,471	391,598	475,042	409,143	338,207	375,146	434,323	375,001	276,526	349,911
392,412	393,279	479,227	407,958	338,154	377,819	424,057	385,198	274,814	351,043
320,543	357,116	405,689	382,016	293,171	339,296	392,333	342,902	285,131	318,626
315,505	374,745	418,754	371,479	294,007	340,631	401,759	345,568	263,114	319,391
319,596	368,966	420,626	372,420	296,462	340,341	398,729	352,653	266,892	321,410
322,483	365,525	417,453	375,092	292,608	345,212	401,874	351,469	265,758	320,969
327,923	370,075	412,512	380,646	299,902	357,115	409,368	351,369	257,486	324,282
335,181	368,443	418,493	378,539	299,873	351,862	405,220	340,454	260,955	328,280
336,468	358,789	410,344	373,920	289,973	355,138	401,831	351,665	259,993	329,179
342,081	357,306	418,080	371,047	288,274	356,751	390,735	358,132	261,206	329,351

5）「化学」には、化学工業のほか、石油製品・石炭製品製造業が含まれる
6）「電子部品」には、電子部品のほか、デバイス・電子回路製造業が含まれる
7）「サービス業」は、「学術研究、専門・技術サービス業」「生活関連サービス業、娯楽業」「教育、学習支援業」「医療、福祉」「複合サービス事業」「サービス業（他に分類されないもの）」の合計を単純平均した値
8）調査対象は、常用雇用労働者数30人以上の事業所
出典：厚生労働省「毎月勤労統計調査」

第26表　産業別・規模別賃金水準（2021年）

	規　模　計			1,000人以上		
	平　均年　齢	平　均勤続年数	所定内給　与	平　均年　齢	平　均勤続年数	所定内給　与
	歳	年	千円	歳	年	千円
産　　業　　　　計	43.4	12.3	307.4	42.4	13.6	339.7
鉱業、採石業、砂利採取業	48.3	14.9	323.3	41.6	18.0	392.2
建　　設　　業	44.5	13.4	333.2	42.4	16.1	404.9
製　　造　　業	43.1	14.6	294.9	42.1	16.8	343.3
食　　料　　品	43.2	11.7	239.5	42.4	12.6	253.4
飲料・たばこ・飼料	42.8	14.2	275.9	42.6	15.2	299.0
繊　維　工　業	45.1	13.5	229.7	42.2	15.9	281.8
木　材・木　製　品	44.3	12.8	259.5	42.9	16.0	294.5
家　具・装　備　品	44.3	14.2	275.3	41.3	17.4	322.2
パルプ・紙・紙加工品	43.4	15.0	278.2	42.1	18.9	333.5
印　刷・同　関　連　業	44.3	15.6	285.7	42.1	17.9	339.4
化　　学　　工　　業	43.0	16.0	352.1	43.0	17.7	396.7
石油製品・石炭製品	41.7	16.1	363.4	38.7	17.4	399.1
プラスチック製品	42.8	13.2	272.6	41.3	16.3	317.0
ゴ　ム　製　品	42.3	14.3	298.5	41.5	15.9	341.1
なめし革・同製品・毛皮	45.6	11.8	234.4	45.0	16.2	233.4
窯業・土石製品	45.1	14.2	294.1	42.4	16.5	354.5
鉄　　鋼　　業	41.1	15.8	313.8	39.7	17.5	341.8
非　鉄　金　属	43.4	15.4	305.8	42.2	17.4	359.5
金　属　製　品	43.4	13.8	282.6	41.6	17.7	329.2
はん用機械器具	42.8	15.4	323.0	41.6	16.9	366.6
生産用機械器具	43.1	14.9	312.4	41.7	16.8	375.2
業務用機械器具	43.7	15.5	318.4	43.2	18.0	357.1
電子部品・デバイス・電子回路	43.9	16.4	318.6	43.5	18.5	369.8
電　気　機　械　器　具	43.6	15.9	313.0	42.8	18.6	376.7
情報通信機械器具	44.7	18.1	330.2	44.7	20.4	376.0
輸送用機械器具	41.4	14.8	307.2	41.0	16.7	342.6
そ　　の　　他	43.7	15.1	294.1	41.6	16.0	312.5
電気・ガス・熱供給・水道業	44.9	21.2	419.7	45.3	22.8	445.8
情　報　通　信　業	40.3	12.9	373.5	42.2	16.2	433.1
運　輸　業、郵　便　業	46.9	12.6	278.5	43.3	14.1	299.4
卸　売　業、小　売　業	42.7	13.1	308.0	42.3	13.8	320.2
金　融　業、保　険　業	42.7	14.1	383.5	42.8	14.3	380.0
不　動　産　業、物品賃貸業	43.2	10.4	326.1	43.1	11.1	335.3
学術研究、専門・技術サービス業	42.8	12.9	386.9	43.1	15.4	437.4
宿　泊　業、飲食サービス業	42.5	9.8	257.6	40.8	10.1	268.6
生活関連サービス業、娯楽業	41.4	10.4	268.2	39.3	10.7	285.8
教　　育、学　習　支　援　業	43.9	11.7	373.9	44.8	12.3	442.6
医　　療、福　　　　祉	42.8	9.0	291.7	40.4	9.0	332.9
複　合　サ　ー　ビ　ス　事　業	43.8	15.9	296.7	44.2	15.7	308.5
サービス業（他に分類されないもの）	45.1	9.2	265.5	43.2	8.7	269.7

注：1）民営事業所に雇用されている一般労働者の数値
　　2）所定内給与については第24表の注を参照
出典：厚生労働省「賃金構造基本統計調査」

100～999人			10～99人			所定内給与格差（規模計=100）			
平均年齢	平均勤続年数	所定内給与	平均年齢	平均勤続年数	所定内給与	規模計	1,000人以上	100～999人	10～99人
歳	年	千円	歳	年	千円				
43.1	12.0	299.8	45.0	11.2	279.9	100	111	98	91
45.4	18.2	399.0	50.7	13.0	279.1	100	121	123	86
42.6	14.3	343.9	45.9	12.3	307.7	100	122	103	92
42.4	14.4	282.1	45.1	12.6	262.6	100	116	96	89
42.4	11.5	237.8	45.6	11.0	226.0	100	106	99	94
42.5	15.6	283.0	43.2	11.7	250.5	100	108	103	91
44.9	15.1	236.3	45.6	12.2	218.2	100	123	103	95
42.6	14.5	274.7	45.2	11.7	249.6	100	113	106	96
41.7	13.9	267.9	46.4	13.9	271.8	100	117	97	99
42.3	14.9	267.4	44.8	13.4	262.4	100	120	96	94
43.4	15.9	276.7	45.2	14.9	280.6	100	119	97	98
42.2	14.5	323.4	45.4	15.4	306.2	100	113	92	87
40.4	16.6	345.1	48.0	13.2	297.1	100	110	95	82
41.5	13.6	280.4	45.1	11.8	248.2	100	116	103	91
41.4	14.1	279.6	44.9	12.1	254.7	100	114	94	85
40.6	12.4	251.4	46.8	11.6	230.1	100	100	107	98
42.9	15.0	286.1	48.3	12.5	272.1	100	121	97	93
41.2	16.0	303.4	43.4	12.6	280.7	100	109	97	89
43.0	15.1	291.7	45.5	13.7	271.1	100	118	95	89
42.6	14.8	287.5	44.3	12.3	270.0	100	116	102	96
42.8	15.7	310.0	44.4	12.7	288.9	100	113	96	89
42.3	15.5	302.2	44.7	13.2	291.5	100	120	97	93
43.3	15.2	304.2	44.9	12.6	295.0	100	112	96	93
43.4	15.0	284.9	46.4	13.7	258.0	100	116	89	81
43.5	14.9	281.3	45.5	12.9	254.3	100	120	90	81
44.7	16.9	299.4	44.6	12.7	240.0	100	114	91	73
40.8	13.3	273.7	44.4	11.4	255.3	100	112	89	83
43.5	15.9	297.4	45.0	14.0	281.8	100	106	101	96
43.3	15.2	325.3	44.5	15.3	311.3	100	106	78	74
39.3	11.8	357.6	39.5	10.4	320.4	100	116	96	86
47.4	11.8	268.3	50.5	11.7	265.5	100	108	96	95
41.9	13.2	315.6	44.5	12.1	281.8	100	104	102	91
41.7	14.2	379.1	45.1	11.5	438.7	100	99	99	114
42.2	10.3	327.6	44.8	9.5	311.9	100	103	100	96
41.7	11.8	367.5	43.6	10.8	338.4	100	113	95	87
43.0	10.0	259.7	43.9	9.1	243.0	100	104	101	94
42.0	10.8	269.9	42.2	10.0	256.6	100	107	101	96
44.9	12.4	394.6	41.5	10.1	279.0	100	118	106	75
43.6	9.3	285.8	43.6	8.5	267.7	100	114	98	92
42.9	16.3	275.7	45.1	15.7	267.0	100	104	93	90
45.8	9.2	261.2	47.8	10.1	264.1	100	102	98	99

第27表　都道府県別賃金水準の推移

| 区　分 | 現金給与総額 | | | | | きまって | |
	2017年	2018年	2019年	2020年	2021年	2017年	2018年
全　　　　国	367,951	372,162	371,408	365,100	368,493	294,010	295,944
北　海　道	302,223	322,425	331,037	323,322	316,478	250,406	261,649
青　　　森	281,212	267,976	271,823	269,903	286,154	237,533	224,896
岩　　　手	293,646	301,479	304,681	303,384	309,419	242,587	246,895
宮　　　城	317,993	331,023	334,301	327,760	320,413	262,283	269,799
秋　　　田	303,970	304,845	297,211	286,630	292,195	249,040	250,851
山　　　形	310,766	315,796	314,349	294,144	310,250	257,287	260,678
福　　　島	325,223	328,666	332,481	324,788	322,213	270,462	270,107
茨　　　城	349,717	363,422	366,860	357,749	357,220	284,831	290,220
栃　　　木	359,418	345,623	348,902	341,637	342,612	287,271	281,880
群　　　馬	346,331	344,219	325,373	320,606	328,495	280,350	281,062
埼　　　玉	303,573	321,013	322,773	308,624	308,866	255,920	267,493
千　　　葉	323,022	327,065	335,752	326,602	323,575	267,512	269,050
東　　　京	462,436	467,598	466,397	457,856	462,052	359,255	361,009
神　奈　川	376,500	389,445	387,186	373,418	370,568	304,777	311,758
新　　　潟	321,192	316,810	301,896	308,964	313,046	264,725	260,120
富　　　山	336,358	337,008	336,668	330,444	328,407	273,582	273,646
石　　　川	344,555	342,117	329,979	334,403	331,340	279,834	278,387
福　　　井	348,092	348,067	347,716	341,808	348,816	282,060	277,407
山　　　梨	330,408	343,550	330,353	327,178	333,746	269,778	273,433
長　　　野	341,815	344,972	340,606	335,144	335,883	276,183	274,738
岐　　　阜	324,348	315,805	322,010	322,506	320,404	263,730	257,318
静　　　岡	342,448	341,151	345,092	339,684	346,295	274,839	274,631
愛　　　知	392,585	398,453	398,408	389,044	384,733	307,639	309,842
三　　　重	349,680	353,083	354,736	355,574	354,455	281,537	285,760
滋　　　賀	360,362	358,159	366,475	342,563	343,148	288,400	285,700
京　　　都	336,073	330,336	330,964	326,068	333,125	271,026	268,380
大　　　阪	379,086	379,983	374,168	369,194	373,155	298,031	298,470
兵　　　庫	336,322	352,121	355,810	337,302	345,380	270,601	282,497
奈　　　良	302,678	301,103	297,379	299,727	295,481	250,719	246,585
和　歌　山	301,647	312,269	309,267	307,071	324,165	248,307	256,374
鳥　　　取	316,029	304,198	296,578	295,940	295,780	260,374	251,115
島　　　根	315,180	317,771	315,019	317,047	323,818	260,042	260,062
岡　　　山	356,957	331,447	322,940	330,636	324,450	285,789	269,311
広　　　島	360,600	359,871	358,668	349,368	354,409	290,002	288,113
山　　　口	339,098	332,247	322,411	318,951	338,908	272,889	267,649
徳　　　島	330,944	329,284	324,013	327,148	350,994	267,236	266,726
香　　　川	325,587	338,138	335,182	325,570	313,745	264,928	275,130
愛　　　媛	322,619	304,047	298,346	300,263	306,086	265,117	250,098
高　　　知	321,514	299,251	315,169	306,018	298,933	266,315	247,013
福　　　岡	347,421	344,424	332,247	334,576	333,291	280,590	274,893
佐　　　賀	308,796	317,551	298,835	290,118	283,688	255,738	260,748
長　　　崎	305,610	299,838	304,884	311,574	301,895	248,937	244,043
熊　　　本	318,079	311,350	315,228	301,457	314,798	264,275	257,680
大　　　分	322,250	312,645	308,245	313,197	309,022	260,744	253,861
宮　　　崎	292,815	281,702	279,849	285,984	285,012	244,298	234,931
鹿　児　島	278,885	279,344	277,578	292,150	290,717	230,603	229,388
沖　　　縄	283,056	272,026	278,190	283,770	275,343	240,671	233,588

注：1）調査対象は、事業所規模30人以上（調査産業計）
　　2）「現金給与総額」「きまって支給する給与」「所定内給与」については第25表の注参照
出典：厚生労働省「毎月勤労統計調査〔地方調査〕」

支給する給与（定期給与）			所定内給与				
2019年	2020年	2021年	2017年	2018年	2019年	2020年	2021年
296,064	293,056	296,652	268,736	270,694	270,847	271,025	273,186
268,988	264,924	260,029	231,378	242,881	249,818	245,839	242,985
230,562	227,720	238,205	212,099	207,832	212,067	210,075	219,161
250,867	249,563	254,987	220,544	225,032	228,776	229,742	232,390
268,954	268,970	263,729	240,893	247,452	245,520	248,720	241,983
245,127	241,408	242,265	232,206	229,677	227,452	224,890	225,329
258,975	246,311	256,639	233,382	237,159	238,536	229,139	235,349
270,601	267,665	266,288	244,107	242,789	245,117	246,654	242,852
291,257	288,642	288,369	258,565	260,983	262,224	263,132	262,605
279,696	277,560	278,900	254,896	253,692	252,640	253,257	254,804
268,399	270,130	270,853	254,658	252,140	240,564	246,583	249,084
267,480	257,748	255,845	235,910	245,721	245,070	239,280	237,231
275,330	271,345	269,616	243,031	244,300	250,741	250,712	250,455
361,562	358,390	363,963	333,689	335,576	334,350	333,481	337,274
309,003	300,198	299,235	278,235	287,377	282,549	277,453	276,867
250,656	256,321	256,531	241,497	238,773	230,030	237,222	237,700
272,536	269,880	270,006	248,008	248,321	250,098	251,849	249,870
270,271	271,705	268,527	254,436	257,183	249,012	252,218	246,858
279,463	273,558	278,954	255,061	251,340	255,774	251,853	256,366
265,395	265,392	272,527	245,643	247,568	241,997	243,847	249,522
274,964	272,542	271,712	251,073	251,014	252,763	253,167	248,219
263,712	262,690	264,609	239,789	234,603	240,942	244,951	243,967
276,851	274,972	279,789	247,445	248,398	249,684	252,337	256,103
309,457	303,422	304,412	274,191	276,083	276,622	275,781	275,762
287,084	290,270	289,820	250,751	255,875	254,352	262,032	258,411
290,321	278,543	273,527	259,613	254,183	259,089	254,770	248,384
271,011	266,443	272,161	248,107	245,066	249,202	247,432	252,563
297,353	295,199	298,292	274,111	274,789	274,486	274,889	276,035
284,184	270,450	275,906	246,584	254,867	257,892	247,421	251,642
245,584	247,530	243,086	233,046	226,195	227,380	233,359	228,901
254,271	252,589	264,389	226,623	232,006	232,004	233,606	243,472
244,319	245,504	245,087	241,860	233,713	226,231	230,092	227,621
260,841	261,702	265,129	235,011	235,356	238,290	240,255	239,991
264,828	269,358	265,321	258,839	243,844	241,814	249,742	244,770
289,705	282,376	285,496	260,673	259,041	262,497	257,922	259,668
260,022	256,769	268,670	244,915	241,499	237,101	235,838	245,489
263,217	265,351	280,273	247,105	243,706	244,095	247,128	261,011
271,073	264,357	258,275	242,956	252,609	247,559	245,621	236,172
247,723	250,932	250,486	243,706	231,497	227,279	233,668	231,453
259,220	254,550	248,095	244,860	229,716	240,382	237,291	232,077
269,110	271,270	272,944	252,798	250,584	246,171	250,985	253,070
246,924	240,844	239,677	232,555	237,078	224,987	223,889	220,895
248,751	256,406	249,372	227,246	223,659	228,959	234,788	228,108
256,773	247,247	259,669	242,599	235,468	236,372	228,397	238,377
252,019	258,210	255,452	235,218	232,042	231,623	239,570	234,408
237,612	238,656	239,729	223,615	218,424	222,351	223,488	222,211
233,038	242,699	241,807	214,061	213,896	218,497	228,977	226,737
236,194	240,683	233,416	223,317	217,835	218,521	222,027	215,909

第28表　諸手当の種類別採用企業数の割合（各年11月分）

（単位：％）

諸手当の種類	企業規模計			1,000人以上			100～999人			30～99人		
	2009年	2014年	2019年	2009年	2014年	2019年	2009年	2014年	2019年	2009年	2014年	2019年
業績手当	15.0	14.9	13.8	14.1	16.8	17.1	15.3	15.9	14.6	14.9	14.4	13.4
勤務手当　計	—	85.5	85.2	—	83.0	88.6	—	86.6	87.7	—	85.2	84.1
（役付）	82.2	81.0	80.8	75.7	72.2	78.6	82.8	82.6	82.0	82.2	80.7	80.3
（特殊作業）	10.3	11.8	11.5	21.3	20.8	22.0	13.3	15.3	14.8	8.9	10.2	9.8
（特殊勤務）	20.1	22.5	22.0	43.9	41.1	42.3	29.9	30.5	29.2	15.8	18.8	18.3
（技能・技術）	46.9	45.4	47.0	44.5	42.8	48.0	46.7	50.5	52.2	47.1	43.5	44.9
精皆勤・出勤手当	34.1	28.0	24.0	13.5	8.1	9.1	26.6	21.7	18.5	37.4	31.1	26.8
通勤手当	91.6	85.6	86.4	93.8	86.2	92.7	93.1	88.7	90.3	91.0	84.4	84.6
生活手当　計	—	72.8	73.2	—	85.1	91.5	—	81.4	82.4	—	69.1	68.8
（家族・扶養・育児支援）	65.9	62.8	62.5	74.5	69.5	72.7	73.2	69.6	68.6	62.9	59.9	59.7
（地域・勤務地）	12.7	11.9	11.5	35.7	32.2	35.1	21.3	19.7	18.4	8.9	8.2	7.8
（住宅）	41.2	42.6	43.7	56.8	54.5	60.0	50.4	52.7	52.6	37.3	38.3	39.4
（単身赴任・別居）	15.8	15.1	13.7	72.1	63.4	66.7	33.5	29.4	28.5	7.6	8.1	5.8
（その他）	15.5	15.7	13.7	31.3	29.0	28.7	20.8	18.8	17.5	13.1	14.1	11.6
調整手当	29.7	31.9	29.3	48.6	50.3	51.9	38.3	40.7	38.3	26.0	27.9	24.9
上記のいずれにも該当しないもの	9.1	10.4	12.7	12.2	15.6	21.9	10.9	15.1	14.9	8.4	8.4	11.5

注：生活手当の「その他」には、寒冷地手当や食事手当などが含まれる
出典：厚生労働省「就労条件総合調査」

第29表　常用労働者1人平均月間所定内賃金の構成比（各年11月分）

（単位：％）

所定内賃金の種類	企業規模計			1,000人以上			100～999人			30～99人		
	2009年	2014年	2019年	2009年	2014年	2019年	2009年	2014年	2019年	2009年	2014年	2019年
所　定　内　賃　金	100.0	100.0	100.0	100.0	100.0	100.0	100.0	100.0	100.0	100.0	100.0	100.0
基　　　　本　　　　給	85.4	86.4	85.1	88.0	88.4	86.2	84.8	86.0	84.9	82.1	83.6	83.4
諸　　　　手　　　　当	14.6	13.6	14.9	12.0	11.6	13.8	15.2	14.0	15.1	17.9	16.4	16.6
業　績　手　当	1.6	1.1	1.2	1.3	1.0	1.3	1.4	0.9	1.1	2.4	1.5	1.5
勤　務　手　当	4.7	4.6	4.9	3.5	3.3	4.0	4.8	5.1	5.2	6.4	6.1	6.5
（役　　　付）	(2.9)	(2.6)	(3.0)	(2.2)	(2.0)	(2.5)	(3.3)	(2.8)	(3.1)	(3.7)	(3.4)	(3.6)
（特　殊　作　業）	(0.2)	(0.1)	(0.2)	(0.1)	(0.1)	(0.1)	(0.2)	(0.2)	(0.1)	(0.3)	(0.2)	(0.3)
（特　殊　勤　務）	(0.7)	(0.9)	(0.8)	(0.9)	(0.8)	(0.9)	(0.7)	(1.0)	(0.8)	(0.5)	(0.7)	(0.7)
（技　能　・　技　術）	(0.9)	(1.0)	(1.0)	(0.4)	(0.4)	(0.5)	(0.8)	(1.1)	(1.1)	(1.8)	(1.8)	(1.8)
精皆勤・出勤手当	0.5	0.4	0.3	0.1	0.1	0.1	0.6	0.3	0.3	1.2	1.0	0.9
通　　勤　　手　　当	2.7	2.4	2.7	2.4	2.2	2.6	3.0	2.6	2.8	2.7	2.6	2.7
生　　活　　手　　当	3.7	3.7	3.8	4.0	4.2	4.5	3.9	3.6	3.6	2.9	3.0	2.8
（家族・扶養・育児支援）	(1.5)	(1.4)	(1.3)	(1.8)	(1.5)	(1.5)	(1.6)	(1.4)	(1.3)	(1.1)	(1.1)	(1.1)
（地　域　・　勤　務　地）	(0.5)	(0.7)	(0.7)	(0.7)	(1.0)	(1.1)	(0.4)	(0.5)	(0.6)	(0.3)	(0.5)	(0.2)
（住　　　　　　宅）	(1.1)	(1.1)	(1.2)	(0.9)	(1.0)	(1.2)	(1.3)	(1.2)	(1.2)	(1.0)	(1.1)	(1.0)
（単身赴任・別居）	(0.3)	(0.3)	(0.3)	(0.5)	(0.4)	(0.4)	(0.3)	(0.2)	(0.3)	(0.1)	(0.1)	(0.1)
（そ　　の　　他）	(0.3)	(0.3)	(0.3)	(0.2)	(0.2)	(0.2)	(0.3)	(0.3)	(0.3)	(0.4)	(0.4)	(0.3)
調　　整　　手　　当	0.7	0.8	0.8	0.3	0.4	0.5	0.8	0.8	1.0	1.2	1.2	1.1
上記のいずれにも該当しないもの	0.7	0.6	0.9	0.5	0.5	0.8	0.7	0.7	1.0	1.3	0.8	1.0

注：1）基本給および諸手当の数値は、所定内賃金を100.0とした割合である
　　2）（　）内の数値は諸手当の小分類項目の割合である
　　3）生活手当の「その他」には、寒冷地手当や食事手当などが含まれる
　　4）「上記のいずれにも該当しないもの」には、「不明」も含まれる
出典：厚生労働省「就労条件総合調査」

第30表　過去3年間の賃金制度の改定状況

(単位：%)

	賃金制度の改定を行った企業	改定項目（複数回答）				
		職務・職種などの仕事の内容に対応する賃金部分の拡大	職務遂行能力に対応する賃金部分の拡大	業績・成果に対応する賃金部分の拡大	手当を縮減し基本給に組入れ	業績評価制度の導入
調査産業計	40.4	(65.7)	(51.7)	(42.8)	(18.0)	(17.2)

注：1）対象期間は2019〜2021年
　　2）（　）内の数値は、「過去3年間に改定を行った企業」を100とした割合
　　3）改定項目は上位5項目
出典：厚生労働省「就労条件総合調査」

第31表　定期昇給制度とベースアップ等の実施状況別企業数割合

(単位：%)

		定期昇給制度がある企業	定昇とベア等の区別あり	ベア等の実施状況			定昇とベア等の区別なし
				ベアを行った・行う	ベアを行わなかった・行わない	ベースダウンを行った・行う	
管理職	＜調査産業計＞						
	2020年	(76.8) 100.0	60.6	21.5	38.5	0.6	38.0
	2021年	(73.0) 100.0	56.9	15.1	41.5	0.3	42.6
	2022年	(70.9) 100.0	60.4	24.6	35.6	0.2	38.1
一般職	＜調査産業計＞						
	2020年	(82.5) 100.0	62.7	26.0	36.1	0.6	36.0
	2021年	(81.6) 100.0	58.6	17.7	40.9	0.0	40.7
	2022年	(78.0) 100.0	63.7	29.9	33.8	0.0	34.8

注：（　）内は、賃金の改正を実施し又は予定している企業および賃金の改定を実施しない企業に占める定期昇給制度がある企業の割合
出典：厚生労働省「賃金引上げ等の実態に関する調査」

第32表 昇給とベースアップの配分状況

(1) 全産業、組合員平均

年	集計企業数	合計		昇給		ベースアップ	
		金額	率	金額	率	金額	率
	社	円	%	円	%	円	%
2010	190	5,832 (100.0)	1.90	5,726 (98.2)	1.87	106 (1.8)	0.03
11	190	6,098 (100.0)	2.01	6,070 (99.5)	2.00	28 (0.5)	0.01
12	193	6,058 (100.0)	1.98	5,984 (98.8)	1.96	74 (1.2)	0.02
13	200	5,932 (100.0)	1.96	5,682 (95.8)	1.88	250 (4.2)	0.08
14	224	6,994 (100.0)	2.26	6,059 (86.6)	1.96	935 (13.4)	0.30
15	219	7,341 (100.0)	2.39	6,001 (81.7)	1.95	1,340 (18.3)	0.44
16	222	6,909 (100.0)	2.23	6,071 (87.9)	1.96	838 (12.1)	0.27
17	224	6,851 (100.0)	2.25	5,880 (85.8)	1.93	971 (14.2)	0.32
18	218	7,022 (100.0)	2.32	5,623 (80.1)	1.86	1,399 (19.9)	0.46
19	221	7,137 (100.0)	2.31	5,984 (83.8)	1.94	1,153 (16.2)	0.37
20	212	6,174 (100.0)	2.00	5,663 (91.7)	1.83	511 (8.3)	0.17
21	220	6,038 (100.0)	1.96	5,672 (93.9)	1.84	366 (6.1)	0.12

(2) 全産業、役付非組合員平均

年	集計企業数	合計		昇給		ベースアップ	
		金額	率	金額	率	金額	率
	社	円	%	円	%	円	%
2010	47	7,973 (100.0)	1.56	7,759 (97.3)	1.52	214 (2.7)	0.04
11	60	9,307 (100.0)	1.77	9,261 (99.5)	1.76	46 (0.5)	0.01
12	60	7,644 (100.0)	1.50	7,445 (97.4)	1.46	199 (2.6)	0.04
13	61	7,359 (100.0)	1.42	6,845 (93.0)	1.32	514 (7.0)	0.10
14	67	8,607 (100.0)	1.66	7,537 (87.6)	1.45	1,070 (12.4)	0.21
15	69	9,118 (100.0)	1.69	8,128 (89.1)	1.51	990 (10.9)	0.18
16	73	9,044 (100.0)	1.70	8,350 (92.3)	1.57	694 (7.7)	0.13
17	62	9,097 (100.0)	1.76	8,066 (88.7)	1.56	1,031 (11.3)	0.20
18	75	10,555 (100.0)	2.07	8,360 (79.2)	1.64	2,195 (20.8)	0.43
19	61	9,455 (100.0)	1.81	8,315 (87.9)	1.59	1,140 (12.1)	0.22
20	71	7,783 (100.0)	1.50	7,041 (90.5)	1.36	742 (9.5)	0.14
21	85	8,310 (100.0)	1.65	8,153 (98.1)	1.62	157 (1.9)	0.03

注：1）昇給とベースアップの区別のある企業が対象。各年1〜6月実施分についての調査
　　2）昇給とはベースアップ以外の昇格・昇進昇給なども含む賃金増額をいう
　　3）（ ）内は月例賃金引上げに対する昇給・ベースアップの割合（％）
出典：経団連「昇給・ベースアップ実施状況調査結果」

第33表　賃金カットの実施状況

（単位：％）

企業規模	2013	2014	2015	2016	2017	2018	2019	2020	2021	2022	管理職のみ	一般職のみ	管理職と一般職
計	14.5	9.0	9.5	10.7	6.3	6.1	6.0	10.9	7.7	7.1	(34.9)	(30.6)	(34.4)
5,000人以上	9.3	10.8	4.5	5.9	6.1	7.0	7.3	8.2	12.1	7.2	(33.8)	(13.6)	(52.7)
1,000〜4,999人	11.1	8.7	8.3	8.4	6.4	6.5	6.0	7.7	10.2	6.4	(19.6)	(17.9)	(62.4)
300〜　999人	16.0	13.3	10.0	10.6	5.7	7.9	6.2	12.0	9.7	7.2	(55.4)	(21.3)	(22.9)
100〜　299人	14.4	7.6	9.6	11.1	6.6	5.5	5.9	10.9	6.8	7.1	(29.0)	(35.2)	(35.8)

注：1）賃金の改定を実施・予定している企業に占める賃金カットを実施・予定している企業の割合
　　2）賃金カットを実施・予定している企業には、1人当たり平均賃金を引き上げる企業と引き下げる企業を含む（予定含む）
　　3）（　）内は、2022年に賃金カットを実施・予定している企業を100とした割合
出典：厚生労働省「賃金引上げ等の実態に関する調査」

第34表　賃金傾向値表（全産業、規模計、全労働者）

年齢＼勤続年数	0年	1	2	3	4	5	6	7	8	9	10	11	12	13	14	15	16
15歳	88																
16	92	92															
17	96	96	96														
18	100	100	100	100													
19	104	104	104	104	104												
20	107	107	108	108	108	108											
21	111	111	111	111	112	112	112										
22	114	114	115	115	115	116	116	116									
23	117	118	118	118	119	119	120	120	120								
24	120	121	121	122	122	123	123	123	124	124							
25	123	124	124	125	125	126	126	127	127	128	128						
26	126	127	127	128	128	129	130	130	131	131	132	133					
27	128	129	130	131	131	132	133	133	134	135	136	136	137				
28	131	132	133	133	134	135	136	137	137	138	139	140	140	141			
29	133	134	135	136	137	138	139	139	140	141	142	143	144	144	145		
30	135	136	137	138	139	140	141	142	143	144	145	146	147	148	149	150	
31	137	138	139	140	142	143	144	145	146	147	148	149	150	151	152	153	154
32	139	140	141	143	144	145	146	147	148	149	151	152	153	154	155	156	157
33	141	142	143	144	146	147	148	149	151	152	153	154	155	157	158	159	160
34	142	143	145	146	148	149	150	152	153	154	155	157	158	[159]	161	162	163
35	143	145	146	148	149	151	152	154	155	156	[158]	159	160	162	163	164	166
36	145	146	148	149	151	152	154	155	157	158	160	161	163	164	166	167	168
37	146	147	149	151	152	154	155	157	159	160	162	163	165	166	168	169	171
38	147	148	150	152	153	155	157	159	160	162	164	165	167	168	170	172	173
39	147	149	151	153	155	156	158	160	162	163	165	167	169	170	172	174	175
40	148	150	152	154	156	157	159	161	163	165	167	168	170	172	174	176	177
41	148	150	152	154	156	158	160	162	164	166	168	170	172	174	176	177	179
42	149	151	153	155	157	159	161	163	165	167	169	171	173	175	177	179	181
43	149	151	153	155	157	160	162	164	166	168	170	172	174	176	179	181	183
44	149	151	153	156	158	160	162	164	167	169	171	173	175	178	180	182	184
45	149	151	153	156	158	160	163	165	167	170	172	174	176	179	181	183	185
46	148	151	153	156	158	160	163	165	168	170	172	175	177	179	182	184	186
47		150	153	155	158	160	163	165	168	170	173	175	178	180	183	185	187
48			152	155	158	160	163	165	168	171	173	176	178	181	183	186	188
49				155	157	160	163	165	168	171	173	176	178	181	184	186	189
50					157	159	162	165	168	170	173	176	179	181	184	187	189
51						159	162	165	167	170	173	176	179	181	184	187	190
52							161	164	167	170	173	176	178	181	184	187	190
53								163	166	169	172	175	178	181	184	187	190
54									165	169	172	175	178	181	184	187	190
55										168	171	174	177	180	183	187	190
56											170	173	176	180	183	186	189
57												172	175	179	182	185	189
58													174	178	181	185	188
59														177	180	184	187
60															179	183	186

注：賃金傾向値表とは、厚生労働省「賃金構造基本統計調査」の結果を基礎資料とし、年齢と勤続年数に応じて賃金がどのように変化していくかを指数（年齢18歳、勤続0年＝100）で一覧にしたもの。「きまって支給する現金給与額」から時間外・休日出勤手当、深夜勤務手当、宿日直手当、交替手当を除いた「所定内給与額」をベースに、労務行政研究所で算定

出典：労務行政研究所「労政時報」

（年齢18歳、勤続０年=100）

17	18	19	20	21	22	23	24	25	26	27	28	29	30	31	32	33	34	35
158																		
161	162																	
164	165	167																
167	168	170	171															
170	171	173	174	175														
172	174	175	177	178	180													
175	176	178	180	181	183	184												
177	179	180	182	184	185	187	189											
179	181	183	184	186	188	190	191	193										
181	183	185	187	189	190	192	194	196	198									
183	185	187	189	191	193	194	196	198	200	202								
185	187	189	191	193	195	197	199	201	203	205	206							
186	188	190	192	195	197	199	201	203	205	207	209	211						
188	190	192	194	196	198	201	203	205	207	209	211	213	216					
189	191	193	196	198	200	202	205	207	209	211	214	216	218	220				
190	192	195	197	199	202	204	206	209	211	213	216	218	220	222	225			
191	193	196	198	201	203	205	208	210	213	215	217	220	222	225	227	229		
191	194	197	199	202	204	207	209	212	214	217	219	222	224	227	229	231	234	
192	195	197	200	203	205	208	210	213	216	218	221	223	226	228	231	233	236	238
192	195	198	201	203	206	209	212	214	217	220	222	225	227	230	233	235	238	241
193	196	198	201	204	207	210	212	215	218	221	223	226	229	232	234	237	240	242
193	196	199	202	205	207	210	213	216	219	222	225	227	230	233	236	239	241	244
193	196	199	202	205	208	211	214	217	220	223	226	229	231	234	237	240	243	246
193	196	199	202	205	208	211	214	217	220	223	226	229	232	235	238	241	244	247
192	196	199	202	205	208	212	215	218	221	224	227	230	233	236	239	243	246	249
192	195	199	202	205	208	212	215	218	221	224	228	231	234	237	240	243	247	250
191	195	198	202	205	208	212	215	218	221	225	228	231	235	238	241	244	248	251
191	194	198	201	204	208	211	214	218	222	225	228	232	235	238	242	245	248	252
190	193	197	200	204	207	211	214	218	221	225	228	232	235	239	242	246	249	252

【使用方法】もっとも基本的な利用の方法として、労務構成（平均年齢・平均勤続年数）の異なる企業Ａ・Ｂ２社の賃金水準の比較を例に説明する

Ａ社＝平均賃金315,000円（平均年齢35歳・平均勤続年数10年）、Ｂ社＝同様に330,000円（34歳・13年）として、①まず、Ａ・Ｂ両社の労務構成に対応する賃金傾向値を上表から求めると、Ａ社：158、Ｂ社：159、②Ｂ社の傾向値159をＡ社の傾向値158で除し、その値をＡ社の平均賃金に乗じると、315,000×159/158≒317,000円となる。③この317,000円は、Ａ社の労務構成をＢ社のそれと同一と仮定した場合の平均賃金であるから、両社の労務構成を揃えた賃金水準の差は13,000円となり、Ｂ社の方が約4.1％高い（330,000／317,000≒1.041）

なお、傾向値表では年齢・勤続は１歳・１年刻みであらわされているので、小数点以下の刻みがある場合は比例計算によって推計する。例えば、36.5歳の時は36歳と37歳の傾向値の差に0.5を乗じた値を36歳の傾向値に加える。勤続年数の場合も同様。また傾向値は、産業別・規模別・男女別に作られているので、それぞれに細分した比較ができる。

第35表 賞与・一時金の推移

年	季	経団連調査（大手企業）		厚生労働省「毎月勤労統計調査」(事業所規模30人以上、調査産業計)			経団連「夏季・冬季 賞与・一時金調査結果」
		金 額	前 年 同 期 比	金 額	平均支給率	前年同期比	
		円	%	円	ヵ月分	%	月分
2008	夏	909,519 (787,572)	△0.08 (1.95)	470,343	1.26	△0.9	2.4
	冬	889,064 (776,061)	△0.36 (0.52)	487,169	1.34	△1.1	2.4
09	夏	753,500 (683,845)	△17.15 (△13.17)	409,711	1.16	△11.6	2.1
	冬	755,628 (671,507)	△15.01 (△13.47)	430,047	1.24	△10.2	2.1
10	夏	757,638 (689,222)	0.55 (0.79)	416,696	1.16	1.3	2.2
	冬	774,654 (695,217)	2.52 (3.53)	434,004	1.22	0.5	2.3
11	夏	791,106 (718,696)	4.42 (4.28)	418,877	1.15	0.1	2.3
	冬	802,701 (721,507)	3.62 (3.78)	430,792	1.22	△1.1	2.3
12	夏	771,040 (703,580)	△2.54 (△2.10)	409,980	1.15	―	2.3
	冬	778,996 (704,191)	△2.95 (△2.40)	425,015	1.22	―	2.2
13	夏	809,502 (697,645)	4.99 (△0.84)	413,824	1.16	0.9	2.3
	冬	806,007 (696,465)	3.47 (△1.10)	429,854	1.24	1.1	2.3
14	夏	867,731 (735,567)	7.19 (5.44)	438,669	1.20	6.0	2.4
	冬	848,405 (737,906)	5.26 (5.95)	443,230	1.26	3.1	2.4
15	夏	892,138 (757,171)	2.81 (2.94)	417,891	1.14	△3.0	2.5
	冬	880,593 (753,944)	3.79 (2.17)	431,850	1.21	△0.5	2.4
16	夏	905,165 (769,194)	1.46 (1.59)	429,855	1.15	2.9	2.4
	冬	880,736 (786,750)	0.02 (4.35)	436,902	1.22	1.2	2.4
17	夏	878,172 (779,029)	△2.98 (1.28)	429,773	1.17	0.0	2.4
	冬	880,793 (781,357)	0.01 (△0.69)	446,957	1.25	2.3	2.4
18	夏	953,905 (823,642)	8.62 (5.73)	447,580	1.21	4.1	2.5
	冬	934,858 (822,712)	6.14 (5.29)	456,169	1.27	2.1	2.4
19	夏	921,107 (811,536)	△3.44 (△1.47)	443,432	1.22	△0.9	2.5
	冬	951,411 (830,680)	1.77 (0.96)	454,048	1.27	△0.5	2.4
20	夏	901,147 (791,309)	△2.17 (△2.49)	438,830	1.20	△0.1	2.4
	冬	865,621 (767,031)	△9.02 (△7.65)	440,899	1.26	△3.4	2.2
21	夏	826,647 (752,348)	△8.27 (△4.92)	440,487	1.21	0.4	2.3
	冬	820,955 (740,290)	△5.16 (△3.49)	442,231	1.26	0.3	2.3
22	夏	899,163 (823,724)	8.77 (9.49)	454,152	1.21	3.1	―
	冬	894,179 (823,433)	8.92 (11.23)	―	―	―	―

注：1 ）経団連調査の金額は、各期最終集計時点の金額
　　　　金額は組合員1人当たりの加重平均、（ ）内は1社当たりの単純平均
　　2 ）厚生労働省「毎月勤労統計調査」の平均支給率は所定内給与に対する割合。前年同期比は、指数等により算出されているため、実数で計算した場合と必ずしも一致しない（金額についてはギャップ修正を行っていない）。2011年以前は従来の公表値（東京都の500人以上規模の事業所について復元が行われていない数値）、2012年以降は再集計値（東京都の500人以上規模の事業所についても復元して再集計した値）であり、両者は接続していない
　　3 ）経団連「夏季・冬季 賞与・一時金調査結果」は、経団連企業会員および東京経営者協会会員企業の非管理職を対象とした調査（2021年度調査をもって終了）

第36表　賞与・一時金の配分状況の推移（全産業、夏季）

区分	非管理職					管理職				
	集計社数	一律定額分	定率分	考課査定分	その他	集計社数	一律定額分	定率分	考課査定分	その他
年	社	%	%	%	%	社	%	%	%	%
2011	239	21.7	44.4	32.0	1.9	174	20.6	27.9	50.1	1.4
12	180	20.8	43.8	32.4	3.0	136	19.6	25.5	51.9	3.0
13	226	21.9	40.9	35.6	1.6	178	22.4	23.8	50.6	3.2
14	215	23.8	40.8	32.6	2.8	163	24.5	24.2	46.8	4.5
15	229	26.1	38.1	33.8	2.0	185	24.5	21.8	51.1	2.6
16	237	27.1	34.1	34.0	4.8	198	26.3	20.7	48.5	4.5
17	259	28.3	30.2	36.9	4.6	222	28.5	15.6	50.6	5.3
18	208	26.6	31.1	39.5	2.8	178	25.9	16.6	54.5	3.0
19	231	29.2	30.8	37.7	2.3	202	30.3	16.7	50.7	2.3
20	246	30.1	28.8	37.7	3.5	218	28.0	19.8	48.4	3.8
21	244	30.2	27.7	39.4	2.7	213	28.2	17.5	51.1	3.2

注：賞与支給額＝100.0％
出典：経団連「2021年 夏季・冬季 賞与・一時金調査結果」

第37表　賞与・一時金総額（原資）の決定方法（2021年夏季分）

（単位：％）

区分		計	業績連動方式をとり入れている					業績連動方式をとり入れていない
			（イ）生産高、売上高を基準とする	（ロ）付加価値を基準とする	（ハ）営業利益を基準とする	（ニ）経常利益を基準とする	（ホ）その他	
全産業		55.2	13.7 (24.9)	2.7 (5.0)	33.2 (60.2)	18.9 (34.3)	11.6 (21.0)	44.8
製造業		50.3	9.4 (18.7)	2.0 (4.0)	32.9 (65.3)	16.1 (32.0)	8.1 (16.0)	49.7
非製造業		59.2	17.3 (29.2)	3.4 (5.7)	33.5 (56.6)	21.2 (35.8)	14.5 (24.5)	40.8
全産業	500人以上計	53.6	12.8 (23.8)	2.6 (4.8)	32.3 (60.3)	17.4 (32.5)	11.5 (21.4)	46.4
	500人未満計	59.1	16.1 (27.3)	3.2 (5.5)	35.5 (60.0)	22.6 (38.2)	11.8 (20.0)	40.9

注：1）「業績連動方式をとり入れている」場合の選択肢は複数回答
　　2）（　）内の数字は、業績連動方式をとり入れている企業数を100.0とした割合。複数回答のため内訳と合計の企業数は一致せず、100.0を超える
　　3）小数点第2位以下四捨五入のため、合計が100.0にはならない場合がある
出典：経団連「2021年 夏季・冬季 賞与・一時金調査結果」

第38表　福利厚生費等の推移（従業員１人１ヵ月当たり、全産業平均）

（単位：円）

項　目	2015年度	2016年度	2017年度	2018年度	2019年度
現金給与総額	570,739	565,932	558,532	573,765	547,331
福利厚生費	110,627	111,844	108,335	113,556	108,526
法定福利費	85,165	86,622	84,884	88,188	84,396
健康保険・介護保険	31,177	31,646	31,119	32,429	31,043
厚生年金保険	46,441	48,029	47,375	48,989	46,833
雇用保険・労災保険	6,728	5,869	5,123	5,184	4,810
子ども・子育て拠出金	794	1,041	1,182	1,508	1,671
その他	25	36	84	78	39
法定外福利費	25,462	25,222	23,452	25,369	24,130
住宅関連	12,509	12,351	11,436	12,133	11,643
住宅	11,895	11,779	10,867	11,665	11,173
持家援助	614	572	569	468	470
医療・健康	2,922	3,141	2,802	3,161	3,188
医療・保健衛生施設運営	1,886	2,118	1,826	2,009	2,023
ヘルスケアサポート	1,036	1,023	976	1,153	1,165
ライフサポート	6,139	5,964	5,606	6,103	5,506
給食	1,861	1,787	1,571	1,824	1,728
購買・ショッピング	393	229	236	259	199
被服	507	491	486	538	433
保険	1,104	1,159	1,144	1,058	763
介護	19	25	25	27	27
育児関連	387	368	409	442	428
ファミリーサポート	243	251	241	252	246
財産形成	983	1,004	930	1,036	1,011
通勤バス・駐車場	496	513	435	542	566
その他	146	138	129	125	105
慶弔関係	632	616	595	585	514
慶弔金	577	565	526	531	466
法定超付加給付	55	51	69	54	47
文化・体育・レクリエーション	1,941	1,989	1,774	2,124	2,069
施設・運営	777	786	711	763	743
活動への補助	1,164	1,203	1,063	1,361	1,326
共済会	272	247	264	265	272
福利厚生代行サービス費	300	318	316	305	309
その他	747	594	659	692	629
通勤手当、通勤費	9,169	9,037	9,030	9,002	8,668
退職金	56,514	52,890	46,125	46,251	47,366
退職一時金	25,450	23,053	19,501	21,151	21,967
退職年金	31,064	29,839	26,624	25,100	25,400
カフェテリアプラン消化ポイント総額（参考）	4,549	4,344	4,842	4,880	4,664

注：1）2019年度から調査対象従業員数を健康保険加入者数から常用従業員数に変更
　　2）法定福利費の「雇用保険・労災保険」には、石綿健康被害救済法に基づく一般拠出金を含む
　　3）法定福利費の「その他」は、船員保険の保険料、労基法上の法定補償費、石炭鉱業年金基金への拠出金
　　4）カフェテリアプランとは、福利厚生運営手法の一つで、従業員に一定の福利厚生利用枠と給付の選択肢を与え、従業員が個々の必要性に応じて給付を選択する仕組み。消化ポイント総額は、利用枠のうち、実際に利用されたポイントを円換算したものであり、制度導入企業のうち、項目ごとの利用実績が分かる企業を対象に法定外福利費の中から特別集計
出典：経団連「福利厚生費調査結果」

第39表　パートタイム労働者の時間当たり所定内給与、年間賞与

年	企業規模計 所定内給与	年間賞与	1,000人以上 所定内給与	年間賞与	100～999人 所定内給与	年間賞与	10～99人 所定内給与	年間賞与
	円	千円	円	千円	円	千円	円	千円
男性労働者2015	1,133	38.5	1,088	33.0	1,153	45.2	1,172	39.7
16	1,134	37.4	1,096	36.2	1,167	41.7	1,150	35.3
17	1,154	37.4	1,113	35.7	1,188	46.5	1,180	31.7
18	1,189	41.9	1,146	41.2	1,226	47.2	1,212	37.9
19	1,207	39.4	1,166	35.3	1,237	43.4	1,237	41.3
	(1,612)	(34.4)	(1,406)	(27.7)	(2,007)	(43.4)	(1,532)	(35.6)
20	1,658	39.4	1,464	35.1	2,052	49.7	1,579	36.0
21	1,631	37.7	1,469	32.7	1,930	52.6	1,613	32.7
女性労働者2015	1,032	35.9	1,025	35.3	1,045	38.9	1,032	33.9
16	1,054	38.9	1,055	40.8	1,071	41.8	1,037	33.7
17	1,074	39.4	1,077	40.4	1,092	42.0	1,055	35.6
18	1,105	42.4	1,109	43.2	1,124	45.3	1,082	38.6
19	1,127	43.7	1,131	42.6	1,133	47.5	1,115	41.6
	(1,184)	(38.5)	(1,167)	(35.8)	(1,245)	(44.7)	(1,153)	(36.8)
20	1,321	43.9	1,288	40.2	1,392	52.5	1,306	41.2
21	1,290	43.4	1,263	42.4	1,359	52.3	1,274	37.8

注：1）年間賞与は、各年とも、前年1年間の賞与、期末手当等特別給与額の合計
　　2）2019年以前と2020年以降では推計方法が異なる。
　　　2019年の（　）内の数値は、2020年以降と同じ推計方法で集計した2019年の数値
出典：厚生労働省「賃金構造基本統計調査」

第40表　派遣社員募集時の主要職種別平均時給

（単位：円）

	OA事務	営業事務	経理・英文経理	総務・人事・広報・宣伝	販売	テレオペ・テレマーケティング・スーパーバイザー	SE・プログラマ・ネットワークエンジニア	CADオペレータ・CAD設計	設計（電子・機械・建築）	Web関連
2021年10月	1,543	1,585	1,642	1,641	1,390	1,528	2,557	1,840	2,179	1,943
11	1,552	1,587	1,646	1,647	1,389	1,540	2,572	1,843	2,195	1,952
12	1,560	1,585	1,648	1,655	1,388	1,538	2,580	1,843	2,202	1,932
2022年 1月	1,556	1,586	1,652	1,649	1,370	1,534	2,568	1,856	2,171	1,957
2	1,554	1,593	1,648	1,652	1,375	1,534	2,552	1,853	2,172	1,949
3	1,547	1,595	1,646	1,649	1,366	1,535	2,550	1,852	2,170	1,934
	一般事務	営業事務	経理・会計	総務・人事・広報・宣伝	販売	テレオペ・テレマーケティング・スーパーバイザー	SE・プログラマ・ネットワークエンジニア	CADオペレータ・CAD設計	設計（電子・機械・建築）	Web関連
4	1,537	1,588	1,636	1,645	1,383	1,516	2,520	1,844	2,142	1,947
5	1,530	1,585	1,629	1,643	1,388	1,512	2,496	1,857	2,128	1,939
6	1,532	1,586	1,632	1,641	1,392	1,526	2,530	1,842	2,171	1,957
7	1,538	1,585	1,635	1,652	1,393	1,541	2,545	1,847	2,140	1,935
8	1,555	1,598	1,642	1,662	1,391	1,541	2,562	1,864	2,236	1,965
9	1,556	1,598	1,646	1,664	1,396	1,538	2,572	1,898	2,292	1,961

注：1）調査エリアは三大都市圏（関東・東海・関西）
　　2）集計対象媒体・職種分類が2022年4月度より変更されている
出典：リクルートジョブズ「派遣スタッフ募集時平均時給調査」

ss139

第41表　職種別時間当たり賃金（2021年調査）

職　種	時間当たり		所定内実労働時間	超過実労働時間	きまって支給する現金給与額	所定内給与額	年間賞与その他特別給与額
	所定内給与額（A）	現金給与額（試算値）					
	円	円	時間	時間	千円	千円	千円
管理的職業従事者	3,167	4,120	167	3	537.8	528.9	1951.0
企画事務員	2,297	2,940	163	13	408.8	374.4	1303.6
保険営業職業従事者	2,195	2,583	148	1	327.7	324.9	686.2
機器器具・通信・システム営業職業従事者(自動車を除く)	2,186	2,845	165	11	388.5	360.7	1347.5
電気・電子・電気通信技術者(通信ネットワーク技術者を除く)	2,098	2,767	165	19	394.8	346.1	1372.9
その他の情報処理・通信技術者	2,074	2,646	163	13	370.0	338.0	1147.8
その他の営業職業従事者	2,071	2,598	167	10	368.3	345.8	1098.3
建築技術者	2,063	2,612	170	17	393.6	350.7	1138.3
土木技術者	2,046	2,594	170	12	379.8	347.9	1107.6
機械技術者	2,027	2,660	166	18	382.6	336.4	1281.7
ソフトウェア作成者	1,929	2,421	167	13	353.3	322.1	990.1
総合事務員	1,870	2,395	162	10	326.0	303.0	1031.4
電気工事従事者	1,815	2,303	168	17	348.0	305.0	936.9
自動車組立従事者	1,810	2,436	164	23	367.6	296.9	1054.8
営業・販売事務従事者	1,787	2,237	164	9	313.2	293.0	885.6
庶務・人事事務員	1,781	2,251	164	8	311.4	292.1	909.0
運輸・郵便事務従事者	1,763	2,173	163	11	315.3	287.3	752.8
会計事務従事者	1,753	2,221	163	7	302.8	285.8	896.7
化学製品製造従事者	1,752	2,313	160	15	321.0	280.3	1006.0
生産関連事務従事者	1,746	2,225	164	11	311.8	286.3	930.3
その他の一般事務従事者	1,743	2,168	161	8	300.2	280.7	794.9
自動車整備・修理従事者	1,677	2,068	167	16	312.4	280.1	791.7
土木従事者，鉄道線路工事従事者	1,628	1,844	170	9	296.5	276.7	402.6
その他の社会福祉専門職業従事者	1,625	1,991	164	5	278.3	266.5	697.4
その他のサービス職業従事者	1,606	1,871	163	9	281.4	261.8	484.6
営業用大型貨物自動車運転者	1,593	1,821	177	35	354.0	282.0	383.9
金属工作機械作業従事者	1,560	1,918	169	22	311.1	263.6	662.2
娯楽場等接客員	1,557	1,761	164	4	268.4	255.4	329.7
その他の製品製造・加工処理従事者(金属製品)	1,553	1,933	167	18	304.3	259.3	638.9
ゴム・プラスチック製品製造従事者	1,530	1,927	166	16	294.2	254.0	677.7
営業用貨物自動車運転者（大型車を除く）	1,507	1,734	174	33	320.5	262.3	460.3
その他の運搬従事者	1,487	1,740	166	16	276.3	246.8	485.0
販売店員	1,484	1,719	164	8	258.8	243.3	442.0
電気機械器具組立従事者	1,482	1,871	163	19	285.1	241.5	664.1
木・紙製品製造従事者	1,469	1,784	168	16	279.9	246.8	579.7
介護職員（医療・福祉施設等）	1,447	1,760	163	4	250.6	235.9	520.8
飲食物調理従事者	1,402	1,567	168	9	252.4	235.6	299.8
飲食物給仕従事者	1,395	1,537	164	8	243.3	228.7	252.1

注：1）（A）＝所定内給与額÷所定内実労働時間数

2）（試算値）＝ $\dfrac{\text{きまって支給する現金給与額} \times 12 + \text{年間賞与等総額}}{(\text{所定内実労働時間数} + \text{超過実労働時間数}) \times 12}$

　　ただし，きまって支給する現金給与額には超過労働給与を含む

　　また，年間賞与等総額は，2021年1〜12月の1年間における賞与、期末手当等特別給与額

3）調査対象は一般労働者

4）労働者数5万以上の職種（医療関係、教員関係を除く）を抽出

出典：厚生労働省「賃金構造基本統計調査」

⑥ 退職金・定年

第42表　標準者退職金の支給額および支給月数（総額）　　（2021年9月度）

区分	学歴	勤続年数	年齢	扶養家族	会社都合 退職金額	会社都合 支給月数	自己都合 退職金額	自己都合 支給月数	区分	学歴	勤続年数	年齢	扶養家族	会社都合 退職金額	会社都合 支給月数	自己都合 退職金額	自己都合 支給月数
		年	歳	人	千円	月分	千円	月分			年	歳	人	千円	月分	千円	月分
管理・事務・技術労働者—総合職—	大学卒	1	23	0	259	1.2	134	0.6	管理・事務・技術労働者—総合職—	大学卒	1	23	0	231	1.2	114	0.6
		3	25	0	647	2.7	320	1.3			3	25	0	576	2.7	256	1.2
		5	27	1	1,169	4.3	615	2.2			5	27	0	977	4.4	515	2.3
		10	32	3	2,886	8.6	1,747	5.2			10	32	0	2,294	9.3	1,340	5.4
		15	37	3	5,198	13.2	3,553	9.0			15	37	0	4,012	14.4	2,684	9.7
		20	42	3	8,223	17.8	6,411	13.9			20	42	0	6,261	20.7	4,986	16.5
		25	47	3	12,090	23.1	10,505	20.1			25	47	0	8,992	28.3	7,835	24.6
		30	52	1	16,491	29.7	15,540	27.9			30	52	0	11,634	34.4	10,708	31.7
		33	55	1	19,318	32.4	18,331	30.7			33	55	0	13,164	37.8	13,144	37.8
		35	57	1	20,858	36.1	19,829	34.3			35	57	0	13,874	41.0	12,915	38.2
		38	60	1	22,433	38.1	21,712	36.9			38	60	0	15,023	43.7	13,995	40.7
	短大卒	1	21	0	214	1.1	97	0.5		短大卒	1	21	0	188	1.0	93	0.5
		3	23	0	477	2.2	241	1.1			3	23	0	495	2.5	256	1.3
		5	25	0	872	3.8	466	2.0			5	25	0	797	3.8	409	2.0
		10	30	2	1,959	7.0	1,214	4.4			10	30	0	1,890	8.0	1,180	5.0
		15	35	3	3,648	11.5	2,556	8.1			15	35	0	3,310	12.6	2,448	9.3
		20	40	3	5,325	14.6	4,205	11.5			20	40	0	5,385	18.8	4,468	15.6
		25	45	3	8,010	19.4	7,156	17.3			25	45	0	7,856	25.0	6,880	21.9
		30	50	2	11,149	24.9	10,878	24.3			30	50	0	10,176	31.4	9,501	29.3
		35	55	1	14,581	30.3	13,902	28.8			35	55	0	12,564	36.5	11,817	34.4
		37	57	1	15,628	31.8	15,267	31.0			37	57	0	13,506	40.7	12,699	38.3
		40	60	1	17,990	36.1	17,717	35.6			40	60	0	14,507	42.9	13,615	40.3
	高校卒	1	19	0	171	1.0	85	0.5		高校卒	1	19	0	165	0.9	78	0.4
		3	21	0	431	2.2	214	1.1			3	21	0	421	2.3	221	1.2
		5	23	0	787	3.7	416	1.9			5	23	0	712	3.7	397	2.0
		10	28	1	1,841	7.0	1,111	4.2			10	28	0	1,691	7.5	1,074	4.8
		15	33	3	3,474	11.6	2,329	7.8			15	33	0	3,013	11.6	2,151	8.3
		20	38	3	5,565	15.4	4,234	11.7			20	38	0	4,901	16.9	3,990	13.8
		25	43	3	8,380	20.9	6,820	17.0			25	43	0	7,457	23.7	6,634	21.1
		30	48	2	11,627	27.2	10,178	23.8			30	48	0	10,040	29.4	9,119	26.7
		35	53	1	15,425	32.4	14,401	30.3			35	53	0	12,966	36.1	12,501	34.8
		37	55	1	17,078	34.1	15,953	31.8			37	55	0	13,420	37.4	13,330	37.1
		39	57	1	18,367	37.3	17,154	34.8			39	57	0	14,057	39.9	13,768	39.1
		42	60	1	19,530	39.5	18,538	37.5			42	60	0	14,726	42.4	14,878	42.9

注：1）退職金額は、退職金一時金のみ、退職一時金と年金併用、退職年金のみの場合の額を合算し、単純平均したもの
　　2）支給月数は、所定労働時間内賃金（2021年9月度標準者賃金）に対する倍率
　　3）各項目ごとに集計企業数が異なるので比較の際には留意されたい
出典：経団連「退職金・年金に関する実態調査」

第43表　退職金制度の形態

(単位：％)

年	計	退職一時金制度のみ	退職一時金と退職年金制度の併用	退職年金制度のみ
2008	100.0	12.3	71.3	14.2
10	100.0	10.2	74.5	12.8
12	100.0	13.3	71.2	10.6
14	100.0	12.9	66.3	15.7
16	100.0	13.4	71.7	11.7
18	100.0	10.9	72.1	13.0
21	100.0	15.9	66.1	10.3

注：集計企業数を100.0とした割合
出典：経団連「退職金・年金に関する実態調査」

第44表　賃金改定額と退職金算定基礎額との関係（全産業）

(単位：％)

年	計	賃金改定額が基礎額に繰り入れられる		賃金改定額とは関係なく別建てとなっている				その他
		全部	一部	ポイント方式（点数×単価）	別テーブル方式	その他		
2012	100.0	14.1	7.3	75.9	65.0	8.6	2.3	2.7
14	100.0	12.3	7.8	76.2	65.6	8.2	2.5	3.7
16	100.0	9.9	6.1	80.2	65.4	11.0	3.8	3.8
18	100.0	8.0	5.3	84.0	69.9	10.6	3.5	2.7
21	100.0	9.0	3.5	82.4	63.1	14.5	4.7	5.1

注：1）集計企業数を100.0とした割合
　　2）小数点第2位以下四捨五入のため、合計が100.0とならない場合がある
　　3）回答企業が年によって異なるため、経年的な推移をみる際には留意されたい
出典：経団連「退職金・年金に関する実態調査」

第45表　年金の種類（2021年）

(単位：％)

集計社数	厚生年金基金	確定給付企業年金		確定拠出年金（企業型）	中小企業退職金共済	自社年金	キャッシュバランスプラン（CBP）
		基金型	規約型				
100.0(233)	1.7(4)	24.9(58)	42.1(98)	71.2(166)	1.3(3)	0(0)	[36.3](61)

注：1）複数回答を含むため、合計は100.0を超える
　　2）（　）は回答企業数。[　]内は厚生年金基金または確定給付企業年金を採用している企業を100.0とした割合
出典：経団連「退職金・年金に関する実態調査」

第46表　定年年齢別企業数の割合（2022年）

(単位：％)

企業規模・産業	一律定年制を定めている企業	定年年齢階級							(再掲)65歳以上
		60歳	61歳	62歳	63歳	64歳	65歳	66歳以上	
2022年調査計	96.9	72.3	0.3	0.7	1.5	0.1	21.1	3.5	24.5
1,000人以上	90.9	79.3	0.7	1.1	0.9	0.2	17.1	0.7	17.8
300 〜 999人	91.9	81.7	0.5	1.1	1.9	0.4	13.8	0.2	14.1
100 〜 299人	97.8	76.6	0.6	0.6	1.3	0.1	19.2	1.6	20.8
30 〜 99人	97.3	69.8	0.2	0.6	1.6	—	22.5	4.5	27.0
鉱業、採石業、砂利採取業	100.0	75.7	—	—	2.6	—	21.7	—	21.7
建　　設　　業	97.1	67.7	0.1	1.6	0.4	—	26.2	3.9	30.1
製　　造　　業	98.0	79.0	0.0	0.4	2.0	—	13.2	4.4	17.6
電気・ガス・熱供給・水道業	93.0	76.6	—	2.8	0.9	—	17.9	1.8	19.7
情　報　通　信　業	97.9	83.2	0.4	0.2	0.5	—	15.7	—	15.7
運　輸　業、郵　便　業	97.0	58.3	0.8	0.1	2.3	0.8	34.0	3.7	37.7
卸　売　業、小　売　業	97.0	82.6	—	0.8	0.1	—	15.8	0.6	16.5
金　融　業、保　険　業	99.0	88.4	0.2	—	0.9	—	10.5	—	10.5
不動産業、物品賃貸業	99.4	77.5	1.8	0.2	2.7	—	16.1	1.4	17.4
学術研究、専門・技術サービス業	98.0	76.0	0.1	1.3	1.1	—	21.5	—	21.5
宿泊業、飲食サービス業	98.0	63.3	—	0.4	2.5	—	27.2	6.7	33.8
生活関連サービス業、娯楽業	94.8	71.0	—	0.1	0.1	—	21.6	6.3	27.8
教　育、学　習　支　援　業	84.1	64.9	—	1.3	1.7	—	30.4	0.5	30.9
医　療　、　福　　祉	96.5	66.1	0.1	0.4	2.0	—	25.6	4.7	30.2
複　合　サービス事業	97.9	90.4	0.7	2.4	1.6	—	5.0	—	5.0
サービス業(他に分類されないもの)	98.1	63.0	1.6	1.8	2.8	0.1	24.0	5.6	29.6
前回調査（2017年）企業規模計	97.8	79.3	0.3	1.1	1.2	0.3	16.4	1.4	17.8

注：定年年齢階級別の数値は、一律定年制を定めている企業に占める割合
出典：厚生労働省「就労条件総合調査」

7 労働時間

第47表 産業別月間労働時間数の推移

(単位：時間)

総実労働時間数

年	調査産業計	鉱業・採石業等	建設業	製造業	電気・ガス業	情報通信業	運輸・郵便業	卸売・小売業	金融・保険業	不動産・物品賃貸業	学術研究等	飲食サービス業等	生活関連サービス業等	教育学習支援業	医療・福祉	複合サービス事業	その他のサービス業
2014	149.1	160.9	174.2	164.5	155.2	163.5	170.4	140.1	147.3	148.1	160.1	111.6	135.1	127.6	142.1	152.4	139.6
15	148.7	163.8	173.3	164.6	156.4	161.6	170.4	136.5	148.9	147.4	155.6	112.4	132.4	127.4	143.4	155.4	141.5
16	148.5	164.9	175.1	164.5	157.5	160.5	169.7	137.5	149.1	146.9	156.4	112.3	131.4	127.5	143.1	155.8	140.9
17	148.4	163.6	173.4	165.1	156.9	159.5	172.0	137.4	148.5	147.7	156.3	109.9	129.4	127.0	143.6	155.6	139.7
18	147.4	165.3	173.0	165.1	157.2	156.4	167.2	136.7	147.6	147.0	156.8	108.7	128.7	128.2	143.6	153.6	139.7
19	144.4	163.9	170.7	162.0	154.4	154.9	164.0	134.3	145.9	144.2	155.4	103.7	121.9	126.1	140.6	149.4	136.8
20	140.4	159.7	168.6	155.8	156.4	156.2	157.7	133.0	146.3	140.7	153.8	88.8	105.8	123.6	139.0	149.4	132.5
21	142.4	160.2	169.3	159.0	156.3	159.0	160.0	134.7	147.4	144.3	156.0	88.2	113.2	126.9	139.1	149.8	133.9

所定外労働時間数

年	調査産業計	鉱業・採石業等	建設業	製造業	電気・ガス業	情報通信業	運輸・郵便業	卸売・小売業	金融・保険業	不動産・物品賃貸業	学術研究等	飲食サービス業等	生活関連サービス業等	教育学習支援業	医療・福祉	複合サービス事業	その他のサービス業
2014	12.8	14.9	18.4	17.5	15.8	20.4	25.0	8.0	13.7	11.5	16.1	6.9	7.4	6.2	6.0	8.0	11.6
15	12.9	13.1	19.4	17.6	16.2	18.6	24.1	7.9	14.0	12.5	15.4	7.7	8.0	7.9	6.1	8.5	12.2
16	12.7	13.6	19.6	17.5	16.7	17.5	23.3	8.1	13.7	12.3	15.4	7.7	7.5	7.8	6.1	8.4	11.9
17	12.7	13.5	19.0	17.9	14.6	15.8	24.6	7.7	12.9	11.3	15.2	7.4	7.5	7.7	6.2	8.2	11.5
18	12.5	17.4	19.2	18.0	16.1	14.3	23.4	7.9	12.2	12.2	15.8	7.4	8.0	9.4	6.2	12.0	11.4
19	12.4	16.9	20.8	16.7	16.7	15.6	23.3	8.2	13.5	11.8	16.3	7.2	7.9	9.8	6.2	11.9	11.0
20	10.8	14.9	19.3	13.4	17.4	15.5	20.8	7.5	14.0	10.6	14.6	4.8	5.1	8.7	5.5	10.6	9.5
21	11.6	15.6	19.7	15.3	16.2	16.5	21.6	7.9	14.3	12.5	15.4	4.1	5.8	10.5	5.5	11.5	10.0

注：調査対象は、事業所規模30人以上の就業形態計
出典：厚生労働省「毎月勤労統計調査」

第48表　主要国の就業者1人当たり平均年間総実労働時間

(単位：時間)

年	日　　本	アメリカ	イギリス	ドイツ	フランス
2015	1,719	1,783	1,525	1,401	1,519
16	1,714	1,778	1,541	1,396	1,522
17	1,709	1,778	1,536	1,389	1,508
18	1,680	1,782	1,536	1,385	1,514
19	1,644	1,777	1,537	1,382	1,518
20	1,598	1,767	1,364	1,324	1,407
21	1,607	1,791	1,497	1,349	1,490

出典：OECD Database"Average annual hours actually worked per worker"

第49表　週休制の形態別企業数の割合

(単位：％)

	週休１日制 または 週休１日半制	何らかの 週休２日制	完全週休２日制 より休日日数が 実質的に少ない	完全週休 ２日制	完全週休２日制 より休日日数が 実質的に多い
調査産業計					
2015年	6.8	85.2	34.5	50.7	8.0
16	5.6	88.6	39.6	49.0	5.8
17	6.8	87.2	40.3	46.9	6.0
18	8.9	84.1	37.4	46.7	6.9
19	10.2	82.1	37.8	44.3	7.7
20	9.2	82.5	37.5	44.9	8.3
21	8.0	83.5	35.0	48.4	8.5
2021年〈企業規模別〉					
1,000人以上	4.1	83.3	16.6	66.7	12.6
300〜999人	2.9	85.2	25.2	60.0	11.9
100〜299人	5.3	84.2	30.6	53.7	10.5
30〜99人	9.5	83.0	38.0	45.0	7.4

注：1）「完全週休２日制より休日日数が実質的に少ない」とは、月３回、隔週、月２回、月１回の週休２日制、３勤１休、４勤１休など
　　2）「完全週休２日制より休日日数が実質的に多い」とは、月１回以上週休３日制、３勤３休、３勤４休など
出典：厚生労働省「就労条件総合調査」

第50表　週休制の形態別労働者数の割合

(単位：％)

	週休１日制 または 週休１日半制	何らかの 週休２日制	完全週休２日制 より休日日数が 実質的に少ない	完全週休 ２日制	完全週休２日制 より休日日数が 実質的に多い
調査産業計					
2015年	3.3	85.2	24.1	61.1	11.6
16	2.9	88.2	28.4	59.8	8.9
17	3.6	87.5	29.2	58.4	8.9
18	4.4	86.5	27.1	59.4	9.0
19	4.5	85.3	28.3	57.0	10.2
20	4.4	85.9	27.8	58.0	9.8
21	3.9	84.8	24.2	60.7	11.3
2021年〈企業規模別〉					
1,000人以上	1.9	84.7	11.8	72.9	13.4
300〜999人	2.5	86.5	25.0	61.5	10.9
100〜299人	4.5	83.8	29.4	54.4	11.7
30〜99人	7.9	84.5	39.3	45.1	7.6

注：前表の注を参照
出典：厚生労働省「就労条件総合調査」

第51表　週所定労働時間別の企業数および労働者数割合

	40時間以下		40時間超		1企業平均週所定労働時間	労働者1人平均週所定労働時間
	企業数割合	労働者数割合	企業数割合	労働者数割合		
調査産業計	%	%	%	%	時間：分	時間：分
2015年	97.5	98.9	2.5	1.1	39：26	39：03
16	97.8	99.0	2.2	1.0	39：26	39：04
17	97.2	98.8	2.8	1.2	39：25	39：01
18	94.6	97.8	5.4	2.2	39：31	39：02
19	96.1	98.0	3.9	2.0	39：26	39：03
20	96.7	98.1	3.3	1.9	39：24	39：03
21	97.2	98.5	2.8	1.5	39：25	39：04
2021年〈企業規模別〉						
1,000人以上	98.8	99.4	1.2	0.6	39：08	38：53
300〜999人	99.3	99.2	0.7	0.8	39：07	39：00
100〜299人	98.5	98.3	1.5	1.7	39：14	39：07
30〜99人	96.5	96.6	3.5	3.4	39：31	39：26
2021年〈産業別〉						
鉱業・採石業・砂利採取業	97.4	97.9	2.6	2.1	39：21	38：33
建設業	96.6	98.5	3.4	1.5	39：29	39：17
製造業	96.8	98.6	3.2	1.4	39：27	39：09
電気・ガス・熱供給・水道業	100.0	99.8	—	0.2	38：44	38：22
情報通信業	100.0	99.7	—	0.3	38：56	38：32
運輸・郵便業	97.6	97.5	2.4	2.5	39：29	39：25
卸売・小売業	96.1	97.5	3.9	2.5	39：30	39：07
金融・保険業	100.0	99.9	—	0.1	38：19	37：40
不動産・物品賃貸業	98.7	99.4	1.3	0.6	39：11	38：56
学術研究・専門・技術サービス業	100.0	99.5	—	0.5	38：36	38：21
宿泊・飲食サービス業	95.2	97.3	4.8	2.7	40：03	39：42
生活関連サービス・娯楽業	97.5	96.1	2.5	3.9	39：38	39：36
教育、学習支援業	97.7	98.2	2.3	1.8	39：17	38：57
医療、福祉	100.0	100.0	—	0.0	39：16	39：04
複合サービス業	98.6	99.8	1.4	0.2	38：45	39：14
その他のサービス業	93.1	97.8	6.9	2.2	39：29	39：18

注：1）「1企業平均週所定労働時間」は、企業において最も多くの労働者に適用される週所定労働時間を平均したもの
　　2）「労働者1人平均週所定労働時間」は、企業において最も多くの労働者に適用される週所定労働時間を企業の全労働者数（所定労働時間の定めのない者を除く）により加重平均したもの
　　3）四捨五入の関係で合計が100.0%とならないことがある
出典：厚生労働省「就労条件総合調査」

第52表　所定外労働割増賃金率の企業別割合（2020年）

(1)　1ヵ月45時間以下の時間外労働の場合　　　　　　　　　　　（単位：社）

集計社数	平均割増賃金率	25%	25.1～29.9%	30%	30.1%以上
176	28.0%	55	20	80	3

(2)　1ヵ月45時間を超え60時間以内の時間外労働の場合　　　　　（単位：社）

集計社数	平均割増賃金率	25%	25.1～29.9%	30%	30.1%以上
164	29.7%	46	19	74	25

(3)　1ヵ月60時間を超える時間外労働の場合　　　　　　　（単位：社）

集計社数	平均割増賃金率	50%	50.1～59.9%	60%以上
173	50.3%	167	4	2

(4)　法定休日の労働の場合　　　　　　　　　　　　　　　　　　　（単位：社）

集計社数	平均割増賃金率	35%	35.1～39.9%	40%	40.1～49.9%	50%	50.1%以上
175	38.4%	96	8	40	16	14	1

(5)　法定休日以外の週休日の労働の場合　　　　　　　　　　（単位：社）

集計社数	法定休日に係る割増賃金率と同じ	平日の所定外労働に係る割増賃金率と同じ	その他
170	120	36	14

注：「1ヵ月45時間以下の時間外労働の場合」は、割増賃金率が一定の企業を集計
出典：中央労働委員会事務局「賃金事情等総合調査－令和2年労働時間、休日・休暇調査－」

第53表　労働者１人平均の年次有給休暇の付与日数、取得日数および取得率

	調査年	平均付与日数	平均取得日数	平均取得率
企業規模計	2015年	18.4日	8.8日	47.6％
	16	18.1	8.8	48.7
	17	18.2	9.0	49.4
	18	18.2	9.3	51.1
	19	18.0	9.4	52.4
	20	18.0	10.1	56.3
	21	17.9	10.1	56.6
1,000人以上	2015年	19.3	10.1	52.2
	16	19.1	10.4	54.7
	17	19.2	10.6	55.3
	18	19.1	11.2	58.4
	19	18.6	10.9	58.6
	20	18.9	11.9	63.1
	21	18.7	11.3	60.8
300～999人	2015年	18.4	8.7	47.1
	16	18.0	8.5	47.1
	17	18.2	8.8	48.0
	18	18.0	8.6	47.6
	19	18.0	9.0	49.8
	20	17.9	9.5	53.1
	21	17.7	9.9	56.3
100～299人	2015年	17.8	8.0	44.9
	16	17.7	7.9	44.8
	17	17.6	8.2	46.5
	18	17.7	8.4	47.6
	19	17.7	8.7	49.4
	20	17.6	9.2	52.3
	21	17.6	9.7	55.2
30～99人	2015年	17.6	7.6	43.2
	16	17.0	7.4	43.7
	17	17.3	7.5	43.8
	18	17.5	7.7	44.3
	19	17.3	8.2	47.2
	20	17.0	8.7	51.1
	21	17.3	8.8	51.2

注：1）「付与日数」には、繰越日数は含まない
　　2）取得率＝年間取得日数計／付与日数計×100％
　　3）対象期間は調査年の前年もしくは前々会計年度の１年間
出典：厚生労働省「就労条件総合調査」

第54表　年次有給休暇の計画的付与制度採用の有無・計画的付与日数別企業割合　(単位：%)

年	全企業	年次有給休暇の計画的付与制度がある企業								計画的付与制度がない企業
		1企業平均年次有給休暇の計画的付与日数(単位:日)	年次有給休暇の計画的付与日数							
			1〜2日	3〜4日	5〜6日	7〜8日	9〜10日	11日以上		
2015	100.0	16.0	5.3	(23.4)	(21.1)	(27.3)	(5.3)	(11.3)	(9.1)	84.0
16	100.0	15.5	4.6	(26.2)	(22.7)	(32.3)	(5.2)	(8.6)	(2.8)	84.5
17	100.0	18.4	5.0	(20.6)	(23.4)	(34.3)	(4.5)	(7.1)	(6.4)	81.6
18	100.0	19.1	4.9	(16.5)	(25.8)	(36.2)	(5.6)	(4.8)	(4.9)	80.9
19	100.0	22.2	5.4	(14.6)	(21.8)	(39.6)	(5.0)	(7.9)	(8.4)	77.8
20	100.0	43.2	5.3	(8.1)	(8.4)	(66.6)	(2.0)	(5.5)	(4.5)	56.8
21	100.0	46.2	5.6	(7.7)	(7.4)	(69.1)	(2.6)	(5.2)	(6.1)	53.8

注：（　）内の数値は、「年次有給休暇の計画的付与制度がある企業」を100.0とした割合
出典：厚生労働省「就労条件総合調査」

第55表　年次有給休暇の時間単位取得制度の有無・時間単位取得可能日数別企業割合　(単位：%)

	全企業	年次有給休暇の時間単位取得制度がある企業								時間単位取得制度がない企業
		1企業平均年次有給休暇の時間単位取得日数(単位:日)	年次有給休暇の時間単位取得可能日数							
			1日	2日	3日	4日	5日	6日以上		
2015年	100.0	16.2	4.8	(1.6)	(5.2)	(1.7)	(2.3)	(81.2)	(0.7)	83.8
16	100.0	16.8	4.8	(2.2)	(7.1)	(4.5)	(1.8)	(71.8)	(4.8)	83.2
17	100.0	18.7	7.4	(1.4)	(4.4)	(3.4)	(1.8)	(59.0)	(21.3)	81.3
18	100.0	19.0	5.1	(0.2)	(2.9)	(3.2)	(1.4)	(74.1)	(2.3)	81.0
19	100.0	20.4	5.6	(0.6)	(3.7)	(3.3)	(1.2)	(81.6)	(6.9)	79.6
20	100.0	22.1	5.4	(1.9)	(2.7)	(3.3)	(1.2)	(62.1)	(9.6)	77.9
21	100.0	24.8	7.5	(0.5)	(3.2)	(2.2)	(1.2)	(63.0)	(22.3)	75.2
2021年＜企業規模別＞										
1,000人以上	100.0	36.7	5.6	(－)	(2.0)	(1.2)	(1.0)	(85.3)	(7.1)	63.3
300〜999人	100.0	31.1	5.5	(－)	(3.3)	(3.6)	(0.8)	(82.8)	(6.3)	68.9
100〜299人	100.0	29.5	6.4	(0.9)	(3.7)	(1.4)	(0.6)	(73.0)	(14.1)	70.5
30〜99人	100.0	22.3	8.4	(0.4)	(3.1)	(2.4)	(1.5)	(54.9)	(28.7)	77.7

注：（　）内の数値は、「年次有給休暇の時間単位取得制度がある企業」を100.0とした割合
出典：厚生労働省「就労条件総合調査」

第56表　変形労働時間制採用の有無・種類別企業数の割合

（単位：％）

	変形労働時間制を採用している企業	うち、1年単位の変形労働時間制	うち、1ヵ月単位の変形労働時間制	うち、フレックスタイム制	変形労働時間制を採用していない企業
				（複数回答）	
調査産業計					
2015年	52.8	30.6	20.3	4.3	47.2
16	60.5	34.7	23.9	4.6	39.5
17	57.5	33.8	20.9	5.4	42.5
18	60.2	35.3	22.3	5.6	39.8
19	62.6	35.6	25.4	5.0	37.4
20	59.6	33.9	23.9	6.1	40.4
21	59.6	31.4	25.0	6.5	40.4

注：1）全部または一部の労働者に変形労働時間制を適用している企業の割合
　　2）「変形労働時間制を採用している企業」には、「1週間単位の非定型的変形労働時間制」を含む
出典：厚生労働省「就労条件総合調査」

第57表　みなし労働時間制採用の有無・種類別企業数の割合

（単位：％）

	みなし労働時間制を採用している企業	事業場外労働のみなし労働時間制	専門業務型裁量労働制	企画業務型裁量労働制	みなし労働時間制を採用していない企業
				（複数回答）	
調査産業計					
2015年	13.0	11.3	2.3	0.6	87.0
16	11.7	10.0	2.1	0.9	88.3
17	14.0	12.0	2.5	1.0	86.0
18	15.9	14.3	1.8	0.8	84.1
19	14.2	12.4	2.3	0.6	85.8
20	13.0	11.4	1.8	0.8	87.0
21	13.1	11.4	2.0	0.4	86.9

注：全部または一部の労働者にみなし労働時間制を適用している企業の割合
出典：厚生労働省「就労条件総合調査」

❽ 労働組合の組織状況・労働争議

第58表　単一労働組合員数の推移（加盟主要団体別・適用法規別）

（単位：千人）

年	加盟主要団体別			適用法規別			合　計	推定組織率（％）
	連　合	全労連	全労協	労組法	行労法地公労法	国公法地公法		
2011	6,699	620	113	8,392	167	1,401	9,961	18.1
12	6,693	607	110	8,365	165	1,362	9,892	17.9
13	6,706	592	109	8,385	159	1,330	9,875	17.7
14	6,711	579	105	8,395	157	1,298	9,849	17.5
15	6,749	569	105	8,480	134	1,268	9,882	17.4
16	6,753	550	101	8,563	131	1,247	9,940	17.3
17	6,799	542	99	8,629	129	1,223	9,981	17.1
18	6,861	536	97	8,741	121	1,207	10,070	17.0
19	6,864	524	94	8,789	119	1,179	10,088	16.7
20	6,893	511	90	8,846	117	1,152	10,115	17.1
21	6,878	494	86	8,840	115	1,122	10,078	16.9
22	6,837	477	82	—	—	—	9,992	16.5

注：1）合計の数値に、主要団体に加盟していない産業別組織等および無加盟の組合に所属する組合員が含まれる
　　2）推定組織率＝労働組合員数／雇用者数×100％
出典：厚生労働省「労働組合基礎調査」

第59表　労働争議の推移

年	総争議件数	争議行為を伴わない争議件数	争議行為を伴う争議							労働関係民事事件件数
			件数	行為参加人員			労働損失日数			
				計	民営企業	国公営	計	民営企業	国公営	
	件	件	件	千人	千人	千人	千日	千日	千日	件
2011	612	555	57	9	9	0	4	4	0	3,065
12	596	517	79	12	12	0	4	4	0	3,221
13	507	436	71	13	13	0	7	7	0	3,212
14	495	415	80	28	25	3	20	20	0	3,257
15	425	339	86	23	23	0	15	15	0	3,390
16	391	325	66	16	16	0	3	3	0	3,392
17	358	290	68	18	18	0	15	15	0	3,526
18	320	262	58	10	10	0	1	1	0	3,496
19	268	219	49	18	15	3	11	11	0	3,615
20	303	246	57	6	6	0	2	2	0	3,960
21	297	242	55	8	8	0	1	1	0	3,645

注：1）労働損失日数は、労働者が半日以上の同盟罷業に参加した又は作業所閉鎖の対象となったことによって労働に従事しなかった延べ日数
　　2）国公営の行為参加人員及び労働損失日数は、それぞれの計から民営企業の数を差し引いて算出
　　3）労働関係民事事件件数は地方裁判所の労働関係民事通常訴訟事件の新受件数
出典：厚生労働省「労働争議統計調査」
　　　最高裁判所事務総局「司法統計年報」

第60表　労働界・組織状況

【連合】
1989年11月21日結成
組合員数　699.0万人
〈主な加盟組合〉

ＵＡゼンセン	自動車総連	電機連合	ＪＡＭ	基幹労連
ＪＰ労組	生保労連	電力総連	情報労連	運輸労連
私鉄総連	フード連合	ＪＥＣ連合	損保労連	ＪＲ連合
交通労連	サービス連合	ＪＲ総連	ゴム連合	航空連合
紙パ連合	全電線	海員	印刷労連	全国ガス
全自交労連	セラミックス連合	全銀連合	ヘルスケア労協	全国農団労
メディア労連	全労金	港運同盟	労供労連	労済労連
全国ユニオン	全国競馬連合	ＪＡ連合	全印刷	全造幣
自治労	日教組	全水道	自治労連	国公連合
森林労連				

〈友好組織〉日建協、日高教
〈地方連合〉47組織

【全労連】
1989年11月21日結成
組合員数　72.4万人
〈主な加盟組合〉

日本医労連	年金者組合	生協労連	全労連・全国一般	建交労
自交総連	福祉保育労	ＪＭＩＴＵ	金融労連	全印総連
郵政ユニオン	映演労連	特殊法人労連	検数労連	繊維産労
自治労連	全教	国公労連		

〈オブ加盟組合〉民放労連
〈地方全労連〉47組識

【全労協】
1989年12月9日結成
組合員数　9.7万人
〈主な加盟組合〉

国労	全国一般全国協	都労連　など

【無所属】

全建総連	市銀連	化学総連	光学労協	全電工労連
航空労協	薬粧連合	外資労協	全農協労連	新聞労連　など

出典：厚生労働省「全国主要労働組合名簿」（2022年3月）

第61表　過去3年間の労使間の交渉状況別労働組合の割合

（単位：％）

事　項		話し合いがもたれた	話し合いの種類（複数回答）				話し合いがもたれなかった
			団体交渉	労使協議機関	苦情処理機関	その他	
賃　金　等	2012年	70.2	55.0	37.5	1.3	12.5	28.9
	17	71.5	48.9	36.9	－	－	－
	20	69.5	45.0	28.7	－	－	－
労働時間等	2012年	71.8	34.2	46.8	1.1	11.1	25.8
	17	68.7	33.4	37.7	－	－	－
	20	66.9	32.2	31.9	－	－	－
雇用・人事	2012年	70.1	32.9	47.6	3.7	21.7	28.2
	17	56.6	23.2	31.7	－	－	－
	20	54.7	20.2	29.6	－	－	－
職 場 環 境	2012年	72.5	17.9	44.7	1.0	17.2	25.7
	17	57.1	16.3	30.9	－	－	－
	20	54.9	15.7	24.1	－	－	－
福 利 厚 生	2012年	54.7	17.3	34.3	0.6	10.4	41.4
	17	41.0	14.2	22.5	－	－	－
	20	40.2	13.6	19.0	－	－	－
経 営 方 針	2012年	47.6	14.8	32.4	0.5	12.8	52.4
	17	32.7	9.9	20.5	－	－	－
	20	34.3	7.4	18.8	－	－	－

注：2012年は単位労働組合、2017年・20年は単位組織組合および単一組織組合について集計
出典：厚生労働省「団体交渉と労働争議に関する実態調査」（2012年）
　　　厚生労働省「労使間の交渉等に関する実態調査」（2017年・20年）

第62表　労使協議機関の有無・開催状況別事業所の割合

（単位：％）

	労使協議機関なし	労使協議機関あり	定期開催	必要のつど開催	定期および必要のつど開催	不　明
2014年	59.7	40.3　(100.0)	(35.6)	(28.0)	(35.1)	(1.3)
19	62.9	37.1　(100.0)	(35.4)	(29.1)	(33.8)	(1.6)
企業規模別（2019年）						
5,000人以上	24.9	75.1　(100.0)	(47.8)	(14.5)	(36.4)	(1.3)
1,000～4,999人	38.8	61.2　(100.0)	(37.9)	(22.8)	(39.3)	－
300～999人	60.6	39.4　(100.0)	(29.6)	(30.9)	(35.8)	(3.7)
100～299人	71.5	28.5　(100.0)	(24.7)	(39.6)	(35.4)	(0.2)
50～99人	77.8	21.9　(100.0)	(32.7)	(45.2)	(18.8)	(3.4)
30～49人	82.3	17.7　(100.0)	(26.5)	(44.0)	(26.4)	(3.1)
労働組合あり　2014年	17.4	82.6　(100.0)	(39.6)	(21.1)	(38.7)	(0.6)
19	16.1	83.9　(100.0)	(38.6)	(21.8)	(39.0)	(0.6)
労働組合なし　2014年	84.4	15.6　(100.0)	(23.1)	(49.6)	(23.7)	(3.6)
19	83.1	16.8　(100.0)	(28.5)	(44.9)	(22.8)	(3.8)

注：1）（　）内は「労使協議機関あり」を100.0とした数値
　　2）調査対象は、事業所規模30人以上
出典：厚生労働省「労使コミュニケーション調査」

❾ 社会保障制度の概況

第63表　公的年金制度の加入者数・受給者数の推移

(1)　加入者数

年度末	総数	第 1 号被保険者	第 3 号被保険者	第 2 号 被 保 険 者（厚生年金被保険者）		総人口	加入者総数／総人口
				厚生年金保険（第1号）	厚生年金保険（第2～4号）		
	万人	万人	万人	万人	万人	万人	%
2014	6,713	1,742	932	3,599	441	12,724	52.8
15	6,712	1,668	915	3,686	443	12,709	52.8
16	6,731	1,575	889	3,822	445	12,693	53.0
17	6,733	1,505	870	3,911	447	12,671	53.1
18	6,746	1,471	847	3,981	448	12,644	53.4
19	6,762	1,453	820	4,037	450	12,617	53.6
20	6,756	1,449	793	4,047	466	12,615	53.6
21	6,729	1,431	763	4,065	471	12,550	53.6

(2)　受給者数

年度末	総　数		国民年金	厚生年金保険（第1号）	厚生年金保険（第2～4号）	受給者総数／総人口
	万人	万人	万人	万人	万人	%
2014	6,988	〈4,801〉	3,241	3,293	454	54.9
15	7,158	〈4,862〉	3,323	3,370	465	56.3
16	7,262	〈4,875〉	3,386	3,409	467	57.2
17	7,465	〈4,959〉	3,484	3,506	475	58.9
18	7,543	〈4,965〉	3,529	3,530	484	59.7
19	7,590	〈4,950〉	3,565	3,543	482	60.2
20	7,665	〈4,967〉	3,596	3,581	488	60.8
21	7,698	〈4,954〉	3,614	3,588	496	61.3

注：1）(1)の総人口は各年10月1日現在の人口（総務省統計局）
　　2）第1号被保険者には任意加入被保険者を含む
　　3）共済年金は、2015年10月に厚生年金保険に統合（第2～4号）
　　4）(2)の総数には、福祉年金受給者も含む
　　5）〈　〉内は厚生年金保険と基礎年金（同一の年金種別）を併給している者の重複分を控除した場合の数
出典：厚生労働省「厚生年金保険・国民年金事業の概況」

第64表　企業年金の推移

年度末	厚生年金基金		確定拠出年金（企業型）			確定給付企業年金	
	基金数	加入者数	規約数	事業主数	加入者数	制度数	加入者数
	件	万人	件	社	万人	件	万人
2014	444	363	4,579	20,097	508	13,884	782
15	256	254	4,875	22,336	550	13,690	795
16	110	139	5,231	25,968	593	13,540	826
17	36	57	5,712	30,301	650	13,341	901
18	10	16	6,107	33,599	691	12,959	940
19	8	15	6,380	36,449	725	12,579	940
20	5	12	6,601	39,081	750	12,331	933
21	5	12	6,802	42,669	782	12,108	930

注：確定給付企業年金は、基金型と規約型から成る
出典：信託協会「企業年金の受託概況」、厚生労働省資料

第65表　国民医療費・後期高齢者医療費の推移

年度	国民医療費			後期高齢者医療費			国 民 所 得	
		増減率	国民所得に対する割合		増減率	国民所得に対する割合		増減率
	億円	%	%	億円	%	%	億円	%
2014	408,071	1.9	10.8	144,927	2.1	3.8	3,766,776	1.1
15	423,644	3.8	10.8	151,323	4.4	3.9	3,926,293	4.2
16	421,381	△0.5	10.7	153,806	1.6	3.9	3,922,939	△0.1
17	430,710	2.2	10.8	160,229	4.2	4.0	4,005,164	2.1
18	433,949	0.8	10.8	164,246	2.5	4.1	4,022,687	0.4
19	443,895	2.3	11.1	170,562	3.8	4.3	4,006,470	△0.4
20	429,665	△3.2	11.4	165,681	△2.9	4.4	3,756,954	△6.2

注：△印はマイナス
出典：厚生労働省「国民医療費」「後期高齢者医療事業状況報告」、内閣府「国民経済計算」

第66表　各医療保険制度の財政状況の推移

(1)　全国健康保険協会管掌健康保険

（単位：億円）

年　　度	収　　入	支出（うち納付金・支援金等）	収支差
2015	102,506	98,726 （34,172）	3,780
16	105,508	100,479 （33,678）	5,030
17	110,659	104,601 （34,913）	6,057
18	113,229	107,350 （34,992）	5,879
19	118,848	113,648 （36,246）	5,200
20	117,857	111,425 （36,622）	6,432
21	121,852	118,285 （37,138）	3,567

(2)　組合管掌健康保険

年　　度	収　　入	支出（うち納付金・支援金等）	収支差	赤字組合数	全組合数に対する赤字組合数の割合
	億円	億円	億円		%
2015	77,856	76,576 （32,742）	1,279	651	46.3
16	79,624	77,248 （32,819）	2,376	541	38.7
17	82,003	80,652 （35,264）	1,351	580	41.6
18	83,905	80,854 （34,535）	3,052	422	30.3
19	83,637	81,139 （34,341）	2,498	484	34.9
20	82,958	79,999 （35,456）	2,958	458	33.0
21	83,841	84,666 （36,513）	△ 825	740	53.3

(3)　国民健康保険（市町村）

年　　度	収　　入	支出（うち納付金・支援金等）	収支差	赤字保険者数	全保険者数に対する赤字保険者数の割合
	億円	億円	億円		%
2015	163,676	161,802 （17,881）	1,874	996	58.0
16	160,219	156,925 （17,053）	3,294	473	27.6
17	157,664	152,801 （16,656）	4,862	355	20.7
18	248,992	244,378 （16,022）	4,614	957	55.8
19	246,002	241,892 （15,950）	4,110	845	49.2
20	241,347	233,597 （15,617）	7,750	621	36.2

注：1）「納付金・支援金等」は、後期高齢者支援金、前期高齢者納付金、老人保健拠出金、退職者給付拠出金の合計
　　2）組合管掌健康保険は、2020年度までは決算、2021年度は決算見込の数値
出典：全国健康保険協会「決算報告書」、健康保険組合連合会「令和３年度 健康保険組合 決算見込状況について－令和３年度決算見込と今後の財政見通しについて－」、厚生労働省「国民健康保険事業年報」

参考資料

❶ 有期雇用労働者の均衡待遇（旧労働契約法20条）をめぐる裁判例の概要

　労働契約法20条で規定されていた有期雇用労働者の均衡待遇は、2018年6月の改正により、パートタイム・有期雇用労働法8条に移行し、大企業は2020年4月1日に、中小企業は2021年4月1日に施行された。

　パートタイム・有期雇用労働法8条に引き継がれた均衡規定は、「事業主は、その雇用する短時間・有期雇用労働者の基本給、賞与その他の待遇のそれぞれについて、当該待遇に対応する通常の労働者の待遇との間において、当該短時間・有期雇用労働者及び通常の労働者の業務の内容及び当該業務に伴う責任の程度（以下「職務の内容」という。）、当該職務の内容及び配置の変更の範囲その他の事情のうち、当該待遇の性質及び待遇を行う目的に照らして適切と認められるものを考慮して、不合理と認められる相違を設けてはならない。」と定めている。

　ここでは、旧労働契約法20条をめぐる最高裁判決を含む以下の裁判例を紹介する。これらの裁判例は、パートタイム・有期雇用労働法の解釈にも通用することから、参考となる。

①ハマキョウレックス事件　最高裁第二小法廷（平成30年6月1日）判決
②長澤運輸事件　最高裁第二小法廷（平成30年6月1日）判決
③大阪医科薬科大学事件　最高裁第三小法廷（令和2年10月13日）判決
④メトロコマース事件　最高裁第三小法廷（令和2年10月13日）判決
⑤日本郵便（佐賀）事件　最高裁第一小法廷（令和2年10月15日）判決
⑥日本郵便（東京）事件　最高裁第一小法廷（令和2年10月15日）判決
⑦日本郵便（大阪）事件　最高裁第一小法廷（令和2年10月15日）判決
⑧九州惣菜事件　福岡高裁（平成29年9月7日）判決
⑨名古屋自動車学校事件　名古屋地裁（令和2年10月28日）判決
⑩科学飼料研究所事件　神戸地裁姫路支部（令和3年3月22日）判決

①ハマキョウレックス事件　最高裁第二小法廷（平成30年6月1日）判決　労経速2346号

◇**事件の概要**

　一般貨物自動車運送事業等を営む会社（ハマキョウレックス）との間で、期間の定めのある労働契約（有期労働契約）を締結して運転手として勤務していた者が、正社員との労働条件の相違が労契法20条に違反するものとして、主位的に正社員と同一の権利を有する地位にあることの確認ならびに、正社員が通常受給するべき賃金との差額の支払い、予備的に不法行為に基づく損害賠償を求めた。

　労契法20条違反と主張された正社員と相違ある労働条件は、①無事故手当、②作業手当、③給食手当、④住宅手当、⑤皆勤手当（以上、正社員のみ給付）、⑥通勤手当（正社員は通勤距離に応じて5万円を限度に給付、契約社員は3,000円を給付）、⑦家族手当、⑧一時金、⑨定期昇給、⑩退職金の支給（以上、原則、正社員のみ給付）である。

◇**判決の要旨**

1．労契法20条違反の判断基準

　労働契約法20条は、契約社員について正社員との職務内容等の違いに応じた均衡のとれた処遇を

求める規定であり、仮に両者の労働条件の相違が同条に違反する場合であっても、同条の効力により契約社員の労働条件が比較対象の正社員の労働条件と同一のものとなるわけではない（補充効はない）。したがって、①正社員と同一の権利を有する地位の確認、②これに基づく正社員との賃金差額の支払いの請求は認められない。

次に、③損害賠償請求に関しては、労働契約法20条の「不合理」に該当するかどうか、手当ごとに判断する。なお、「不合理」とは、「合理的でない」という意味ではなく、待遇差が積極的に「不合理」と評価できる場合である。何故なら、均衡の判断は、労使交渉や使用者の経営判断を尊重すべき面があることも否定し難いからである。

２．職務内容等の相違の有無

契約社員と正社員の間に、業務内容、業務に伴う責任の程度に相違はないが、正社員のみ、配転、出向を含む全国規模の異動の可能性があり、また、正社員のみ職務遂行能力に応じた等級制度がある。

３．個別の労働条件の相違の不合理性

(1) 無事故手当

安全運転及び事故防止の必要性に変わりないため、正社員と契約社員との間に支給の差異があることは不合理である。

(2) 作業手当

職務内容が同じである以上、正社員と契約社員との間に支給の差異があることは不合理である。

(3) 給食手当

勤務時間中に食事を取ることの必要性に変わりはないため、正社員と契約社員との間に支給の差異があることは不合理である。

(4) 住宅手当

従業員の住宅に要する費用を補助する趣旨であり、転居を伴う配転の可能性のない契約社員に対して支給されないことは不合理とはいえない。

(5) 皆勤手当

職務内容が変わらない以上、出勤確保の必要性に変わりはないため、正社員と契約社員との間に支給の差異があることは不合理である。

(6) 通勤手当

配転の有無は、通勤に要する費用の多寡とは直接関連しないため、正社員と契約社員との間に支給の差異があることは不合理である。

(※) その他手当

家族手当、一時金、定期昇給、退職金については、第２審判決（大阪高裁　平成28年７月26日）の段階で、仮に会社の契約社員就業規則及び有期労働契約上の関連規程が労契法20条に違反するとしても、正社員就業規則及び正社員給与規程の該当規程が適用されることにはならないので、労契法20条の補充的効力は認められないと判断されている。したがって、労契法20条に違反するか否かにかかわらず、正社員と同一の権利を有する地位にあるとの確認を求めることはできないため、判

断は行われていない。最高裁判決もこの点を踏襲している。

労働条件の比較と裁判所の不合理性判断

正社員の待遇	非正規社員の待遇	最高裁判決	高裁判決	地裁判決
(1)無事故手当 該当者に月額１万円	不支給	●不合理	●不合理	○不合理と認めることはできない
(2)作業手当 該当者に月額１万円	不支給	●不合理	●不合理	○不合理と認めることはできない
(3)給食手当 月額3,500円	不支給	●不合理	●不合理	○不合理と認めることはできない
(4)住宅手当 月額２万円	不支給	○不合理と認めることはできない	○不合理と認めることはできない	○不合理と認めることはできない
(5)皆勤手当 該当者は月額１万円	不支給	●不合理	○不合理と認めることはできない	○不合理と認めることはできない
(6)通勤手当 通勤距離に応じて月額５万円を限度に支給（原告と同じ市内居住者は月額5,000円）	月額3,000円	●不合理	●不合理	●不合理
(7)家族手当 あり	不支給	判断せず（※）	判断せず（※）	○不合理と認めることはできない
(8)定期昇給 原則あり	原則なし	判断せず（※）	判断せず（※）	○不合理と認めることはできない
(9)一時金 原則支給あり	原則不支給	判断せず（※）	判断せず（※）	○不合理と認めることはできない
(10)退職金 原則支給あり	原則不支給	判断せず（※）	判断せず（※）	○不合理と認めることはできない

②**長澤運輸事件**　最高裁第二小法廷（平成30年６月１日）判決　労経速2346号

◇**事件の概要**

　セメント等の輸送事業を営む会社（長澤運輸）を定年退職した後に、有期契約労働者（嘱託者）として引き続き就労している者らが、無期契約労働者（正社員）との間に不合理な労働条件の相違が存在することは労契法20条により無効であると主張。主位的に正社員と同じ就業規則等の規定が適用される地位の確認ならびにこれに基づく差額賃金の支払い、予備的に不法行為に基づく損害賠償を請求した。

◇判決の要旨

１．職務内容等の相違の有無

　本件において、<u>嘱託者の業務内容ならびに業務に伴う責任の程度は正社員と相違ない</u>。また、<u>嘱託者は正社員同様に勤務場所および担当業務が変更されることがある</u>点でも同じである。

２．労契法20条違反の判断基準

　労働者の賃金に関する労働条件は、その職務内容および変更の範囲により一義的に定まるものではない。使用者は、労働条件の検討に際して、雇用および人事に関する経営判断の観点から、様々な事情を考慮する。実際、労働契約法20条は、嘱託者と正社員との労働条件の相違が不合理か否かを判断する際に「その他の事情」を考慮するとしている。しかるに、<u>嘱託者が定年退職後に再雇用された者であることは、「その他の事情」として考慮される</u>。また、嘱託者と正社員との賃金の相違の不合理性の判断にあたっては、賃金の総額を比較するのみではなく、当該賃金項目の趣旨を個別に考慮すべきである。

３．個別の労働条件の相違の不合理性

（1）能率給・職務給

　上告人らの基本賃金は定年退職時の基本給をそれぞれ上回っている。また、能率給が支給されない代わりに、その２倍から約３倍に係数が設定された歩合給が支給される。したがって、職務給が支給されないことで上告人らへの支給額は定年退職前より低くなるが、その金額差は２％〜12％程度にとどまる。このほか、嘱託者は一定の条件を満たせば老齢厚生年金を受けられ、老齢厚生年金の報酬比例分の支給が開始されるまで、２万円の調整給が支給される。以上に鑑み、嘱託者に能率給・職務給が支給されなくても不合理とは認められない。

（2）住宅手当・家族手当

　正社員には、嘱託者と異なり、幅広い世代の労働者が存在し得るので、住宅費および家族を扶養するための生活費を補助することに相応の理由がある。他方、嘱託者は正社員として勤続したあとに定年退職した者であり、老齢厚生年金の受給が想定され、その報酬比例分の支給が開始されるまで調整給が支給されることに鑑みれば、住宅手当、家族手当が支給されなくても不合理とはいえない。

（3）賞与

　退職金を受け取っていることや、嘱託者の年収が定年退職前の79％程度となることに鑑み、支給されなくても不合理とはいえない。

（4）役付手当

　正社員の中から指定された役付者に対して支給されるものであり、年功給ではないため、嘱託者に支給されなくても不合理とは認められない。

（5）精勤手当・超勤手当

　精勤手当は、皆勤を奨励する趣旨であり、その必要性は嘱託者と正社員とで相違ないので、嘱託者に支給しないことは不合理である。これに伴い、超勤手当の計算の基礎に精勤手当が含まれないことも不合理である。なお、労働契約法20条違反の効果として、嘱託者の労働条件が比較の対象で

ある正社員のそれと同一であることが求められるわけではない。

労働条件の比較と裁判所の不合理性判断

正社員の待遇	有期契約社員（※）の待遇	最高裁判決	高裁判決	地裁判決
(1)基本給 ・在籍給（8万9100円～12万1100円） ・年齢給（0円～6000円）	基本給の代わりに一律12万5000円の基本賃金を支給（上告人らの定年退職時の基本給を上回る）。	○不合理と認めることはできない	○ただちに不合理であるとは認められない ※諸事情を総合的に考慮して判断（個別の労働条件ごとに判断していない）	●賃下げを正当化する特段の事情がない限り不合理である
(2)能率給 3.10％～4.60％	能率給の代わりに7％～12％の歩合給を支給			
(3)職務給 7万6952円～8万2952円	なし			
(4)精勤手当 月額5,000円	なし	●不合理		
(5)役付手当 班長：月額3,000円 組長：月額1,500円	なし	○不合理と認めることはできない		
(6)住宅手当 月額1万円	なし	○不合理と認めることはできない		
(7)無事故手当 月額5,000円	月額5,000円	正社員と同額なので判断の対象外		
(8)家族手当 ・配偶者につき月額5,000円 ・子1人につき月額5,000円（2人まで）	なし	○不合理と認めることはできない		
(9)超勤手当 あり	計算の基礎に精勤手当が含まれないので、正社員と差異がある	●不合理		
(10)通勤手当 あり（月額4万円を限度）	あり（月額4万円を限度）	正社員と同額なので判断の対象外		
(11)調整給 なし	老齢厚生年金の報酬比例部分が支給されない期間につき、月額2万円	定年後再雇用者のみに支給される		
(12)賞与・退職金 ・賞与：基本給の5ヶ月分 ・退職金：3年以上勤務の者に支給	賞与・退職金ともになし	○不合理と認めることはできない		

（※）定年後再雇用

163

③大阪医科薬科大学事件　最高裁第三小法廷（令和2年10月13日）判決　労経速2430号

◆事件の概要

　大阪医科薬科大学において有期労働契約の時給制アルバイト職員として事務業務に従事していた者（所定労働時間は無期雇用職員と同じ）が、正社員との間の賞与、私傷病欠勤中の賃金等の相違が労働契約法20条に違反するものであったとして、不法行為に基づき、上記相違に係る賃金に相当する損害賠償等を求めた事案。大学には事務系の職員として正職員、契約社員、アルバイト職員及び嘱託職員が存在する。

◆判決の要旨

1．職務内容等の相違の有無

　比較対象とされた教室事務員である正社員とアルバイト職員の職務の内容は、共通する部分はあるものの、アルバイト職員の業務の内容は相当に軽易であるのに対し、正社員は学内の英文学術誌の編集事務、病理解剖に関する遺族等への対応や部門間の連携を要する業務または毒劇物等の試薬の管理業務等にも従事する必要があり、一定の相違があった。

　職務の内容及び配置の変更の範囲についても、正社員は正社員就業規則上人事異動を命ぜられる可能性があったのに対し、アルバイト職員は原則として業務命令によって配置転換されることはなく、人事異動は例外的かつ個別的な事情により行われており、一定の相違があった。

　教室事務員である正社員が他の大多数の正社員と職務の内容及び配置の変更の範囲を異にしていたことについては、教室事務員の業務の内容や大学が行ってきた人員配置の見直し等に起因する事情が存在していた。またアルバイト職員については、契約社員、正社員へ段階的に職種を変更するための登用制度が設けられていた。これらの事情は「その他の事情」として考慮するのが相当である。

2．個別の労働条件の相違の不合理性

⑴　賞与

　正社員に対する賞与は業績に連動するものではなく、算定期間における労務の対価の後払いや一律の功労報償、将来の労働意欲向上等の趣旨を含むものと認められ、正社員としての職務を遂行しうる人材の確保やその定着を図る等の目的があるといえる。

　これらの性質や目的を踏まえて、教室事務員である正社員とアルバイト職員の職務の内容等を考慮すれば、契約社員に対して正社員の約80％に相当する賞与が支給されていたこと、アルバイト職員に対する年間支給額が新規採用された正社員の基本給及び賞与の合計額の55％程度の水準にとどまることをしんしゃくしても、賞与に関する労働条件の相違があることは不合理であると評価することはできない。

⑵　私傷病中の賃金について

　正社員が長期にわたり継続して就労し、または将来にわたって継続して就労することが期待されることに照らし、生活保障を図るとともに、その雇用を維持し確保するという目的があるといえる。アルバイト職員は長期雇用を前提とした勤務を予定しているとはいい難く、雇用を維持し確保する

ことを前提とする当該制度の趣旨が直ちに妥当するものとはいえない。また、原告は勤務開始2年余りで欠勤扱いとなり（欠勤期間を含む在籍期間も3年余りであり）、その勤続期間が相当の長期間に及んでいたとはいい難く、原告の有期労働契約が当然に更新され契約期間が継続する状況にあったことをうかがわせる事情も見当たらない。したがって、私傷病中に賃金に係る労働条件の相違があることは、労働契約法第20条にいう不合理であるとは評価することはできない。

労働条件の比較と裁判所の不合理性判断

正社員の待遇	有期契約社員の待遇	最高裁判決	高裁判決	地裁判決
(1)賞与 ・基本給の4.6か月が一応の支給基準 ・業績連動せず	なし	○不合理であるとは評価することはできない	●正社員基準の60％を下回る部分	○不合理と認めることはできない
(2)私傷病欠勤・休職中の賃金 ・欠勤期間（6か月）について給与全額支給、その後の休職期間（1年6か月）については休職給として標準給与の2割を支給	なし	○不合理であるとは評価することはできない	●1ヶ月の賃金保障、2か月の休職給保障を下回る部分	
(3)基本給 ・月給制	・時給制 金額は正社員より2割程度低い	判断せず	○不合理と認めることはできない（確定）	
(4)夏期特別有給休暇 ・5日	なし	判断せず	○不合理と認めることはできない（確定）	

④**メトロコマース事件**　最高裁第三小法廷（令和2年10月13日）判決　労経速2430号

◇**事件の概要**

　有期雇用契約社員（契約社員B）として、会社（メトロコマース）の運営する地下鉄駅構内の売店において販売業務に従事していた者が、同じく売店業務に従事している正社員との間の退職金等の相違が労働契約法20条に違反するものであったとして、不法行為等に基づき、退職金に相当する額等の損害賠償等を求めた事案。会社には正社員、契約社員A（平成28年4月に職種限定社員と名

❶ 有期雇用労働者の均衡待遇（旧労働契約法20条）をめぐる裁判例の概要

称が改められ、無期労働契約とされ、退職金制度が設けられた。）、契約社員Bの雇用区分があった。

◇判決の要旨

1．職務内容等の相違の有無

　職務の内容を見ると、比較の対象とされた売店業務に従事する正社員と契約社員Bの業務の内容はおおむね共通するものの、正社員は代務業務やエリアマネージャー業務に従事することがあったのに対し、契約社員Bは売店業務に専従しており、両者の職務内容に一定の相違があったことは否定できない。

　また、正社員は配置転換等を命ぜられる現実の可能性があったのに対し、契約社員Bは業務の場所の変更を命ぜられることはあっても、業務の内容に変更はなく、配置転換等を命ぜられることはなかったのであり、両者の配置の変更範囲にも一定の相違があった。

　売店業務に従事する正社員が他の多数の正社員と職務の内容及び配置の変更の範囲を異にしていたことについては会社の組織再編等に起因する事情が存在したものといえる。加えて、会社は契約社員A及び正社員へ段階的に職種を変更するための開かれた試験による登用制度を設け、相当数の登用が行われていた。これらの事情は、「その他の事情」として考慮するのが相当である。

2．個別の労働条件の相違の不合理性

（1）　退職金

　正社員に対して支給される退職金は、職務遂行能力や責任の程度等を踏まえた労務の対価の後払いや継続的な勤務等に対する功労報償等の複合的な性質を有するものであり、会社は正社員としての職務を遂行しうる人材の確保や定着を図るなどの目的から、様々な部署等で継続的に就労することが期待される正社員に対し退職金を支給することとしたものといえる。

　こうした目的を踏まえて、売店業務に従事する正社員と契約社員Bの職務の内容等を考慮すれば、契約社員Bの有期労働契約が原則として更新するものとされ、定年が65歳と定められるなど、必ずしも短期雇用を前提としていたものとはいえず、また、10年前後の勤続年数を有していることをしんしゃくしても、両者の間に退職金の支給の有無に係る労働条件の相違があることは、不合理であるとまでは評価することはできない。

労働条件の比較と裁判所の不合理性判断

正社員の待遇	有期契約社員の待遇	最高裁判決	高裁判決	地裁判決
(1)退職金 退職金（本給×勤続年数に応じて支給月数）を支給	なし	○不合理であるとまでは評価することができない	●正社員基準の4分の1を下回る部分	○不合理と認めることはできない

(2)本給 年齢給と職務給から構成 ・年齢給：18歳50,000円～ 　40歳以降は72,000円 ・職務給：3つの職務グ 　ループ毎の資格及び号俸 　による。108,000円～ 　337,000円	本給（時給）：入社時一 律1,000円・平成22年以 降は毎年10円ずつ昇給	判断せず	○不合理と 認めるこ とはでき ない （確定）	○不合理と 認めるこ とはでき ない
(3)住宅手当 扶養家族有：15900円、 無：9,200円を一律支給	なし	判断せず	●不合理 （確定）	
(4)賞与 年2回（平均支給実績：本 給2か月分＋176,000円）	夏冬各120,000円	判断せず	○不合理と 認めるこ とはでき ない （確定）	
(5)褒賞 勤続10年時3万円、定年退 職時5万円相当の記念品	なし	判断せず	●不合理 （確定）	
(6)早出残業手当の割増率 所定労働時間（7時間50分） を超えた早出残業手当の割 増率について、初めの2時 間が127%、それ以降135%	所定労働時間（8時間） を超えた早出残業手当の 割増率について、125%	判断せず	●不合理 （確定）	●不合理

⑤日本郵便（佐賀）事件　最高裁第一小法廷（令和2年10月15日）判決　労経速2429号

◇事件の概要

　原告は平成22年6月に郵便事業株式会社（現：日本郵便）との間で有期労働契約を締結し、その後、契約更新を繰り返しながら時給制契約社員として郵便業務に従事。同25年12月14日に日本郵便を退職した。

　日本郵便では、郵便業務を担当する正社員に夏期冬期休暇（夏期休暇は6月1日から9月30日まで、冬期休暇は10月1日から翌年3月31日までの各期間においてそれぞれ3日まで有給休暇）が与えられる。一方、郵便業務を担当する時給制契約社員には与えられない。原告は夏期冬期休暇にかかる労働条件の相違が労働契約法20条にいう不合理と認められるものにあたるとして、日本郵便に対して不法行為に基づく損害賠償請求を行った。

◇判決の要旨

1．労働条件の相違の不合理性

(1) 夏期冬期休暇

日本郵便において、郵便業務を担当する正社員に夏期冬期休暇が与えられているのは労働から離れる機会を与えることにより、心身の回復を図る目的によるものと解される。郵便業務を担当する時給制契約社員は、繁忙期に限定された短期間の勤務ではなく、業務の繁閑に関わらない勤務が見込まれているから、夏期冬期休暇を与える趣旨は時給制契約社員にも妥当する。

⑥日本郵便（東京）事件　最高裁第一小法廷（令和2年10月15日）判決　労経速2429号

◇事件の概要

原告のうち2名は、国または日本郵政公社に有期任用公務員として任用されたのち、平成19年10月に郵便事業株式会社（現：日本郵便）との間で有期労働契約を締結。契約更新を繰り返しながら時給制契約社員としてそれぞれ配達等郵便業務、窓口・区分け作業等郵便業務に従事している。原告のうちもう1名は、平成20年10月に郵便事業株式会社（現：日本郵便）と有期労働契約を締結。契約更新を繰り返しながら時給制契約社員として配達等郵便業務に従事している。

郵便局で郵便外務事務や窓口業務等に従事している原告らが、正社員との労働条件の相違が労契法20条等に違反すると主張して、正社員の就業規則・給与規程が適用される地位にあることの確認や、諸手当の差額について支払いを求めたもの。

◇判決の要旨

1．個別の労働条件の相違の不合理性

(1) 有給の病気休暇

日本郵便において、私傷病により勤務できなくなった正社員に有給の病気休暇が与えられているのは、郵便業務を担当する正社員が長期にわたり継続して勤務することが期待されることから、生活保障を図り、私傷病の療養に専念させることを通じて、その継続的な雇用を確保するという目的による。この点は使用者の経営判断として尊重し得るものと解される。

もっとも、上記目的に照らせば、郵便業務を担当する時給制契約社員についても、相応に継続的な勤務が見込まれるのであれば、その趣旨は妥当する。上記時給制契約社員は、有期労働契約の更新を繰り返し、相応に継続的な勤務が見込まれている。

そうすると、正社員と時給制契約社員との間に職務の内容や当該職務の内容及び配置の変更の範囲その他の事情につき相応の相違があること等を考慮しても、私傷病による病気休暇の日数につき相違を設けることはともかく、これを有給にするとか無給にするとかにつき労働条件の相違があることは不合理である。

(2) 夏期冬期休暇の損害

夏期冬期休暇を与えられなかったことにより、当該所定の日数につき、本来する必要のなかった勤務をせざるを得なかったものといえるから上記勤務をしたことによる財産的損害を受けたものと

いえる。

(3) 年末年始勤務手当

日本郵便の年末年始勤務手当は、郵便業務についての最繁忙期であり、多くの労働者が休日として過ごしている年末年始の期間において、同業務に従事していたことに対し、その勤務の特殊性から基本給に加えて支給される対価としての性質を有する。

このような性質に照らせば、その支給趣旨は、郵便業務を担当する時給制契約社員にも妥当する。そうすると、正社員と時給制契約社員との間に職務の内容や当該職務の内容及び配置の変更の範囲その他の事情につき相応の相違があること等を考慮しても、両者間に同手当に係る労働条件の相違があることは不合理である。

⑦**日本郵便（大阪）事件**　最高裁第一小法廷（令和2年10月15日）判決　労経速2429号

◇**事件の概要**

原告のうち1名を除く者らは国または日本郵政公社に有期任用公務員として任用されたのち、平成19年10月に郵便事業株式会社（現：日本郵便）との間で有期労働契約を締結。契約更新を繰り返しながら時給制契約社員または月給制契約社員として配達等郵便業務に従事している（このうち1名は退職済）。原告のうち残りの1名は同22年4月に郵便事業株式会社（現：日本郵便）との間で有期労働契約を締結。契約更新を繰り返しながら日本郵便において時給制契約社員として配達等郵便業務に従事している。

原告らは、年末年始勤務手当、年始勤務の祝日給、扶養手当等に係る労働条件の相違が労働契約法20条にいう不合理と認められるものにあたるとして、日本郵便に対して不法行為に基づく損害賠償請求を行った。

◇**判決の要旨**

1．個別の労働条件の相違の不合理性

(1) 年始勤務の祝日給

本件契約社員は、契約期間が6か月以内または1年以内とされているが、有期労働契約の更新を繰り返して勤務するものもいるなど、繁忙期に限定された短期間の勤務ではなく、業務の繁閑に関わらない勤務が見込まれている。最繁忙期における労働力の確保の観点から、年始期に特別休暇を付与しないこと自体には理由はあるものの、年始期における勤務の代償として祝日給を支給する趣旨は本件契約社員にも妥当する。

そうすると、職務の内容や当該職務の内容及び配置の変更の範囲その他の事情につき相応の相違があること等を考慮しても、労働条件の相違があることは不合理である。

(2) 扶養手当

日本郵便において、扶養手当が支給されているのは、正社員が長期にわたり継続して勤務することが期待されることから、生活保障や福利厚生を図り、扶養親族のある者の生活設計等を容易にさせることを通じて、その継続的な雇用を確保するという目的によるものと考えられる。この点は、

使用者の経営判断として尊重し得る。

　もっとも、上記目的に照らせば、本件契約社員についても扶養家族があり、かつ、相応に継続的な勤務が見込まれるのであれば、扶養手当を支給することとした趣旨は妥当する。本件契約社員は、契約期間が6か月以内または1年以内とされているが、有期労働契約の更新を繰り返して勤務するものもいるなど、相応に継続的な勤務が見込まれている。

　そうすると、職務の内容や当該職務の内容及び配置の変更の範囲その他の事情につき相応の相違があること等を考慮しても、労働条件の相違があることは不合理である。

(3)　夏期冬期休暇の損害

　夏期冬期休暇を与えられなかったことにより、当該所定の日数につき、本来する必要のなかった勤務をせざるを得なかったものといえるから上記勤務をしたことによる財産的損害を受けたものといえる。

(4)　年末年始勤務手当

　日本郵便の年末年始勤務手当は、郵便業務についての最繁忙期であり、多くの労働者が休日として過ごしている年末年始の期間において、同業務に従事していたことに対し、その勤務の特殊性から基本給に加えて支給される対価としての性質を有する。

　このような同手当の性質に照らせば、その支給趣旨は、郵便業務を担当する時給制契約社員にも妥当する。そうすると、正社員と時給制契約社員との間に職務の内容や当該職務の内容及び配置の変更の範囲その他の事情につき相応の相違があること等を考慮しても、両者間に同手当に係る労働条件の相違があることは不合理である。

日本郵便3事件について、労働条件の比較と裁判所の不合理性判断

正社員の待遇	有期契約社員の待遇	最高裁判決	高裁判決	地裁判決
(1)年始勤務の祝日給 祝日を除く1月1日から同月3日までの期間（年始期間）に勤務した場合にも祝日休（時間 単価×135%）が支給される	なし	●不合理〔東京・大阪〕	●不合理〔東京・大阪〕 大阪：5年以降の分のみ	●不合理〔東京・大阪〕 ※佐賀は損害発生の立証なし
(2)扶養手当 1人につき1,500円～15,800円	なし	●不合理〔大阪〕	○不合理でない〔大阪〕	●不合理〔大阪〕
(3)有給の病気休暇 90日間有給	10日間無給	●不合理〔東京〕	●不合理〔東京・大阪〕 大阪：5年以降の分のみ	●不合理〔東京〕 ※大阪は契約上の地位確認を否定

170

(4)夏期冬期休暇 夏期・冬期それぞれ3日	なし	●不合理 〔佐賀・東京・大阪〕	●不合理 〔佐賀・東京・大阪〕 大阪：5年以降の分のみ	●不合理 〔東京〕 ○不合理でない 〔佐賀〕 ※大阪は契約上の地位確認を否定
(5)住居手当 家賃額・住宅購入借入額に応じて支給（最大27,000円）	なし	判断せず	●不合理 〔東京・大阪〕 （確定）	●不合理 〔東京・大阪〕
(6)年末年始勤務手当 4,000円～5,000円/日	なし	●不合理 〔東京・大阪〕	●不合理 〔東京・大阪〕	●不合理 〔東京・大阪〕 ※佐賀は損害発生の立証なし
(7)夏期年末手当（賞与）	0.3を乗じるなど算定方法に差がある	判断せず	○不合理でない 〔佐賀・東京・大阪〕 （確定）	○不合理でない 〔佐賀・東京・大阪〕

❽ **九州惣菜事件**　福岡高裁（平成29年9月7日）判決　労経速2347号

◇**事件の概要**

　被控訴人（水産物や惣菜の製造・加工を行なう株式会社）に雇用され定年に達した控訴人が、被控訴人に対し、①主位的に、控訴人は、被控訴人が定年後再雇用をするに当たって提示（以下「本件提案」）した再雇用条件を承諾しなかったが、定年後も被控訴人との間の雇用契約関係が存在し、その賃金につき定年前賃金の8割相当とする黙示的合意が成立していると主張して、控訴人が労働契約上の権利を有する地位にあることの確認、及び控訴人の定年退職日の翌日から判決確定の日まで毎月月額27万円余（退職前の賃金額の8割）の賃金の支払を求めるとともに、②予備的に、被控訴人が、本件提案において賃金が著しく低廉で不合理な労働条件の提示（月収ベースで約75％の減収につながるような短時間労働者への転換）しか行わなかったことは、被控訴人の再雇用の機会を侵害する不法行為を構成すると主張して、逸失利益金1663万円余及び慰謝料金500万円の支払い等を求める事案である。

　原審が、上記①②の請求をいずれも棄却したため、控訴人がこれを不服として控訴した。なお、本判決については、控訴人と被控訴人の双方が不服として、上告提起及び上告受理申し立てを行ったが、最高裁は、平成30年3月1日付の決定で上告棄却、申立不受理としている。

◇判決の要旨

1．定年後の労働契約成立の有無

本件では、具体的な労働条件を内容とする定年後の労働契約について、明示的な合意が成立していると認めることはできないし、就業規則等の定めや当事者の意思解釈をもって個別労働条件についての合意を見出すこともできないから、控訴人の主位的請求（労働契約上の権利を有する地位の確認請求及び賃金請求）についてはいずれも理由がない。

2．再雇用条件の提示における裁量権逸脱の有無

(1) 労働契約法20条違反の有無

控訴人は、再雇用契約を締結していないから、本件はそもそも労働契約法20条の適用場面ではない。また、再雇用契約について契約期間の定めの有無が原因となって構造的に賃金に相違が生ずる賃金体系とはなっておらず、定年前の賃金と本件提案における賃金の格差が、労働契約に「期間の定めがあることにより」生じたとは直ちにいえない。したがって、いずれにしても、本件提案が労契法20条に違反するとは認められない。

(2) 公序良俗違反等の有無

ア 規範

高年齢者雇用安定法9条1項に基づく高年齢者雇用確保措置を講じる義務は、事業主に定年退職者の希望に合致した労働条件の雇用を義務付けるという私法的効力を有するものではないものの、労働契約法制に係る公序の一内容を為しているというべきであるから、同法の趣旨に反する事業主の行為、例えば、再雇用について、極めて不合理であって、労働者である高年齢者の希望・期待に著しく反し、到底受け入れ難いような労働条件を提示する行為は、継続雇用制度の導入の趣旨に違反した違法性を有するものであり、事業主の負う高年齢者雇用確保措置を講じる義務の反射的効果として当該高年齢者が有する、上記措置の合理的運用により65歳までの安定的雇用を享受できるという法的保護に値する利益を侵害する不法行為となり得ると解するべきである。

そして、高年法9条1項が定める継続雇用制度についても、同じく同項が定める定年の引上げや定年制の廃止に準じる程度に、当該定年の前後における労働条件の継続性・連続性が一定程度、確保されることが前提ないし原則となると解するのが相当であり、このように解することが高年法の趣旨に合致する。したがって、例外的に、定年退職前のものとの継続性・連続性に欠ける（あるいはそれが乏しい）労働条件の提示が継続雇用制度の下で許容されるためには、同提示を正当化する合理的な理由が存することが必要であると解する。

イ あてはめ

本件提案は、フルタイムでの再雇用を希望していた控訴人を短時間労働者とするものであるところ、本件提案から算出される賃金は、月給ベースで定年前の賃金の約25％にとどまるものであり、定年退職前の労働条件との継続性・連続性を一定程度確保するものとは到底いえない。したがって、本件提案が継続雇用制度の趣旨に沿うといえるためには、そのような大幅な賃金の減少を正当化する合理的な理由が必要である。

この点につき、被控訴人は、店舗数の減少という事情を挙げるが、かかる店舗減少による影響

は限定的であると解されることや、法改正後相当程度の期間が経過しており、この間に控訴人の希望に応じて本社事務職の人員配置及び業務分担の変更等の措置を講じることも可能であったと考えられること等からすると、月収ベースで約75％の減少につながるような短時間労働者への転換を正当化する合理的な理由は見出せない。

　以上から、被控訴人が、本件提案をしてそれに終始したことについては、継続雇用制度の導入の趣旨に反し、裁量権を逸脱または濫用したものとして違法性があるものと言わざるを得ず、不法行為を構成するものと認められる。

３．不法行為の損害

(1)　逸失利益

　本件に顕れた諸事情を総合しても、本件提案がなければ、控訴人と被控訴人が、退職前賃金の８割以上の額を再雇用の賃金とすることに合意した高度の蓋然性があると認めることはできず、合意されたであろう賃金の額を認定することは困難である。よって、被控訴人の上記不当行為と相当因果関係のある逸失利益を認めることはできない。

(2)　慰謝料

　他方、①本件提案の内容が定年退職前の労働条件と継続性・連続性を著しく欠くものであること、②他方で、店舗数の減少を踏まえて本件提案をしたことにはそれなりの理由があったといえることに加え、③遺族厚生年金等の受給や扶養親族がいないといった事情に照らせば、本件提案の内容は直ちに控訴人の生活に破綻を来すようなものではなかったといえること、④その他（控訴人の勤続年数等）の諸事情を総合考慮すれば、慰謝料額は100万円とするのが相当である。

判決

	高裁判決	地裁判決
【主位的請求】 労働契約上の権利を有する地位の確認及び賃金請求	棄却	棄却 （平成27年３月31日をもって定年退職。再雇用にも至らなかった）
【予備的請求】 再雇用条件の提示における裁量権逸脱による逸失利益金および慰謝料請求	慰謝料100万円 その余の予備的請求は棄却	棄却 （労働契約法20条違反等、公序良俗違反等、就業規則違反等、協議をしなかった等、原告の主張を検討したところからすれば、本件提案が不合理なものとまでは認め難く、他に原告の主張を裏付ける的確な主張立証も存しないから、被告について不法行為の成立を認めることはできない。）

⑨**名古屋自動車学校事件**　名古屋地裁（令和2年10月28日）判決　労経速2434号

◇**事件の概要**

　被告は自動車学校の経営等を行う株式会社である。

　原告らは、被告の正職員として教習指導員の業務を行い、定年退職後期間1年の有期雇用契約を締結し（数回更新）嘱託職員として、引続き同じ業務を行っていた。なお、定年前後で職務内容及び変更範囲に相違はなかった。

　定年前と比較して原告らの基本給、皆精勤手当及び敢闘賞、賞与（嘱託職員一時金）は減額して支給され、定年前に支給されていた家族手当は支給されなかった。

　本件はこれらの労働条件の相違が労働契約法20条に違反するとして、差額賃金、損害賠償等を請求した事案である。

◇**判決の要旨**

1　原告らの正職員定年退職時と嘱託職員時では、その職務内容及び変更範囲には相違がなかったことから、本件において、有期契約労働者と無期契約労働者との労働条件の相違が不合理と認められるものであるか否かの判断に当たっては、もっぱら、「その他の事情」として、原告らが被告を定年退職した後に有期労働契約により再雇用された嘱託職員であるとの点を考慮することになる。

2　原告らは、正職員定年退職時と嘱託職員時でその職務内容及び変更範囲には相違がなく、原告らの基本給は、原告らに比べて職務上の経験に劣り、基本給に年功的な性格があることから賃金額が抑制される傾向にある若年正職員の基本給をも下回るばかりか、賃金の総額が正職員定年退職時の労働条件を適用した場合の60％をやや上回るかそれ以下にとどまる帰結をもたらしているものである。このような帰結は、労使自治が反映された結果でもない以上、労働者の生活保障の観点からも看過し難い水準に達しているというべきである。そうすると、そうした労働条件の相違は、嘱託職員時の基本給が正職員定年退職時の基本給の60％を下回る限度で、労働契約法20条にいう不合理と認められるものに当たると解するのが相当である。

3　皆精勤手当及び敢闘賞（精励手当）の支給の趣旨は所定労働時間を欠略なく出勤すること及び多くの指導業務に就くことを奨励することであって、その必要性は、正職員と嘱託職員で相違はないから、両者で待遇を異にするのは不合理である旨の原告らの主張は正当として是認できるから、かかる労働条件の相違は労働契約法20条にいう不合理と認められるものに当たると解するのが相当である。

4　被告は従業員に対する福利厚生及び生活保障の趣旨で家族手当を支給しているところ、幅広い世代の者が存在し得る正職員について家族を扶養するための生活費を補助することには相応の理由があるということができる。他方、嘱託職員は、正職員として勤続した後に定年退職した者で

あり、老齢厚生年金の支給を受けられることにもなる。

　これらの事情を総合考慮すると、正職員に対して家族手当を支給する一方、嘱託職員に対して
これを支給しないという労働条件の相違は、不合理であると評価することはできず、労働契約法
20条にいう不合理と認められるものに当たるということはできない。

5　被告は正職員に対する賞与と同趣旨で、嘱託職員に対し、嘱託職員一時金を支給していたもの
　と認められる。

　正職員定年退職時と嘱託職員時でその職務内容及び変更範囲には相違がなかった一方、原告ら
の嘱託職員一時金は、原告らに比べて職務上の経験に劣り、基本給に年功的性格があることから
金額が抑制される傾向にある若年正職員の賞与をも下回るばかりか、賃金の総額が正職員定年退
職時の労働条件を適用した場合の60％をやや上回るかそれ以下にとどまる帰結をもたらしている
ものであって、このような帰結は、労使自治が反映された結果でもない以上、労働者の生活保障
という観点からも看過し難い水準に達しているというべきである。そうすると、原告らの基本給
を正職員定年退職時の60％の金額であるとして、各季の正職員の賞与の調整率を乗じた結果を下
回る限度で、労働契約法20条にいう不合理と認められるものに当たると解するのが相当である。

労働契約法20条不合理性の判断

定年前の待遇	定年退職後の待遇 （嘱託職員）	地裁判決
(1)基本給 あり	正職員定年退職時と比較して、50％以下に減額	●正職員定年退職時の基本給の60％を下回る限度で、不合理と認められるものに当たる
(2)皆精勤手当 所定内労働時間を欠略なく勤務した場合に支給 健闘賞（精励手当） 施設ごとに定めた基準に基づき、1か月に担当した技能教習等の時間数に応じ、職務精励の趣旨で支給	正職員定年退職時に比べて減額して支給	●不合理と認められるものに当たる
(3)家族手当 あり	支給なし	○不合理と認められるものに当たるということはできない
(4)賞与 各季で正職員一律に設定される掛け率を各正職員の基本給に乗じ、さらに当該正職員の勤務評定分（10段階）を加算する方法で算定	正職員定年退職時の賞与を大幅に下回る ※賞与は原則として支給なし　勤務成績を勘案して支給することがある（嘱託職員一時金）	●基本給を正職員定年退職時の60％の金額であるとして、各季の正職員の賞与の調整率を乗じた結果を下回る限度で、不合理と認められるものに当たる

⑩**科学飼料研究所事件**　神戸地裁姫路支部（令和3年3月22日）判決　労経速2452号

◇**事件の概要**

　被告は飼料及び飼料添加物の製造及び販売等を目的とする株式会社である。

　原告らは、被告と期間の定めのある労働契約を締結した嘱託社員（定年後再雇用者を含む。以下「原告ら嘱託社員」）、又は被告と期間の定めのない労働契約を締結した年俸社員（以下「原告ら年俸社員」）であり、兵庫県にある被告のQ2工場で製品の製造作業などに従事していた。

　本件は、原告ら嘱託社員及び原告ら年俸社員が、被告と無期労働契約を締結している年俸社員以外の他の無期契約労働者との間で、賞与、家族手当、住宅手当及び昼食手当（以下「本件手当等」）に相違があることは、労働契約法20条ないし民法90条に違反している旨などを主張して、被告に対し、不法行為に基づく損害賠償として、本件手当等に係る賃金に相当する額等の支払いを求め訴訟提起した事案である。

　被告の雇用形態には、有期契約労働者である「嘱託」と、無期契約労働者である「社員」との区分があり、さらに「社員」には「年俸社員」とその他の区分が存在していた。そして、年俸社員を除く社員のコースの種類として、「総合職コース」「専門職コース」及び「一般職コース」が設けられていた。

◇**判決の要旨**

1．原告ら嘱託社員について

(1) 比較対象者

　原告ら嘱託社員は、一般職コース社員のうち、資格等級が4等級の社員を比較の対象とするべきであると主張するが、職能資格等級と業務の内容は直接連動するものでないことなどの事情からすると、比較の対象を4等級の社員のみに限定することは相当とはいえず、Q2工場の製造課に所属する一般職コース社員と比較する。

(2) 賞与

　一般職コース社員と原告ら嘱託社員との間には、職務の内容やその変更の範囲等に一定の相違があり、そのため、両社員では人材活用の仕組みが異なっており、一般職コース社員については、職務遂行能力の向上が求められ、長期的な人材育成が予定されていたこと、また、両社員では賃金体系が異なっており、再雇用者を除く原告ら嘱託社員の年間支給額と比較すると、一般職コース社員の基本給の年間支給額は低く抑えられ、したがってこの点で月額の基本給も低いこと、定年後の再雇用者については、一定の要件を満たせば老齢厚生年金の支給を受けることも予定されていることなどからすれば、その賃金が一定程度抑制されることもあり得ること、さらに、被告では嘱託社員から年俸社員に、年俸社員から一般職コース社員になるための試験による登用制度が設けられ、一定の登用実績もあり、嘱託社員としての雇用が必ずしも固定されたものではないことが認められる。以上の事情を総合すれば、一般職コース社員と原告ら嘱託社員との間に賞与に係る労働条件に相違があることが、不合理であるとまで評価することはできない。

(3) 家族手当、住宅手当

　その支給要件や支給金額に照らすと、被告が支給する家族手当及び住宅手当は、従業員の生活費を補助するという趣旨によるものであったといえる。そして、扶養者がいることで日常の生活費が増加するということは、原告ら嘱託社員と一般職コース社員の間で変わりはない。また、原告ら嘱託社員と一般職コース社員は、いずれも転居を伴う異動の予定はされておらず、住居を持つことで住居費を要することになる点もおいても違いはないといえる。そうすると、家族手当及び住宅手当の趣旨は、原告ら嘱託社員にも同様に妥当するということができ、このことは、その職務の内容等によって左右されることとはいえない。

　また、住居を構えることや、扶養家族を養うことでその支出が増加するという事情は再雇用者にも同様に当てはまる上、再雇用者になると、その基本月額は相当な割合で引き下げられる一方で、被告において前記各手当に代わり得る具体的な支給がされていたといった事情は窺われない。

　これらの事情に照らすと、再雇用者を含め、原告ら嘱託社員に対して家族手当及び住宅手当を全く支給しないことは、不合理であると評価することができる。

(4) 昼食手当

　被告が支給している昼食手当は、当初は従業員の食事に係る支出の補助との趣旨として支給されていたとしても、過去の支給経緯等からすれば遅くとも平成4年頃からはその名称にかかわらず、月額給与額を調整する趣旨で支給されていたと認められる。

　そして、一般職コース社員と原告ら嘱託社員との間には、職務の内容やその変更の範囲等に一定の相違があり、両社員では人材活用の仕組みが異なっていること、また、両社員では賃金体系が異なっており、一般職コース社員の月額の基本給は、昼食手当を加えても原告ら嘱託社員の月額支給額より低いこと、さらに、被告では登用制度が設けられていることなどの事情が認められ、これらの事情を総合すれば、昼食手当との名称や、原告ら嘱託社員には同手当が一切支給されないことなどをしんしゃくしても、一般職コース社員と原告ら嘱託社員との間に上記趣旨を持つ昼食手当に係る労働条件の相違があることが、不合理であるとまでは評価することはできない。

２．原告ら年俸社員について

　本件事実関係において、本件手当等に係る労働条件の相違が社会通念に照らして著しく不当な内容であるとまで評価することはできない。したがって、当該労働条件の相違を設けたことが、公序良俗に違反するとか、不法行為を構成すると認めることはできない。

判決

一般職コース社員の待遇	嘱託社員・年俸社員の待遇	地裁判決	
		嘱託社員	年俸社員
(1)賞与 支給	支給なし	○不合理であるとまで評価することはできない	○公序良俗違反、不法行為を構成すると認めることはできない
(2)家族手当、住宅手当 支給	支給なし	●不合理であると評価することができる	

(3)昼食手当 支給	支給なし	○不合理であるとまで評価する ことはできない （過去の支給経緯等からすれば 遅くとも平成4年頃からはその 名称にかかわらず、月額給与額 を調整する趣旨で支給されてい たと認められる）

企業の対応における留意点

　上記①から⑦、⑨と⑩（一部）の裁判例は、正社員と有期契約社員との間における労働条件の相違について不合理かどうかが争点となったケースである。これら裁判例から得られる不合理性の判断のポイントと企業対応における留意点は次のとおりである。

　第一に、不合理性は待遇ごとに判断される。第二に、職務内容や人材活用の仕組みが異なっていても不合理な待遇差となることがある。休暇については趣旨・目的と当該有期雇用労働者の勤務時間・雇用の継続性、手当については趣旨・目的に照らし判断されることに留意する必要がある。

　第三に、待遇差の比較対象となる正社員は労働者側が選定する。下級審では、原告有期雇用労働者が比較対象正社員を選択できるという説（③大阪医科薬科大学事件）と、客観的に想定すべきという説（④メトロコマース事件）に分かれていたところ、最高裁は前者を採用しつつ「その他の事情」として対象正社員の特殊事情をしんしゃくした。企業は一般的に、全社員を念頭に待遇ごとの不合理性を検証するが、裁判の際は有期雇用労働者等が選択した一部の正社員が比較対象となる。現場レベルでみて有期雇用労働者から「同じ仕事をしているのに、なぜこの正社員と待遇が異なるのか」という疑問が生じえるか、生じた場合どのように回答するか、という観点から検討していくことが重要である。

　なお、これらの裁判例はいずれも待遇の「程度」ではなく「有無」についての格差について判断している。例えば、賞与であれば正社員と有期社員の間にいくらの差があれば不合理なのか、休暇であれば正社員と有期社員の間に何日間の違いがあれば不合理と判断されるのかといった点については依然不明である。

　⑨は最高裁判決の後に地裁で判決された、定年後再雇用者の基本給、賞与等が労働契約法20条に違反するとされた例である。定年退職後に再雇用された者であることを「その他の事情」として考慮するとしつつ、例えば、「労働者の生活保障という観点も踏まえ、嘱託職員時の基本給が正職員定年退職時の60%を下回る限度で不合理と認められるものに当たると解するのが相当である」との結論となっている。

　⑩は有期契約労働者である「嘱託社員」と無期契約労働者である「社員」との労働条件の相違が労働契約法20条に違反しているか否かの争いのほか、無期契約を締結した「年俸社員」とそれ以外の「社員」との間に労働条件の相違があることについて、同法20条の類推適用もしくは民法90条に違反すると主張して争われたもの。労働契約法20条の類推適用に関しては、「有期契約労働者と無期契約労働者との間の労働条件の相違が不合理であることを禁止する規定であることは明らかであ

り、また、雇止めに対する不安がないなどの点において、有期契約労働者と無期契約労働者では雇用契約上の地位が異なっていること等に鑑みると、無期契約労働者間の労働条件の相違について同条を類推適用することは困難である」としている。

　今後の裁判例を注視する必要がある。

❷ 副業・兼業の促進に関するガイドライン（厚生労働省）

平成30年1月策定
（令和2年9月改定）
（令和4年7月改定）

> 　本ガイドラインは、副業・兼業を希望する者が年々増加傾向にある中、安心して副業・兼業に取り組むことができるよう、副業・兼業の場合における労働時間管理や健康管理等について示したものである。

1　副業・兼業の現状

（1）副業・兼業を希望する者は年々増加傾向にある。副業・兼業を行う理由は、収入を増やしたい、1つの仕事だけでは生活できない、自分が活躍できる場を広げる、様々な分野の人とつながりができる、時間のゆとりがある、現在の仕事で必要な能力を活用・向上させる等さまざまであり、また、副業・兼業の形態も、正社員、パート・アルバイト、会社役員、起業による自営業主等さまざまである。

（2）副業・兼業に関する裁判例では、労働者が労働時間以外の時間をどのように利用するかは、基本的には労働者の自由であり、各企業においてそれを制限することが許されるのは、例えば、

　①　労務提供上の支障がある場合

　②　業務上の秘密が漏洩する場合

　③　競業により自社の利益が害される場合

　④　自社の名誉や信用を損なう行為や信頼関係を破壊する行為がある場合

に該当する場合と解されている。

（3）厚生労働省が平成30年1月に改定したモデル就業規則においても、「労働者は、勤務時間外において、他の会社等の業務に従事することができる。」とされている。

2　副業・兼業の促進の方向性

（1）副業・兼業は、労働者と企業それぞれにメリットと留意すべき点がある。

　【労働者】

　　メリット：

　　　①　離職せずとも別の仕事に就くことが可能となり、スキルや経験を得ることで、労働者が主体的にキャリアを形成することができる。

　　　②　本業の所得を活かして、自分がやりたいことに挑戦でき、自己実現を追求することができる。

　　　③　所得が増加する。

　　　④　本業を続けつつ、よりリスクの小さい形で将来の起業・転職に向けた準備・試行ができる。

　　留意点：

　　　①　就業時間が長くなる可能性があるため、労働者自身による就業時間や健康の管理も

　　　一定程度必要である。

　　②　職務専念義務、秘密保持義務、競業避止義務を意識することが必要である。

　　③　１週間の所定労働時間が短い業務を複数行う場合には、雇用保険等の適用がない場合があることに留意が必要である。

【企業】

　メリット：

　　①　労働者が社内では得られない知識・スキルを獲得することができる。

　　②　労働者の自律性・自主性を促すことができる。

　　③　優秀な人材の獲得・流出の防止ができ、競争力が向上する。

　　④　労働者が社外から新たな知識・情報や人脈を入れることで、事業機会の拡大につながる。

　留意点：

　　①　必要な就業時間の把握・管理や健康管理への対応、職務専念義務、秘密保持義務、競業避止義務をどう確保するかという懸念への対応が必要である。

（２）人生100年時代を迎え、若いうちから、自らの希望する働き方を選べる環境を作っていくことが必要である。また、副業・兼業は、社会全体としてみれば、オープンイノベーションや起業の手段としても有効であり、都市部の人材を地方でも活かすという観点から地方創生にも資する面もあると考えられる。

（３）これらを踏まえると、労働者が副業・兼業を行う理由は、収入を増やしたい、１つの仕事だけでは生活できない、自分が活躍できる場を広げる等さまざまであり、業種や職種によって仕事の内容、収入等も様々な実情があるが、自身の能力を一企業にとらわれずに幅広く発揮したい、スキルアップを図りたいなどの希望を持つ労働者がいることから、こうした労働者については、長時間労働、企業への労務提供上の支障や業務上の秘密の漏洩等を招かないよう留意しつつ、雇用されない働き方も含め、その希望に応じて幅広く副業・兼業を行える環境を整備することが重要である。

　　また、いずれの形態の副業・兼業においても、労働者の心身の健康の確保、ゆとりある生活の実現の観点から法定労働時間が定められている趣旨にも鑑み、長時間労働にならないよう、以下の３～５に留意して行われることが必要である。

　　なお、労働基準法（以下「労基法」という。）の労働時間規制、労働安全衛生法の安全衛生規制等を潜脱するような形態や、合理的な理由なく労働条件等を労働者の不利益に変更するような形態で行われる副業・兼業は、認められず、違法な偽装請負の場合や、請負であるかのような契約としているが実態は雇用契約だと認められる場合等においては、就労の実態に応じて、労基法、労働安全衛生法等における使用者責任が問われる。

3　企業の対応

（１）基本的な考え方

　　裁判例を踏まえれば、原則、副業・兼業を認める方向とすることが適当である。副業・兼業

を禁止、一律許可制にしている企業は、副業・兼業が自社での業務に支障をもたらすものかどうかを今一度精査したうえで、そのような事情がなければ、労働時間以外の時間については、労働者の希望に応じて、原則、副業・兼業を認める方向で検討することが求められる。

実際に副業・兼業を進めるに当たっては、労働者と企業の双方が納得感を持って進めることができるよう、企業と労働者との間で十分にコミュニケーションをとることが重要である。なお、副業・兼業に係る相談、自己申告等を行ったことにより不利益な取扱いをすることはできない。加えて、企業の副業・兼業の取組を公表することにより、労働者の職業選択を通じて、多様なキャリア形成を促進することが望ましい。

また、労働契約法第3条第4項において、「労働者及び使用者は、労働契約を遵守するとともに、信義に従い誠実に、権利を行使し、及び義務を履行しなければならない。」とされている（信義誠実の原則）。

信義誠実の原則に基づき、使用者及び労働者は、労働契約上の主たる義務（使用者の賃金支払義務、労働者の労務提供義務）のほかに、多様な付随義務を負っている。

副業・兼業の場合には、以下の点に留意する必要がある。

ア　安全配慮義務

労働契約法第5条において、「使用者は、労働契約に伴い、労働者がその生命、身体等の安全を確保しつつ労働することができるよう、必要な配慮をするものとする。」とされており（安全配慮義務）、副業・兼業の場合には、副業・兼業を行う労働者を使用する全ての使用者が安全配慮義務を負っている。

副業・兼業に関して問題となり得る場合としては、使用者が、労働者の全体としての業務量・時間が過重であることを把握しながら、何らの配慮をしないまま、労働者の健康に支障が生ずるに至った場合等が考えられる。

このため、

・　就業規則、労働契約等（以下この（1）において「就業規則等」という。）において、長時間労働等によって労務提供上の支障がある場合には、副業・兼業を禁止又は制限することができることとしておくこと

・　副業・兼業の届出等の際に、副業・兼業の内容について労働者の安全や健康に支障をもたらさないか確認するとともに、副業・兼業の状況の報告等について労働者と話し合っておくこと

・　副業・兼業の開始後に、副業・兼業の状況について労働者からの報告等により把握し、労働者の健康状態に問題が認められた場合には適切な措置を講ずること

等が考えられる。

イ　秘密保持義務

労働者は、使用者の業務上の秘密を守る義務を負っている（秘密保持義務）。

副業・兼業に関して問題となり得る場合としては、自ら使用する労働者が業務上の秘密を他の使用者の下で漏洩する場合や、他の使用者の労働者（自らの労働者が副業・兼業として他の使用者の労働者である場合を含む。）が他の使用者の業務上の秘密を自らの下で漏洩す

　る場合が考えられる。

　　このため、

・　就業規則等において、業務上の秘密が漏洩する場合には、副業・兼業を禁止又は制限することができることとしておくこと

・　副業・兼業を行う労働者に対して、業務上の秘密となる情報の範囲や、業務上の秘密を漏洩しないことについて注意喚起すること

　等が考えられる。

ウ　競業避止義務

　　労働者は、一般に、在職中、使用者と競合する業務を行わない義務を負っていると解されている（競業避止義務）。

　　副業・兼業に関して問題となり得る場合としては、自ら使用する労働者が他の使用者の下でも労働することによって、自らに対して当該労働者が負う競業避止義務違反が生ずる場合や、他の使用者の労働者を自らの下でも労働させることによって、他の使用者に対して当該労働者が負う競業避止義務違反が生ずる場合が考えられる。

　　したがって、使用者は、競業避止の観点から、労働者の副業・兼業を禁止又は制限することができるが、競業避止義務は、使用者の正当な利益を不当に侵害してはならないことを内容とする義務であり、使用者は、労働者の自らの事業場における業務の内容や副業・兼業の内容等に鑑み、その正当な利益が侵害されない場合には、同一の業種・職種であっても、副業・兼業を認めるべき場合も考えられる。

　　このため、

・　就業規則等において、競業により、自社の正当な利益を害する場合には、副業・兼業を禁止又は制限することができることとしておくこと

・　副業・兼業を行う労働者に対して、禁止される競業行為の範囲や、自社の正当な利益を害しないことについて注意喚起すること

・　他社の労働者を自社でも使用する場合には、当該労働者が当該他社に対して負う競業避止義務に違反しないよう確認や注意喚起を行うこと

　等が考えられる。

エ　誠実義務

　　誠実義務に基づき、労働者は秘密保持義務、競業避止義務を負うほか、使用者の名誉・信用を毀損しないなど誠実に行動することが要請される。

　　このため、

・　就業規則等において、自社の名誉や信用を損なう行為や、信頼関係を破壊する行為がある場合には、副業・兼業を禁止又は制限することができることとしておくこと

・　副業・兼業の届出等の際に、それらのおそれがないか確認すること

　等が考えられる。

オ　副業・兼業の禁止又は制限

（ア）副業・兼業に関する裁判例においては、

・　労働者が労働時間以外の時間をどのように利用するかは、基本的には労働者の自由であること

・　例外的に、労働者の副業・兼業を禁止又は制限することができるとされた場合としては

　① 　労務提供上の支障がある場合

　② 　業務上の秘密が漏洩する場合

　③ 　競業により自社の利益が害される場合

　④ 　自社の名誉や信用を損なう行為や信頼関係を破壊する行為がある場合

が認められている。

　このため、就業規則において、

・　原則として、労働者は副業・兼業を行うことができること

・　例外的に、上記①〜④のいずれかに該当する場合には、副業・兼業を禁止又は制限することができることとしておくこと

等が考えられる。

（イ）なお、副業・兼業に関する裁判例においては、就業規則において労働者が副業・兼業を行う際に許可等の手続を求め、これへの違反を懲戒事由としている場合において、形式的に就業規則の規定に抵触したとしても、職場秩序に影響せず、使用者に対する労務提供に支障を生ぜしめない程度・態様のものは、禁止違反に当たらないとし、懲戒処分を認めていない。

　このため、労働者の副業・兼業が形式的に就業規則の規定に抵触する場合であっても、懲戒処分を行うか否かについては、職場秩序に影響が及んだか否か等の実質的な要素を考慮した上で、あくまでも慎重に判断することが考えられる。

（2）労働時間管理

　労基法第38条第1項では「労働時間は、事業場を異にする場合においても、労働時間に関する規定の適用については通算する。」と規定されており、「事業場を異にする場合」とは事業主を異にする場合をも含む（労働基準局長通達（昭和23年5月14日付け基発第769号））とされている。

　労働者が事業主を異にする複数の事業場で労働する場合における労基法第38条第1項の規定の解釈・運用については、次のとおりである。

ア　労働時間の通算が必要となる場合

（ア）労働時間が通算される場合

　労働者が、事業主を異にする複数の事業場において、「労基法に定められた労働時間規制が適用される労働者」に該当する場合に、労基法第38条第1項の規定により、それらの複数の事業場における労働時間が通算される。

　次のいずれかに該当する場合は、その時間は通算されない。

・　労基法が適用されない場合（例　フリーランス、独立、起業、共同経営、アドバイザー、コンサルタント、顧問、理事、監事等）

・　労基法は適用されるが労働時間規制が適用されない場合（農業・畜産業・養蚕業・水産業、管理監督者・機密事務取扱者、監視・断続的労働者、高度プロフェッショナル制度）

　なお、これらの場合においても、過労等により業務に支障を来さないようにする観点から、その者からの申告等により就業時間を把握すること等を通じて、就業時間が長時間にならないよう配慮することが望ましい。

（イ）通算して適用される規定

　法定労働時間（労基法第32条）について、その適用において自らの事業場における労働時間及び他の使用者の事業場における労働時間が通算される。

　時間外労働（労基法第36条）のうち、時間外労働と休日労働の合計で単月100時間未満、複数月平均80時間以内の要件（同条第6項第2号及び第3号）については、労働者個人の実労働時間に着目し、当該個人を使用する使用者を規制するものであり、その適用において自らの事業場における労働時間及び他の使用者の事業場における労働時間が通算される。

　時間外労働の上限規制（労基法第36条第3項から第5項まで及び第6項（第2号及び第3号に係る部分に限る。））が適用除外（同条第11項）又は適用猶予（労基法第139条第2項、第140条第2項、第141条第4項若しくは第142条）される業務・事業についても、法定労働時間（労基法第32条）についてはその適用において自らの事業場における労働時間及び他の使用者の事業場における労働時間が通算される。

　なお、労働時間を通算して法定労働時間を超える場合には、長時間の時間外労働とならないようにすることが望ましい。

（ウ）通算されない規定

　時間外労働（労基法第36条）のうち、労基法第36条第1項の協定（以下「36協定」という。）により延長できる時間の限度時間（同条第4項）、36協定に特別条項を設ける場合の1年についての延長時間の上限（同条第5項）については、個々の事業場における36協定の内容を規制するものであり、それぞれの事業場における延長時間を定めることとなる。

　また、36協定において定める延長時間が事業場ごとの時間で定められていることから、それぞれの事業場における時間外労働が36協定に定めた延長時間の範囲内であるか否かについては、自らの事業場における労働時間と他の使用者の事業場における労働時間とは通算されない。

　休憩（労基法第34条）、休日（労基法第35条）、年次有給休暇（労基法第39条）については、労働時間に関する規定ではなく、その適用において自らの事業場における労働時間及び他の使用者の事業場における労働時間は通算されない。

イ　副業・兼業の確認

（ア）副業・兼業の確認方法

　使用者は、労働者からの申告等により、副業・兼業の有無・内容を確認する。

　その方法としては、就業規則、労働契約等に副業・兼業に関する届出制を定め、既に雇

い入れている労働者が新たに副業・兼業を開始する場合の届出や、新たに労働者を雇い入れる際の労働者からの副業・兼業についての届出に基づくこと等が考えられる。

　使用者は、副業・兼業に伴う労務管理を適切に行うため、届出制など副業・兼業の有無・内容を確認するための仕組みを設けておくことが望ましい。

（イ）労働者から確認する事項

　副業・兼業の内容として確認する事項としては、次のものが考えられる。

・　他の使用者の事業場の事業内容
・　他の使用者の事業場で労働者が従事する業務内容
・　労働時間通算の対象となるか否かの確認

　労働時間通算の対象となる場合には、併せて次の事項について確認し、各々の使用者と労働者との間で合意しておくことが望ましい。

・　他の使用者との労働契約の締結日、期間
・　他の使用者の事業場での所定労働日、所定労働時間、始業・終業時刻
・　他の使用者の事業場での所定外労働の有無、見込み時間数、最大時間数
・　他の使用者の事業場における実労働時間等の報告の手続
・　これらの事項について確認を行う頻度

ウ　労働時間の通算

（ア）基本的事項

　a　労働時間を通算管理する使用者

　　副業・兼業を行う労働者を使用する全ての使用者（ア（ア）において労働時間が通算されない場合として掲げられている業務等に係るものを除く。）は、労基法第38条第1項の規定により、それぞれ、自らの事業場における労働時間と他の使用者の事業場における労働時間とを通算して管理する必要がある。

　b　通算される労働時間

　　労基法第38条第1項の規定による労働時間の通算は、自らの事業場における労働時間と労働者からの申告等により把握した他の使用者の事業場における労働時間とを通算することによって行う。

　c　基礎となる労働時間制度

　　労基法第38条第1項の規定による労働時間の通算は、自らの事業場における労働時間制度を基に、労働者からの申告等により把握した他の使用者の事業場における労働時間と通算することによって行う。

　　週の労働時間の起算日又は月の労働時間の起算日が、自らの事業場と他の使用者の事業場とで異なる場合についても、自らの事業場の労働時間制度における起算日を基に、そこから起算した各期間における労働時間を通算する。

　d　通算して時間外労働となる部分

　　自らの事業場における労働時間と他の使用者の事業場における労働時間とを通算して、自らの事業場の労働時間制度における法定労働時間を超える部分が、時間外労働と

なる。

（イ）副業・兼業の開始前（所定労働時間の通算）

　a　所定労働時間の通算

　　　副業・兼業の開始前に、自らの事業場における所定労働時間と他の使用者の事業場における所定労働時間とを通算して、自らの事業場の労働時間制度における法定労働時間を超える部分の有無を確認する。

　b　通算して時間外労働となる部分

　　　自らの事業場における所定労働時間と他の使用者の事業場における所定労働時間とを通算して、自らの事業場の労働時間制度における法定労働時間を超える部分がある場合は、時間的に後から労働契約を締結した使用者における当該超える部分が時間外労働となり、当該使用者における36協定で定めるところによって行うこととなる。

　c　所定労働時間の把握

　　　他の使用者の事業場における所定労働時間は、イ（イ）のとおり、副業・兼業の確認の際に把握しておくことが考えられる。

（ウ）副業・兼業の開始後（所定外労働時間の通算）

　a　所定外労働時間の通算

　　　（イ）の所定労働時間の通算に加えて、副業・兼業の開始後に、自らの事業場における所定外労働時間と他の使用者の事業場における所定外労働時間とを当該所定外労働が行われる順に通算して、自らの事業場の労働時間制度における法定労働時間を超える部分の有無を確認する。

　※　自らの事業場で所定外労働がない場合は、所定外労働時間の通算は不要である。

　※　自らの事業場で所定外労働があるが、他の使用者の事業場で所定外労働がない場合は、自らの事業場の所定外労働時間を通算すれば足りる。

　b　通算して時間外労働となる部分

　　　所定労働時間の通算に加えて、自らの事業場における所定外労働時間と他の使用者の事業場における所定外労働時間とを当該所定外労働が行われる順に通算して、自らの事業場の労働時間制度における法定労働時間を超える部分がある場合は、当該超える部分が時間外労働となる。

　　　各々の使用者は、通算して時間外労働となる時間のうち、自らの事業場において労働させる時間については、自らの事業場における36協定の延長時間の範囲内とする必要がある。

　　　各々の使用者は、通算して時間外労働となる時間（他の使用者の事業場における労働時間を含む。）によって、時間外労働と休日労働の合計で単月100時間未満、複数月平均80時間以内の要件（労基法第36条第6項第2号及び第3号）を遵守するよう、1か月単位で労働時間を通算管理する必要がある。

　c　所定外労働時間の把握

　　　他の使用者の事業場における実労働時間は、ウ（ア）bのとおり、労働者からの申告

等により把握する。

　他の使用者の事業場における実労働時間は、労基法を遵守するために把握する必要があるが、把握の方法としては、必ずしも日々把握する必要はなく、労基法を遵守するために必要な頻度で把握すれば足りる。

　例えば、時間外労働の上限規制の遵守等に支障がない限り、

・　一定の日数分をまとめて申告等させる

　（例：一週間分を週末に申告する等）

・　所定労働時間どおり労働した場合には申告等は求めず、実労働時間が所定労働時間どおりではなかった場合のみ申告等させる

　（例：所定外労働があった場合等）

・　時間外労働の上限規制の水準に近づいてきた場合に申告等させる

などとすることが考えられる。

（エ）その他

　労働者が事業主を異にする3以上の事業場で労働する場合についても、上記に記載したところにより、副業・兼業の確認、副業・兼業開始前の所定労働時間の通算、副業・兼業開始後の所定外労働時間の通算を行う。

エ　時間外労働の割増賃金の取扱い

（ア）割増賃金の支払義務

　各々の使用者は、自らの事業場における労働時間制度を基に、他の使用者の事業場における所定労働時間・所定外労働時間についての労働者からの申告等により、

・　まず労働契約の締結の先後の順に所定労働時間を通算し、

・　次に所定外労働の発生順に所定外労働時間を通算することによって、

それぞれの事業場での所定労働時間・所定外労働時間を通算した労働時間を把握し、その労働時間について、自らの事業場の労働時間制度における法定労働時間を超える部分のうち、自ら労働させた時間について、時間外労働の割増賃金（労基法第37条第1項）を支払う必要がある。

（イ）割増賃金率

　時間外労働の割増賃金の率は、自らの事業場における就業規則等で定められた率（2割5分以上の率。ただし、所定外労働の発生順によって所定外労働時間を通算して、自らの事業場の労働時間制度における法定労働時間を超える部分が1か月について60時間を超えた場合には、その超えた時間の労働のうち自ら労働させた時間については、5割以上の率。）となる（労基法第37条第1項）。

オ　簡便な労働時間管理の方法

（ア）趣旨

　副業・兼業の場合の労働時間管理の在り方については上記のとおりであるが、例えば、副業・兼業の日数が多い場合や、自らの事業場及び他の使用者の事業場の双方において所定外労働がある場合等においては、労働時間の申告等や通算管理において、労使双方に手

続上の負担が伴うことが考えられる。

このため、副業・兼業の場合の労働時間管理の在り方について、上記によることのほかに、労働時間の申告等や通算管理における労使双方の手続上の負担を軽減し、労基法に定める最低労働条件が遵守されやすくなる簡便な労働時間管理の方法（以下「管理モデル」という。）として、以下の方法によることが考えられる。

（イ）管理モデルの枠組み

管理モデルは、副業・兼業の開始前に、当該副業・兼業を行う労働者と時間的に先に労働契約を締結していた使用者（以下「使用者Ａ」という。）の事業場における法定外労働時間と時間的に後から労働契約を締結した使用者（以下「使用者Ｂ」という。）の事業場における労働時間（所定労働時間及び所定外労働時間）とを合計した時間数が単月100時間未満、複数月平均80時間以内となる範囲内において、各々の使用者の事業場における労働時間の上限をそれぞれ設定し、各々の使用者がそれぞれその範囲内で労働させることとするものであること。また、使用者Ａは自らの事業場における法定外労働時間の労働について、使用者Ｂは自らの事業場における労働時間の労働について、それぞれ自らの事業場における36協定の延長時間の範囲内とし、割増賃金を支払うこととするものであること。

これにより、使用者Ａ及び使用者Ｂは、副業・兼業の開始後においては、それぞれあらかじめ設定した労働時間の範囲内で労働させる限り、他の使用者の事業場における実労働時間の把握を要することなく労基法を遵守することが可能となるものであること。

（ウ）管理モデルの実施

a　導入手順

副業・兼業に関する企業の事例において、労務管理上の便宜や労働者の健康確保等のため、副業・兼業の開始前に、あらかじめ使用者が他の使用者の事業場における労働時間や通算した労働時間について上限を設定し、労働者にその範囲内で副業・兼業を行うことを求めている事例がみられる。

管理モデルについても、一般的には、副業・兼業を行おうとする労働者に対して使用者Ａが管理モデルにより副業・兼業を行うことを求め、労働者及び労働者を通じて使用者Ｂがこれに応じることによって導入されることが想定される。

b　労働時間の上限の設定

使用者Ａの事業場における１か月の法定外労働時間と使用者Ｂの事業場における１か月の労働時間とを合計した時間数が単月100時間未満、複数月平均80時間以内となる範囲内において、各々の使用者の事業場における労働時間の上限をそれぞれ設定する。

月の労働時間の起算日が、使用者Ａの事業場と使用者Ｂの事業場とで異なる場合には、各々の使用者は、各々の事業場の労働時間制度における起算日を基に、そこから起算した１か月における労働時間の上限をそれぞれ設定することとして差し支えない。

c　時間外労働の割増賃金の取扱い

使用者Ａは自らの事業場における法定外労働時間の労働について、使用者Ｂは自らの事業場における労働時間の労働について、それぞれ割増賃金を支払う。

　　使用者Aが、法定外労働時間に加え、所定外労働時間についても割増賃金を支払うこととしている場合には、使用者Aは、自らの事業場における所定外労働時間の労働について割増賃金を支払うこととなる。

　　時間外労働の割増賃金の率は、自らの事業場における就業規則等で定められた率（2割5分以上の率。ただし、使用者Aの事業場における法定外労働時間の上限に使用者Bの事業場における労働時間を通算して、自らの事業場の労働時間制度における法定労働時間を超える部分が1か月について60時間を超えた場合には、その超えた時間の労働のうち自らの事業場において労働させた時間については、5割以上の率。）とする。

（エ）その他

　　a　管理モデルの導入の際の労働時間の上限の設定において、使用者Aの事業場における1か月の法定外労働時間と使用者Bの事業場における1か月の労働時間とを合計した時間数を80時間を超えるものとした場合には、翌月以降において複数月平均80時間未満となるように労働時間の上限の設定を調整する必要が生じ得る。

　　このため、労働時間の申告等や通算管理における労使双方の手続上の負担を軽減し、労基法に定める最低労働条件が遵守されやすくするという管理モデルの趣旨に鑑み、そのような労働時間を調整する必要が生じないように、各々の使用者と労働者との合意により労働時間の上限を設定することが望ましい。

　　b　管理モデルの導入後に、使用者Aにおいて導入時に設定した労働時間の上限を変更する必要が生じた場合には、あらかじめ労働者を通じて使用者Bに通知し、必要に応じて使用者Bにおいて設定した労働時間の上限を変更し、これを変更することは可能である。なお、変更を円滑に行うことができるよう、あらかじめ、変更があり得る旨を留保しておくことが望ましい。

　　c　労働者が事業主を異にする3以上の事業場で労働する場合についても、使用者Aの事業場における法定外労働時間、使用者Bの事業場における労働時間、更に時間的に後から労働契約を締結した使用者C等の事業場における労働時間について、各々の使用者の事業場における労働時間の上限をそれぞれ設定し、各々の使用者がそれぞれその範囲内で労働させ、使用者Aは自らの事業場における法定外労働時間の労働について、使用者B及び使用者C等は自らの事業場における労働時間の労働について、それぞれ割増賃金を支払うことにより、管理モデルの導入が可能である。

　　d　管理モデルを導入した使用者が、あらかじめ設定した労働時間の範囲を逸脱して労働させたことによって、時間外労働の上限規制を超える等の労基法に抵触した状態が発生した場合には、当該逸脱して労働させた使用者が、労働時間通算に関する法違反を問われ得ることとなる。

（3）健康管理

　　使用者は、労働者が副業・兼業をしているかにかかわらず、労働安全衛生法第66条等に基づき、健康診断、長時間労働者に対する面接指導、ストレスチェックやこれらの結果に基づく事後措置等（以下「健康確保措置」という。）を実施しなければならない。

　また、健康確保の観点からも他の事業場における労働時間と通算して適用される労基法の時間外労働の上限規制を遵守すること、また、それを超えない範囲内で自らの事業場及び他の使用者の事業場のそれぞれにおける労働時間の上限を設定する形で副業・兼業を認めている場合においては、自らの事業場における上限を超えて労働させないこと。

（注）労働安全衛生法第66条に基づく一般健康診断及び第66条の10に基づくストレスチェックは、常時使用する労働者（常時使用する短時間労働者を含む。）が実施対象となる。

　　この際、常時使用する短時間労働者とは、短時間労働者のうち、以下のいずれの要件をも満たす者である（平成26年7月24日付け基発0724第2号等抜粋）。

　・　期間の定めのない労働契約により使用される者（期間の定めのある労働契約により使用される者であって、契約期間が1年以上である者並びに契約更新により1年以上使用されることが予定されている者及び1年以上引き続き使用されている者を含む。）

　・　1週間の労働時間数が当該事業場において同種の業務に従事する通常の労働者の1週間の所定労働時間の3/4以上である者

ア　健康確保措置の対象者

　健康確保措置の実施対象者の選定に当たって、副業・兼業先における労働時間の通算をすることとはされていない。

　ただし、使用者の指示により当該副業・兼業を開始した場合は、当該使用者は、原則として、副業・兼業先の使用者との情報交換により、それが難しい場合は、労働者からの申告により把握し、自らの事業場における労働時間と通算した労働時間に基づき、健康確保措置を実施することが適当である。

イ　健康確保措置等の円滑な実施についての留意点

　使用者が労働者の副業・兼業を認めている場合は、健康保持のため自己管理を行うよう指示し、心身の不調があれば都度相談を受けることを伝えること、副業・兼業の状況も踏まえ必要に応じ法律を超える健康確保措置を実施することなど、労使の話し合い等を通じ、副業・兼業を行う者の健康確保に資する措置を実施することが適当である。また、副業・兼業を行う者の長時間労働や不規則な労働による健康障害を防止する観点から、働き過ぎにならないよう、例えば、自社での労務と副業・兼業先での労務との兼ね合いの中で、時間外・休日労働の免除や抑制等を行うなど、それぞれの事業場において適切な措置を講じることができるよう、労使で話し合うことが適当である。

　さらに、使用者の指示により当該副業・兼業を開始した場合は、実効ある健康確保措置を実施する観点から、他の使用者との間で、労働の状況等の情報交換を行い、それに応じた健康確保措置の内容に関する協議を行うことが適当である。

（4）副業・兼業に関する情報の公表について

　企業は、労働者の多様なキャリア形成を促進する観点から、職業選択に資するよう、副業・兼業を許容しているか否か、また条件付許容の場合はその条件について、自社のホームページ等において公表することが望ましい。

4　労働者の対応

（1）労働者は、副業・兼業を希望する場合にも、まず、自身が勤めている企業の副業・兼業に関するルール（労働契約、就業規則等）を確認し、そのルールに照らして、業務内容や就業時間等が適切な副業・兼業を選択する必要がある。例えば労働者が副業・兼業先の求職活動をする場合には、就業時間、特に時間外労働の有無等の副業・兼業先の情報を集めて適切な就職先を選択することが重要である。なお、適切な副業・兼業先を選択する観点からは、自らのキャリアを念頭に、企業が3（4）により自社のホームページ等において公表した副業・兼業に関する情報を参考にすることや、ハローワークにおいて求人内容の適法性等の確認作業を経て受理され、公開されている求人について求職活動を行うこと等も有効である。また、実際に副業・兼業を行うに当たっては、労働者と企業の双方が納得感を持って進めることができるよう、企業と労働者との間で十分にコミュニケーションをとることが重要である。

（2）（1）により副業・兼業を行うに当たっては、副業・兼業による過労によって健康を害したり、業務に支障を来したりすることがないよう、労働者（管理監督者である労働者も含む。）が、自ら各事業場の業務の量やその進捗状況、それに費やす時間や健康状態を管理する必要がある。

　　また、他の事業場の業務量、自らの健康の状況等について報告することは、企業による健康確保措置を実効あるものとする観点から有効である。

（3）そこで、使用者が提供する健康相談等の機会の活用や、勤務時間や健康診断の結果等の管理が容易になるようなツールを用いることが望ましい。始業・終業時刻、休憩時間、勤務時間、健康診断等の記録をつけていくような民間等のツールを活用して、自己の就業時間や健康の管理に努めることが考えられる。ツールは、副業・兼業先の就業時間を自己申告により使用者に伝えるときにも活用できるようなものが望ましい。

（4）なお、副業・兼業を行い、20万円を超える副収入がある場合は、企業による年末調整ではなく、個人による確定申告が必要である。

5　副業・兼業に関わるその他の制度について

（1）労災保険の給付（休業補償、障害補償、遺族補償等）

　　事業主は、労働者が副業・兼業をしているかにかかわらず、労働者を1人でも雇用していれば、労災保険の加入手続を行う必要がある。

　　労災保険制度は労基法における個別の事業主の災害補償責任を担保するものであるため、従来その給付額については、災害が発生した就業先の賃金分のみに基づき算定していたが、複数就業している者が増えている実状を踏まえ、複数就業者が安心して働くことができるような環境を整備するため、「雇用保険法等の一部を改正する法律」（令和2年法律第14号）により、非災害発生事業場の賃金額も合算して労災保険給付を算定することとしたほか、複数就業者の就業先の業務上の負荷を総合的に評価して労災認定を行うこととした。

　　なお、労働者が、自社、副業・兼業先の両方で雇用されている場合、一の就業先から他の就業先への移動時に起こった災害については、通勤災害として労災保険給付の対象となる。

　　（注）事業場間の移動は、当該移動の終点たる事業場において労務の提供を行うために行われ

る通勤であると考えられ、当該移動の間に起こった災害に関する保険関係の処理については、終点たる事業場の保険関係で行うものとしている。（労働基準局長通達（平成18年3月31日付け基発第0331042号））

（2）雇用保険、厚生年金保険、健康保険

　雇用保険制度において、労働者が雇用される事業は、その業種、規模等を問わず、全て適用事業（農林水産の個人事業のうち常時5人以上の労働者を雇用する事業以外の事業については、暫定任意適用事業）である。このため、適用事業所の事業主は、雇用する労働者について雇用保険の加入手続きを行わなければならない。ただし、同一の事業主の下で、①1週間の所定労働時間が20時間未満である者、②継続して31日以上雇用されることが見込まれない者については被保険者とならない（適用除外）。また、同時に複数の事業主に雇用されている者が、それぞれの雇用関係において被保険者要件を満たす場合、その者が生計を維持するに必要な主たる賃金を受ける雇用関係についてのみ被保険者となるが、「雇用保険法等の一部を改正する法律」（令和2年法律第14号）により、令和4年1月より65歳以上の労働者本人の申出を起点として、一の雇用関係では被保険者要件を満たさない場合であっても、二の事業所の労働時間を合算して雇用保険を適用する制度が試行的に開始される。

　社会保険（厚生年金保険及び健康保険）の適用要件は、事業所毎に判断するため、複数の雇用関係に基づき複数の事業所で勤務する者が、いずれの事業所においても適用要件を満たさない場合、労働時間等を合算して適用要件を満たしたとしても、適用されない。また、同時に複数の事業所で就労している者が、それぞれの事業所で被保険者要件を満たす場合、被保険者は、いずれかの事業所の管轄の年金事務所及び医療保険者を選択し、当該選択された年金事務所及び医療保険者において各事業所の報酬月額を合算して、標準報酬月額を算定し、保険料を決定する。その上で、各事業主は、被保険者に支払う報酬の額により按分した保険料を、選択した年金事務所に納付（健康保険の場合は、選択した医療保険者等に納付）することとなる。

❸ 働き方改革推進支援センター連絡先一覧

名称	住所	電話番号
北海道働き方改革推進支援センター	札幌市中央区北１条西３丁目３-33 リーブロビル３階	0800-919-1073
青森働き方改革推進支援センター	青森市本町５丁目５-６ 青森県社会保険労務士会館	0800-800-1830
岩手働き方改革推進支援センター	盛岡市肴町４番５号 カガヤ肴町ビル３階	0120-664-643
宮城働き方改革推進支援センター	仙台市宮城野区原町１丁目３-43 アクス原町ビル201	0120-97-8600
秋田働き方改革推進支援センター	秋田市大町３-２-44 大町ビル３階	0120-695-783
山形働き方改革推進支援センター	山形市香澄町３-２-１ 山交ビル４階	0800-800-3552
福島県働き方改革推進支援センター	福島市御山字三本松19-３	0120-541-516
茨城働き方改革推進支援センター	水戸市三の丸２丁目2-27 リバティ三の丸２階	0120-971-728
栃木働き方改革推進支援センター	宇都宮市宝木本町1140-200	0800-800-8100
群馬働き方改革推進支援センター	前橋市元総社町528-９	0120-486-450
埼玉働き方改革推進支援センター	さいたま市大宮区吉敷町１丁目103 大宮大鷹ビル101号	0120-729-055
千葉働き方改革推進支援センター	千葉市中央区中央４-13-10 千葉県教育会館７階	0120-174-864
東京働き方改革推進支援センター	千代田区有楽町１-10-１ 有楽町ビル６階615室	0120-232-865
神奈川働き方改革推進支援センター	横浜市中区尾上町５-77-２ 馬車道ウエストビル６階	0120-910-090
新潟働き方改革推進支援センター	新潟市中央区東大通２-２-18 タチバナビル４階３-Ｂ	0120-009-229
働き方改革推進支援センター富山	富山市赤江町１-７ 富山県中小企業研修センター４階	0800-200-0836
石川働き方改革推進支援センター	金沢市西念４-24-30 金沢M.Gビル３階	0120-319-339
ふくい働き方改革推進支援センター	福井市西木田２-８-１ 福井商工会議所ビル１階	0120-14-4864
山梨働き方改革推進支援センター	山梨県中巨摩郡昭和町河西1232-１ ２階	0120-755-455
長野働き方改革推進支援センター	長野市中御所岡田町215-1 フージャース長野駅前ビル３階	0120-088-703
ぎふ働き方改革推進支援センター	岐阜市神田町６丁目12番地 シグザ神田５階	0120-226-311
静岡働き方改革推進支援センター	静岡市葵区伝馬町18-８ アミイチビルB1-B号	0800-200-5451
愛知働き方改革推進支援センター	名古屋市千種区千種通７-25-１ サンライズ千種３階	0120-006-802
三重働き方改革推進支援センター	津市栄町2-209 セキゴン第二ビル２階	0120-111-417
滋賀働き方改革推進支援センター	大津市打出浜２番１号 コラボしが21 ５階	0120-100-227
京都働き方改革推進支援センター	京都市中京区堺町通夷川下る亀屋町167-1 ディビュイ亀屋ビル３階	0120-417-072
大阪働き方改革推進支援・賃金相談センター	大阪市北区天満２丁目１番30号 大阪府社会保険労務士会館５階	0120-068-116
兵庫働き方改革推進支援センター	神戸市中央区八幡通３-２-５ IN東洋ビル６階	0120-79-1149
奈良働き方改革推進支援センター	奈良市西木辻町343-１ 奈良社会保険労務士会館	0120-414-811
和歌山働き方改革推進支援センター	和歌山市板屋町22 和歌山中央通りビル２階2031号	0120-547-888
働き方改革サポートオフィス鳥取	鳥取市富安１-152 SGビル４階	0800-200-3295
島根働き方改革推進支援センター	松江市母衣町55-４ 島根県商工会館７階	0120-514-925
岡山働き方改革推進支援センター	岡山市北区厚生町３丁目１番15号 岡山商工会議所801号室	0120-947-188
広島働き方改革推進支援センター	広島市中区鉄砲町５-７ 広島偕成ビル６階	0120-610-494
働き方改革サポートオフィス山口	山口市小郡高砂町２-11 新山口ビル５階	0120-172-223
徳島働き方改革推進支援センター	徳島市南末広町５番８-８号 徳島経済産業会館２階	0120-967-951
香川働き方改革推進支援センター	高松市磨屋町５-９ プラタ59 203	0120-000-849
愛媛働き方改革推進支援センター	松山市大手町２丁目５番地７ 別館１館	0120-005-262
高知県働き方改革推進支援センター	高知市南はりまや町２-３-10 ア・ラ・モードはりまや103号	0120-899-869
福岡働き方改革推進支援センター	福岡市博多区博多駅南１-７-14 BOIS博多305	0800-888-1699
佐賀働き方改革推進支援センター	佐賀市神野東３-１-40 M駅前テナントビル３階	0120-610-464
長崎働き方改革推進支援センター	長崎市五島町３-３ プレジデント長崎２階	0120-168-610
熊本働き方改革推進支援センター	熊本市中央区紺屋町２-８-１ 熊本県遺族会館２階-7	0120-04-1124
大分働き方改革推進支援センター	大分市府内町１-６-21 山王ファーストビル３階	0120-450-836
みやざき働き方改革推進支援センター	宮崎市橘通東２-９-14 トライスター本町通りビル302	0120-975-264
鹿児島働き方改革推進支援センター	鹿児島市鴨池新町６-６ 鴨池南国ビル11階	0120-221-255
沖縄働き方改革推進支援センター	那覇市小禄1831-１ 沖縄産業支援センター316-B号室	0120-420-780

春季労使交渉対策講演会

下記の各団体では、毎年1～3月に春季労使交渉対策講演会を開催しています。日時および会場、講演内容、費用などは団体によって異なりますので参加ご希望の方は、恐れ入りますが、下の各団体までお問い合わせください。

北海道経営者協議会 電話 011（251）3592	（一社）滋賀経済産業協会 電話 077（526）3575
（一社）青森県経営者協会 電話 017（734）2531	（一社）京都経営者協会 電話 075（205）5417
（一社）岩手県経営者協会 電話 019（622）2732	大阪経営者協議会 電話 06（6441）0103
（一社）宮城県経営者協会 電話 022（222）4023	兵庫県経営者協会 電話 078（321）0051
（一社）秋田県経営者協会 電話 018（864）0812	（一社）奈良経済産業協会 電話 0742（36）7370
（一社）山形県経営者協会 電話 023（622）3875	和歌山県経営者協会 電話 073（431）7376
福島県経営者協会連合会 電話 024（922）1495	（一社）鳥取県経営者協会 電話 0857（22）8424
（一社）茨城県経営者協会 電話 029（221）5301	（一社）島根県経営者協会 電話 0852（21）4925
（一社）栃木県経営者協会 電話 028（611）3226	岡山県経営者協会 電話 086（225）3988
（一社）群馬県経営者協会 電話 027（234）2770	広島県経営者協会 電話 082（221）6844
（一社）埼玉県経営者協会 電話 048（647）4100	山口県経営者協会 電話 083（922）0888
（一社）千葉県経営者協会 電話 043（246）1158	徳島県経営者協会 電話 088（625）7701
（一社）東京経営者協会 電話 03（3213）4700	香川県経営者協会 電話 087（821）4691
（一社）神奈川県経営者協会 電話 045（671）7060	愛媛県経営者協会 電話 089（921）6767
（一社）新潟県経営者協会 電話 025（267）2311	高知県経営者協会 電話 088（872）5181
（一社）富山県経営者協会 電話 076（441）9588	福岡県経営者協会 電話 092（715）0562
（一社）石川県経営者協会 電話 076（232）3030	佐賀県経営者協会 電話 0952（23）7191
福井県経営者協会 電話 0776（63）6201	長崎県経営者協会 電話 095（822）0245
山梨県経営者協会 電話 055（233）0271	熊本県経営者協会 電話 096（352）0419
（一社）長野県経営者協会 電話 026（235）3522	大分県経営者協会 電話 097（532）4745
（一社）岐阜県経営者協会 電話 058（266）1151	宮崎県経営者協会 電話 0985（22）4667
（一社）静岡県経営者協会 電話 054（252）4325	鹿児島県経営者協会 電話 099（222）3489
愛知県経営者協会 電話 052（221）1931	（一社）沖縄県経営者協会 電話 098（859）6151
三重県経営者協会 電話 059（228）3557	（一社）経団連事業サービス 電話 03（6741）0043

注：都道府県によっては、地区経営者協会でも講演会を開催しています
　　詳細については、上記各団体までお問い合わせください

2023年版 春季労使交渉・労使協議の手引き

編　者
経団連事務局

発　行
2023年1月17日　第1刷

発行者
大下　正
発行所
経団連出版
〒100-8187　東京都千代田区大手町1-3-2
経団連事業サービス
電話　編集03-6741-0045　販売03-6741-0043
URL　http://www.keidanren-jigyoservice.or.jp

印刷所
サンケイ総合印刷
© Japan Business Federation 2023, Printed in Japan
ISBN978-4-8185-1945-9 C2034